시와 찬미 11

시와 찬미 11은 한국음악저작권협회, 카이오스, CopyCare Korea, 광수미디어, 한국크리스천음악저작자협회(2020-06-17-1582618-1585617), 컨스크레이티드미디어, 온리원뮤직, Universal Music Publishing Korea, 인피니스 및 개인 저작권자들의 승인을 받아 제작되었습니다. 무단 도용 및 배포를 금합니다.

시와 찬미 11

초판 1쇄 발행 2020년 7월 15일
초판 2쇄 인쇄 2021년 3월 8일
초판 2쇄 발행 2021년 3월 22일

발행인 유동휘
편집 편집부
악보교정 전주원
디자인 최건호
등록 제 104-95-65000
주소 (137-803) 서울특별시 서초구 고무래로 10-5, 2층 SFC출판부
전화 (02)596-8493
팩스 0505-300-5437
홈페이지 www.sfcbooks.com
이메일 sfcbooks@sfcbooks.com
인쇄처 성광인쇄
ISBN 979-11-87942-43-6 (13230)
값 25,000원

psalms
시와 찬미 ⑪
hymns

SFC

시와 찬미 11의 구성

시와 찬미 11은 시와 찬미와 신령한 노래로 하나님을 찬양하기를 원하는 모든 그리스도인들에게 예배의 도구로 사용되기 위해 제작된 회중찬양집입니다.

시와 찬미 11은 선곡을 간추리고 새로운 곡들을 엄선하여 넣었고, 스프링 제본으로 사용자의 편의를 도모하였습니다.

시와 찬미 11에는 607곡이 주제별, 코드별로 수록되어 있습니다.

시와 찬미 11은 경배와 찬양을 주제로 하는 곡들을 비롯해 개인적이고 공동체적인 감사와 고백, 기도, 교제, 승리, 선교 등과 관련된 곡들을 선곡하였습니다.

시와 찬미 11은 6가지 주제로 구성되어 있습니다. 그리고 가사 첫 줄 및 제목별 색인이 있으며, 찬양인도자와 기타반주자들을 위한 기타반주법과 기타코드표를 수록하여 예배반주에 도움이 되도록 하였습니다.

시와 찬미 11의 전체적인 구성은 아래와 같습니다.

가사 첫 줄 및 제목별 색인

경배와 찬양(1~161)
은혜와 사랑(162~277)
회개와 고백(278~404)
기도와 간구(405~486)
축복과 교제(487~534)
선교와 승리(535~607)

부록

찬양인도자와 기타반주자를 위한 기타반주법
기타코드표
SFC의 정신
학신가

시와 찬미 11에 실린 찬양곡들은 6가지 주제로 나뉘어 편집되어 있으며, 또한 그 주제 안에서 다시 코드별 (C-D-E-F-G-A-B)로 배열되어 있습니다.

가사 첫 줄 및 제목별 색인에는 각 곡의 가사 첫줄과 제목이 다른 경우 가사 첫줄을 중복 삽입해 곡을 찾는 데 어려움이 없도록 하였습니다.

시와 찬미 11에는 찬양인도자와 기타반주자를 위한 기타반주법을 수록하였습니다. 즉 기본적인 코드에 대한 설명과 기타연주 시에 필요한 리듬, 코드 집는 방법에 대해 수록하였습니다. 그리고 기존의 기타코드집이나 교본에서 찾아보기 힘든 베이스음이 다른 코드들로 정리한 기타코드표도 함께 수록하였습니다.

시와 찬미 11에 실린 악보 구성은 악보 상단에 한글제목, 그 아래에 영문제목, 악보 좌측 상단에 성경구절, 우측 상단에 작곡 & 작사자, 그리고 악보 하단에 저작권 표기로 이루어져 있습니다.

가사 첫 줄 및 제목별 색인

- 곡 번호는 악보에 부여된 고유번호로서, 시와 찬미 10se와 동일하며 선곡에 차이가 있으므로 빠진 번호가 있을 수 있습니다.
- 제목과 가사 첫 줄이 같은 경우는 볼드체로 표기하였습니다.

psalms & hymns

차

psalms
시와 찬미 III
hymns

경배와 찬양
Worship & Praise

1. 예수 사랑해요

Alleluia

시18:1

Jude Del Hierro

예 - 수 사랑 해요 나 주 앞 에 엎드려
경 - 배 와 찬 - 양 왕 께드 리 네
알 - 렐 루 - 야 알 렐 루 - 야
알 - 렐 루 - 야 알 렐 루

2. 찬양을 드리며

Into Your Presence Lord

Richard Odio

찬 양 을 드 리 며 주 앞 에 옵 니 다
내 삶 을 드 리 네 두 손 들 어
주 경 배 드 릴 때 주 님 을 느 끼 네
내 눈 보 게 하 소 서 주 님 얼 굴

3. 눈을 들어 주를 보라

See His Glory

요일1:5, 시123:1

Chris Bowater

눈을 들 - 어주를 보 - 라주의 영 광을보 라 눈을
들 - 어 주를 보 라 주의 영광을보 라 주는빛
- 거룩과 - 진 리 능력의 - 주의 영광 나타나셨네
- 선 포 - 하 라 선 하 - 신 주 주의
인 자 는 영원함 이 - 라 선 포 - 하 라 선 하 - 신
주 주의 인 자 는 영원함 이 - 라

4. 능력 위에 능력으로

He Is Able

Gregory F. Ferguson, Rory J. Noland

능력 위에 - 능 력 으 - 로 나를 향한주뜻이루시
고 - - - 능력 위에 - 능 력 으 - 로 내
앞 의일을주 - 관하시 네 - 능력 위 - 에능 력
으 - 로 내 생각보다더크신 - - 주 님 - 능력
위에 - 능력 으 - 로 주 뜻대로날빛으소서

5. 시편 8편

최덕신

C   G/B   Am   Em
여호와우리 주-여-주의이름이-온 땅-에-어
F F#dim   C/G   A7 Dm Dm7   G7
찌그리아름다 운지요- 어 찌 그리아름다 운지요-
G   G/B   Am   Em
여호와우리 주-여-주의이름이-온 땅-에-어
F F#dim   C/G   A7 Dm   G7   C
찌그리아름다 운지요- 어 찌 그리아름다 운지요-   Fine
Am   Em   Am   Em
주의손가락으로 지으신 - 주의하늘과 -
Am   Em   F D7/F#   G7
주가베풀어두신 달과별 - 내가보오니 -
C   G/B   Am   Em
사 람이무엇 이관대- 주께 서저를- 생각 하시며-
F F#dim   C/G   A7 Dm Dm7   G7   D.C al Fine
인 자가무엇 이관대- 저 를 권고하시 나이까-

6. 사랑하는 나의 아버지

Blessed Be The Lord God Almighty

엡 1:3   Robert D. Fitts

C   CM7   Dm   Gsus4   G7
사 랑하는나의아 버지-   이 름높여드립 니
C   G7   CM7   A7   Dm
다   주의 나라 찬양속에 임하 시니-   능력
F   G7   C   G7   C   Em7
의 주께찬송하 네 전능하-신 하 나 님
F   Dm   G   G7   C   G
찬 - 양   언 제나동일하 신 주 -- 전능하-신
C   Em7   F   Dm F/G   G7   C   (C7)
하 나 님찬-양   영 원히다스리 네   Fine
F   G   Em   F   G
나 주의이름높이 리   나 주의이름높- 이
C   C7   F   G   E7   Am
리 --   하 늘높이 올린 깃 -발-처럼---
F   G7   C   G7   D.S. al Fine
주 의이름높- 이 리   전능하- 신

7. 예수 감사하리 주의 보혈

Thank You For The Blood

호13:14   Matt Redman

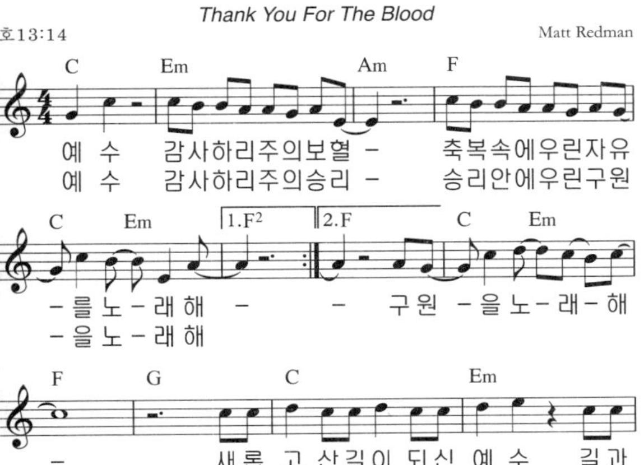

C   Em   Am   F
예 수   감사하리주의보혈 -   축복속에우린자유
예 수   감사하리주의승리 -   승리안에우린구원
C   Em   1.F2   2.F   C   Em
-를 노-래 해 -   - 구원 -을 노-래 해
-을 노-래 해
F   G   C   Em
-    새 롭 고 산길이 되신 예수   길과

F   C   Em
진리생명되셨 네   우릴 주의자녀삼으 셨네 자유를
Am7   D/F#   G   G7
-노 래-할-때 -   주 행 한일-찬 양
F   D/F#   G   E/G#
-    주 행한일-찬 양 -   승 리하시-고-구
Am   Am/G   1.F   2.F   G7   C
-속 하신-주님찬 -양 해 주   -양 해--

8. 모든 것 되시는 예수

백승남
예수님은-나의 - 모든것되-시어 - 늘
바른길-로 오직한길-로 인도하시 네
예수님은-나의 - 모든것되-시어 - 가
르치시-며 서로나누-라 말씀하-시 네
- 우리모두다주 - 찬양 사랑나누며
- 크고작은만물 -들아-다 주께찬 양해
- - 모 든 것 되 신 그 - - 이
름 영 광과찬 송 주님께- 모두 모두드- - 리
리 놀 라 운 예 수 그 - - 이 름 영
광과찬 송 주님께-모두 모두드-리 리 -

9. 내 입술로

정종원
내입술로- 하나님의- 이 름을 -찬송 하며
황소를 드림보-다 진정한 노래를 기 쁘게받-아주시 는
- 내맘으로- 하나님을- 즐
-주님- 찬송을 부르며- 영원히 섬기리 주
겁게 -찬양하네 - 할 렐루-야-
님께 영 -광돌리 -리- 할 렐루-야-
할 렐루-야-할 렐루 -할렐루야 -
할렐루-야- 할렐루-야-할 렐루 -할렐루야 -

10. 아름다운 마음들이 모여서

아름다운마음들이 모여서 -주의 은혜나누며 -
예수님을따라사랑 해야지 -우리 서로사랑해 -
하나님이가르쳐준 한가지 - 네이웃을네몸과같 이
미움다툼시기질투 버리고 -우리 서로사랑해

11. 나는 주를 부르리
I Will Call Upon The Lord

Michael O'shields

나는 주를부르리 찬양 받으실주님
날건지리 원수들로부터 - 오 살 아계신
반석이신주찬양- 구 원의하나님을높이
세 - 오 살 아계 신 반석이신주찬양- 구
원 의 하 나 님 을 높 이 세 -

Copyright © 1897 Lorenz Publishing Co./MCA (Joint). All rights reserved. Used by permission.

13. 복음 들고 산을
Our God Reigns

Leonard E Jnr. Smith

복음들고 산 을 넘는자 들 의 발길
- 아름답 고 도 - 아름답 도 다
평화전하 며 복 된소식 을 외 치네
- 주 다 스 - 리 시 네
- 주 다 스 - 리 시 네
- 주 다 스 - - - - 리 시 네

Copyright: © 1974 New Jerusalem Music. Administered by CopyCare Korea(copycarekorea@gmail.com).
All rights reserved. Used by permission. Authorised Korean translation approved by CopyCare Korea.

12. 내 구주 예수님
Shout To The Lord

고후1:3

Darlene Zschech

내구주 예수님 주같은분-은없네 - 내평생에
- 찬양하리 - -놀라운주의사 랑 을
위로자 되시며 피난처되-신주님 - 나의영혼
- 온맘다해 - 주를경배합 니 다
온땅이여-주님께 -외쳐라 - 능력과위-엄의왕
-되신주- 산과바다-소리쳐 - 주의- 이름
을- - - 높 이 리 - 주행한일-기뻐노
- 래하며- 영 원히주님-을사랑 -하리라-
신실하신-주의약 -속나받-았 네 -

Copyright © 1993 Wondrous Worship Administered by CopyCare Korea(copycarekorea@gmail.com).
All rights reserved. Used by permission. Authorised Korean translation approved by CopyCare Korea.

14. 거리마다 기쁨으로

Hear Our Praises

Reuben Morgan

거 리 마 - 다 기 - 쁨으 - 로 -
- 앞에 - 행할 - 때
춤 을 추 - 게 하 - 시 고 -
주 의 빛 - 비 추 - 시 고 -
주 의 백 - 성 기 - 도 할 - 때 -
물 이 바 - 다 덮 - 음 같 - 이 -
이 땅 회 - 복 하 - 소 서 -
주 영 광 - 채 우 - 소 서 -
산 위
에 서 - 계 곡 까 지 - 우 리
찬 양 - 울 리 네 하 늘
에 서 - 열 방 까 지 - 우 리
노 래 - 가 득 하 네 - -
Fine
십 자 가 할 렐 루 야 -
할 렐 루 - 야 - 할 렐 루 야 -
할 렐 루 야 - - 할 렐 - 산 위
D.S al Fine

15. 주 예수 사랑 기쁨

David Clydesdale & DP.George W.Cooke

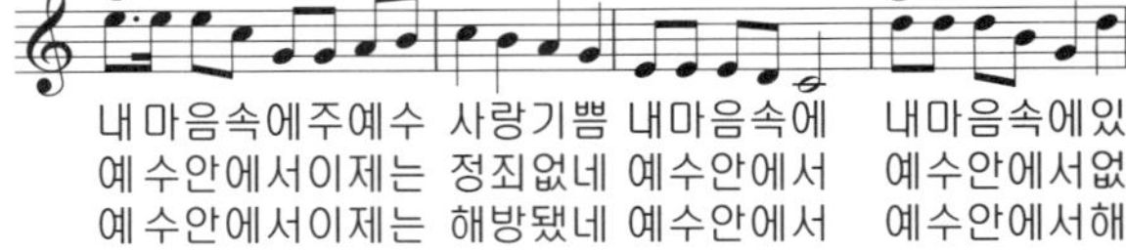
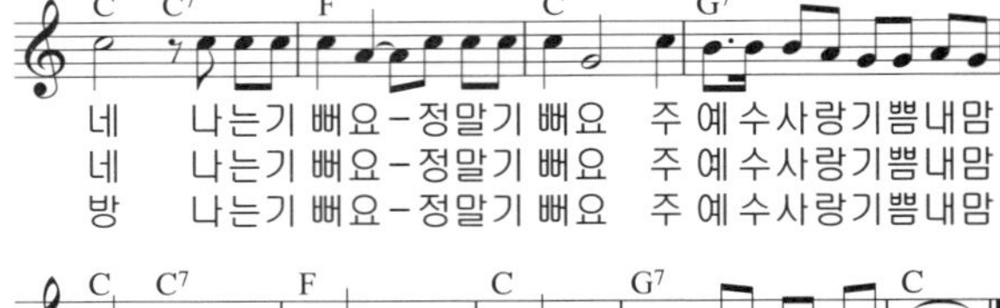

주 예 수 사 랑 기 쁨 내 마 음 속 에 내 마 음 속 에
이 제 는 정 죄 없 네 예 수 안 에 서 예 수 안 에 서
이 제 는 해 방 됐 네 예 수 안 에 서 예 수 안 에 서
내 마 음 속 에 주 예 수 사 랑 기 쁨 내 마 음 속 에 내 마 음 속 에 있
예 수 안 에 서 이 제 는 정 죄 없 네 예 수 안 에 서 예 수 안 에 서 없
예 수 안 에 서 이 제 는 해 방 됐 네 예 수 안 에 서 예 수 안 에 서 해
네 나 는 기 뻐 요 - 정 말 기 뻐 요 주 예 수 사 랑 기 쁨 내 맘
네 나 는 기 뻐 요 - 정 말 기 뻐 요 주 예 수 사 랑 기 쁨 내 맘
방 나 는 기 뻐 요 - 정 말 기 뻐 요 주 예 수 사 랑 기 쁨 내 맘
에 나 는 기 뻐 요 - 정 말 기 뻐 요 주 예 수 사 랑 기 쁨 내 맘 에 -

16. 여호와께 감사하라

이동환

여 호 와 께 감 사 하 - 라 그 는 선 하 시 - 며 그
여 호 와 를 찬 양 하 - 라 그 는 선 하 시 - 며 그
인 자 하 심 이 영 원 함 이 - 라 - 주 께 감 사 하 라
인 자 하 심 이 영 원 함 이 - 라 -
주 를 찬 양 하 라 그 사 랑 은 끝 이 없 - 고 그
자 비 는 무 궁 하 - 며 그 구 원 하 심 은 변 함 없 네 주 께 감 사 하 라
자 비 는 무 궁 하 - 며 그 구 원 하 심 은 변 함 없 네 주 를 찬 양 하 라

17. 실로암

신상근

C   C⁷   F
어 두 운 밤 에 캄 캄 한 밤 에 새 벽
가 처 음 만 난 그 때 는 차 가
C   G
을 찾 아 떠 난 다 － 종 이
운 새 벽 이 었 소 － 주 님
C   C⁷   F
울 리 고 닭 이 울 어 도 내 눈
맘 속 에 사 랑 있 음 을 나 는
C   G⁷   C   1.F/G
에 는 오 직 밤 이 었 소 － 우 리
느 낄 수 － 가 있 었 소
2.F/G   C   C⁷   F
－ 오 주 여 당 신 께 감 사 하 리
C   D   G   C
라 실 로 암 내 게 주 심 을 － 나 에
C   C⁷   F   C
게 영 원 한 사 랑 속 에 서 떠 나 지 않
G⁷   C   F   1.C   F/G   2.C
게 하 소 서 － 오 주 －

18. 아무것도 두려워 말라

Don't Be Afraid

현석주

C   G⁷/B   Am   CM⁷/G   F   C/E   Dm   G
아 무 － 것 도 두 려 워 말 라   주 나 의 하 나 님 이   지 켜 주 시 네 －
Dm   G Em   Am Dm   G⁷   C   C⁷
놀 라 지 말 라 － 겁 내 지 말 라 －   주 님 나 를 지 켜 주 시 네 －
F   G/F   Em   Am F   G⁷   C   C⁷
내 맘 이 힘 에 겨 워   지 칠 지 라 도 주 님 나 를 지 켜 주 시 네
F   G/F   Em   Am/G F   D⁷   Gsus4 G⁷
세 상 의 험 한 풍 파   몰 아 칠 때 도 주 님 나 를 지 켜 주 시 네 －
C   E   F   Dm⁷   D/F#   Gsus4   G⁷
주 님 은 나 의 산 성   주 님 은 나 의 요 새
C   E   F   Dm⁷   G⁷   C
주 님 은 나 의 소 망   나 의 힘 이 되 신 여 호 와

19. 내 안에 가장 귀한 것

조성민

C   G/B   Am   C/G   F   C/E   Dm⁷ G⁷
내 안 에 가 장 귀 한 것 예 수 를 앎 이 라
상 지 식 보 다 귀 한 것 예 수 를 앎 이 라
C   G/B   Am   C/G   F   G⁷
금 은 보 다 더 귀 한 것 예 수 를 앎 이
내 안 에 가 장 귀 한 것 예 수 를 앎 이
1.C   2.C
라   세 라
F   C/E   Dm⁷   G⁷   C
예 수 의 이 름   존 귀 한 그 － 이 름 －
F   C/E Am   Dm⁷   G⁷   C
예 수 의 이 름   능 력 의 그 － 이 름 －

20. 주 보좌로부터
The River Is Here

Andy Park

주 보좌-로-부터 물이-흘러 닿는곳-마-다새
주 님의-강-이충 만케-되네 닿는자-마-다치
주님-의-산에 올라-가리 주계-신-보좌

로워지네- 골 짜-기-를지나 들판-으로
유케되네- 그 강 가-에-있는- 병든-자들
찾-으러 그 강 변-에-우리- 달려-가서

생 수-의강물 흘 러넘-치네 주 님의강이-우릴
주갈-급하며 돌 아오-리라 주 님의강이-우릴
춤을-추-며주를 찬양-하리 주 님의강이-우릴

즐겁-게-해 주 님의강이- 춤 추게-해- 주

님의강이-우릴 새롭-게-해 기쁨-으로 충 만케하네-

21. 하나님이시여

유상렬

하나님이시-여 하나님이시-여주는 나의 하나님이

시 로다 나의몸과마-음 주를갈망하-며 이제

내가 주께고백하 는말 여호 와는 나의

빛 이요- 여호 와는 나의 구원이시니- 내가

누구를- 두려워 하리요- 여호 와는 생명의

피난처시니-주의 인자가- 생명보다 나으므로 내

입술이-여호와를 찬 양하리- 내 평생에- 주를찬양

하며- 주의 이름으-로내손들리라 -

22. 오 신실하신 주

최용덕

하나님한번도 나를- 실망시킨적없으 시고-

언제나공평과 은혜-로 나를-- 지키셨 네

오신실 하신 주 오신실 하신 주

내너를떠나지도 않으리라 내너를버리지도 않으리라

내너를떠나지도 않으리라 내너를버리지도 않으리라

약속하셨던주님 - 그 약속을지키 사 이

후 로도 영원 토록- 나를 지키시리라 확신하 네

23. 왕의 왕 주의 주

Lord Of Lords, King Of Kings

Jessy Dixon, Randy Scruggs & John Thompson

왕의왕 - 주의주 - 하늘과땅 - 과 모든것지으신
의로우신 하나님 - 거룩한주 - 의 이름높여찬양
주 - - - - 영광돌리 - - - - 네
하 - - 며 - 영광돌리 - - - - 네
주여호 - 와 하나님 - 귀하신평강의왕 - 전능의
주하나 - 님 통치자 - 주님의크신위엄 - 선포하
주 - - - - 영광돌리 - - - 네
며 - - - 영광돌리 - - - 네
주 - 께 영광 - 주 - 께 영광 -
주 - 께 영광 - 전 능 하 신 - 주께
영 - 광 -

24. 주의 거룩하심 생각할 때

When I Look Into Your Holiness

Wayne Perrin & Cathy Perrin

주의 거룩하심생 각 할때 주의 크신사랑느 낄
때 주의 영광의빛 나의 생활 비춰주 실 때
- 주가 주신기쁨맛 볼 때에 주의 사랑속에나잠길
때 주의 영광의빛 나의 생활 비춰주 실 때
- 경 배 하 리 - 경 배 하 리
- 나 사 는 동안 - 주 께 경 배 해
경 배 하 리 - 경 배 하 리
- 나 사 는 동안 - 주 께 경 배 해 -

할렐루야 새 노래로

여호와께 노래하며

성도의 모임 가운데에서

찬양할지어다

이스라엘은 자기를 지으신

이로 말미암아 즐거워하며

시온의 주민은

그들의 왕으로 말미암아

즐거워할지어다

시편 149:1, 2

25. 위대하신 주
How great is our God

s Tomlin & Jesse Reeves

빛 나 는 왕 - 의 왕 -
원 한 주 - 의 주 - 시
영광의-주님 - 온땅기뻐-하라 - 온땅기뻐-하라
간의주-관자 - 알파와오-메가 - 알파와오-메가
- 광채 - 의옷 - 입고 - 어
- 삼위 - 의하 나 님 - 아
두움물-리쳐 - 저원수는-떠네 - 저원수는-떠네
바성령-예수 - 사자와어-린양 - 사자와어-린양
- 위 대 - 하 신 주 - 찬 양 해 - 위
대 하 신 주 - 모 두 알 게 되 - 리 라 위 대
- 하 신 주 - 영
- 위 대 하 신 주 - 찬 양 해 - 위
대 하 신 주 - 모 두 알 게 되 - 리 라 위 대
- 하 신 주 - 위
모 든 이 - 름 위 - 에 -
뛰 어 나 - 신 이 름 - 다 찬 양 해 - 위 대
- 하 신 주 - 위

26. 내 평생 사는 동안
I Will Sing

시 104:33

Donya Brockway

내 평 생 사 는 동 안 주 찬 양 하 리 여 호 와
하 나 님 내 주 를 찬 양 하 리 - 주 님 을 묵 상 함
이 즐 겁 도 다 내 영 혼 주 안 에 서 참 기 쁘
리 - - 내 영 혼 아 주 님 을 송 축 하 라 - - - 내 영 혼
아 주 님 을 찬 양 하 라 - - 내 영 혼 아 주 님 을 송 축 하
라 - - - 내 영 혼 아 주 님 을 찬 양 하 라 - -

27. 모든 이름 위에 뛰어난 이름

고형원

모 든 이 름 위 - 에 뛰 어 난 - 이 름 예 수 는 주 - 예 수 는
주 모 두 무 릎 꿇 고 경 배 를 드 리 세 예
수 는 만 유 의 - 주 님 예 수 는 주 - 예 수 는 주 온
천 하 만 물 우 - 러 러 그 보 좌 앞 경 배 를 드 리 - 세 예
수 예 수 예 수 는 - 주 -

28. 나의 예수

Scott Brenner
나의예수 - 온맘다해 - 사랑해요 -
나의예수 - 온맘다해 - 경배해요 -
예수님께 - 온맘다해 - 순복해요 -
영원토록 - 찬양을 - 드립니다 -
당신은 -순결하고 - 아름다 -운주이십니다
- 거룩하 -고 사랑스 -러운 능력과영
-광의 주-이십 -니다 하늘과땅 -이주찬양해
- 영광의왕 -을영원한주를 - 평화의왕 -자 모든만물
-의주 영원영원 -토록 주님을높 -이세 나의예수

29. 오직 예수 다른 이름은 없네

No Other Name

행4:12
Robert Gay
오직예 수 다른이름은 없네 주이름
만 우리에게 주셨 네 오직예수 다른이름
없 --네 오 영 -광과존귀권 세 --와찬양받
으 -실분오직주예 수 오직예 수 온
땅위에홀-로 높으신-이름- 하 늘 위높이들-리셨
-네 - 온 땅위에홀-로 높으신-이름- 영
광과존귀와 찬양드리세 오직예 수

30. 눈을 들어

Open Your Eyes

시57:5
Carl Tuttle
눈 을 들어 영광의 왕을 보라
소 리 높 여 주를 찬 -양 하라
사 랑 해 요 선 포 하 리
알 렐 루 -야 주 송 축 해

31. 예수 하나님의 공의

This Kingdom

살후1:7-12

Geoff Bullock

예 - 수 - 하나님의공 의　주독생
예 - 수 - 하나님의사 랑　주은혜
자　그의나 라　임하시 - 네 - -
와　말씀으 로　나타났 - 네 - -
예 - 수 - 제물이되신 주 - 영광중
예 - 수 - 거룩한하나 님 - 영광중
에　그의나 라　임하시 - 네 - -　주의
나라영원하며 - - 그의 영광무궁하리 - - 왕의
위엄과-능력 - 이 -이제 임하였-으니 - 주의
주권과 - 주의 통치와 - 주의 나라힘-과권세 임하네 -
예 - 수 - 하나님의-공의 -

32. 모두 외치리

심형진, 이규헌

주 - 앞 - 에서우리　기 - 뻐 - 찬양하리
그 - 는 - 만 - 왕의왕 -
모　두　외 치 - 리 -
모　두　외 치 - 리 -
모　두　선포 - 해　예 수 그리스 - 도
모　든　민　족　통 치하 - 시 네
- 모　든　민　족　통 치하 - 시 네 -
예 수 그리스 - 도　다 스리 - 시네 -
만 유 - 의주 -
예 수 그리스 - 도　통 치하 - 시 네 - -
만 - 왕 - 의왕

여호와 우리 주여

주의 이름이 온 땅에

어찌 그리 아름다운지요

주의 영광이 하늘을 덮었나이다

시편 8:1

33. 할렐루야 살아계신 주

Jeses Us Alive

Ron Kenoly

할 렐 루 - - - 야 - 살 아 계 - 신 - 주 -
죽 음 이 - 기 시 - 고 - 무 덤 에 - 서 일 - 어 난 - -
살 아 계 - 신 주 - 님 영 원 히 - - - - - 계 시

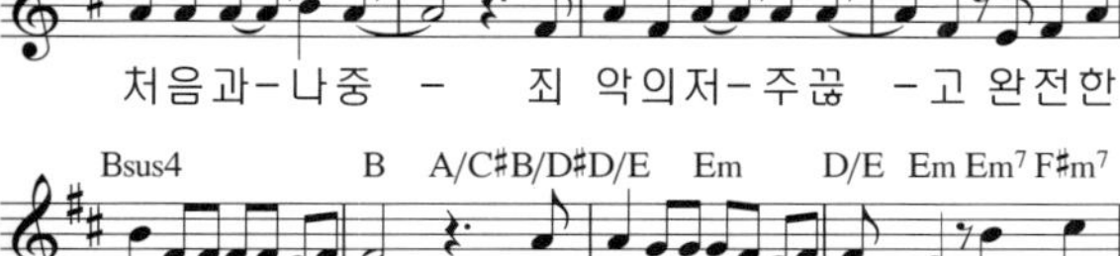
네 - - - - - 그 는 알 파 와 - 오 - 메 - 가 - 또
처 음 과 - 나 중 - 죄 악 의 저 - 주 끊 - 고 완 전 한

자 유 주 - 셨 네 - 부 활 하 신 - 어 린 - 양 영 원
히 - - - - 계 시 네 - - - - - 할 렐

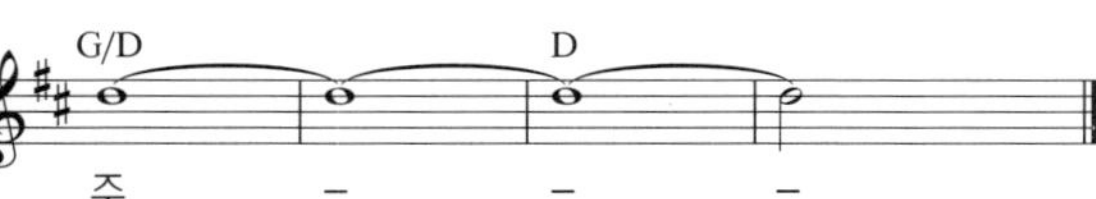
네 - - - - 할 렐 루 야 살 아 계 신
주 - - - -

34. 땅 끝에서

고형원

주 께 서 주 신 동 산 에 -
비 바 람 앞 을 가 리 고 -
땀 흘 리 며 씨 를 뿌 리 며
내 육 체 는 쇠 잔 해 져 도
내 모 든 삶 을 드 리 리
내 모 든 삶 을 드 리 리 -
날 사 랑 하 시 는 내 주 님 께 -
내 사 - 모 하 는 내 주 님 께
- 땅 끝 에 서 주 님 을 맞 으 리
주 께 드 릴 열 매 가 득 안 고 -
땅 끝 에 서 주 님 을 뵈 오 리
주 께 드 릴 노 래 가 득 안 고 - 땅 의
모 든 끝 찬 양 하 라 - - 주 님
오 실 길 예 비 하 라 - 땅 의
모 든 끝 에 서 주 님 을 찬 양 하 라
- 영 광 의 주 님 곧 오 시 리 라 -

35. 보좌 위에 앉으신 주님

I See The Lord

Christopher John Falson

보좌위에- 앉으신-주님 - 바라보니 성전
안을두른- 그 옷자-락과 영 광 온땅
가 득--한 - 온땅가 득--한 - 주의
영 광 거 룩- 거 룩-
거 룩- 거 룩- 거 -룩 하 신
1. 주 - 주 의 주
2. 주 의 주

36. 주의 임재 앞에 잠잠해

Be Still For The Presence Of The Lord

David J. Evans

주의임재 앞에잠잠해 주 여기계시네
주의영광 앞에잠잠해 주 의빛비치네
주의능력 앞에잠잠해 주 역사하시네

와서모두 굽혀경배해 신 령과진리 로
거룩한- 불태우시며 영 광의관쓰 네
죄사하고 치유하시는 놀 라운주은 혜

순결하 신 주님 거룩한 존 전에
그영광 찬 란해 빛되신 우 리왕
주믿는 자 에게 능치못 함 없네

주의임재 앞에잠잠해 주 여기계 시 네
주의능력 앞에잠잠해 주 역사하 시 네
주의능력 앞에잠잠해 주 역사하 시 네

37. 아침에 나로 주의

박명선

아 침에 나로 주-의 -인자한 말씀을 듣게
하소서 내가 주를 의뢰합 니 - 다 나의
다 닐길보인도하소 서 내가 내 영혼을-
주-께 내영 혼을주께드립니- 다

38. 때가 차매

Now Is The Time

요4:23

때가 차 매 - 아 버 지께
- 신 령과 진정 으로 예배 드 리 네 -
- 때 가 차 매 - 아 버 지께
- 신 령과 진정 으로 예배 드 리 네 -

39. 주 다스리네
The Lord Reigns

Dan Stradwick

주 다 -스리네 - 주 다 -스리네
- 주 다 -스리네 - 온땅기뻐해 - 온땅기뻐해
- 온땅기뻐해 - 만백성기뻐하 라
- 주다스리 네 Fine 주 네
- 주님나라임 -했네 모든 적불태
-우네 악한세력은 녹네 주 님의임재앞-
에 주님의임재앞- 에 - 주

40. 날마다 숨쉬는 순간마다
Day By Day

Sandra Berg & Ahnfelt Oscar

날마 다 숨쉬는순간 마다 내앞 에어려운일보
날마 다 주님내곁에 계셔 자비 로날감싸주시
인생 의어려운순간 마다 주의 약속 생각해보
네네 주님 앞 에이몸을맡 길때때 슬 픔주씀
네네 내맘 속 에믿음잃지 않 고 말 씀
없 네두려움없 네 주님 의 그자비로운
시 네위로함주 네 어린 나 를품에안으
속 에위로를얻 네 주님 의 도우심바 라
손 길 항상 좋 은것주시 도 다 사 랑
시사 항상 평 안함주시 도 다 내가
보 며 모든 어 려움이기 도 다 흘 러
스 레아픔과기 쁨을 수 고 와 평화와안식 을
살 아숨을쉬는 동안 살 피 신 다약속하셨 네
가 는순간순간 마 다 주님 약 속새겨봅니 다

41. 주 이름 큰 능력 있도다
There Is Power In The Name Of Jesus

Noel Richards

주이름 - 큰능력 - 있 도 -다
주이름 - 큰능력 - 있 도 -다
난믿네 - 그이름 -
예리한 - 검처럼
예수의 - 그이름 -부를 -때
예수의 - 그이름 - 외치 -며
새생 명 - 얻었네 -
일어나 - 나가세 -

마귀는 - 떠나-가 고
원수는 - 주발-앞 에
갇힌자 - 자유케해 - - -
무너져 - 떠나가네 -
- 모든이 -름보다더 - 높은이 -름
- 주예 - - -수-

42. 호흡이 있는 자마다

김세영

D   F#m/C#   Bm7
하 늘의 -   해 와 달 - 들아 - -   소 리
산 과 -   넓은 푸른 바다 - -   모 두
G   D   Asus4   A7
높 여   찬 양 하 - 여라 - -   나
주 를   찬 양 하 - 여라 - -   호
D   F#m/C#   Bm7
팔 소 리 -   비 파와 수금으로 - -   춤 여
흡 이 - -   있 는 - 자 - 마 다 - -   여
G   Em   A   1. D   A
추 - 며 찬 양 하 - 여라 -   험한
호 와 를 찬 양 하 - 여라 -
2. D7   GM7   A7   F#m7   Bm7
- 세 상 모든 사 람 들아 주 를 찬양하라 -
G   A7   D
살 아 계 신 나 의 하 나 님을 - -
GM7   A   F#m7   Bm7
세 상 모든 사 람 들아 주 를 찬양하라 -
G   E7   Asus4   A7
살 아 계 신 너 의 하 나 님 을 - 호
D   F#m/C#   Bm
흡 이 -   있 는 자 - 마 다 - -   여
G   Em   A   D   1. D7
호 와 를 찬 양 하 - 여라 - -
2. D7   G   Em   A   D   D7
- 여 호 와 를 찬 양 하 - 여라 - - 여
G   Em   A7   D   G   D
호 와 를 찬 양 하 - 여라 - - -

43. 주를 위한 이곳에

김준영 & 임선호

D   A/C#   Bm7   D7/A   G   D/F#
주 를 위한 이곳 에   예 배 하 는 자들 중
Em7   G/A   D   A/C#   Bm7   D7/A
에   그 가 찾 는 이 없 어   주 님께
G   G/A   D   G/D   D   A/C#
서   슬 퍼 하시네 -   주 님이 찾 으 시
Bm7   D7/A   G   D/F#   Em7   G/A
는   그 한 사 람 그 예 배 자
D   A/C#   Bm7   D7/A   G   G/A
내 가 그 사람 되 길   간절히 주   께 예배하네
D   A   D   Asus4   A
- 주 은혜 - 로   이 곳 에 서 있 네 주 임재 -
Bm7   D7   G2
에   엎 드려 절하네 -   그 어느것도 -   난
D/F#   Em7   G/A
필 요없네 -   주 님만   경 배 - 해   주 은혜 -
D   Asus4   A   Bm7
로   이 곳 에 서 있 네 주 임재 - 에   엎 드려
D7   G2   D/F#
절하네 - 그 어느것도 - 난 필요없네 - 주
Em7   A7   D
님 만   경 배 - 해

D

44. 찬양의 제사 드리며
We Bring The Sacrifie Of Praise
시107:22
Kirk Carroll Dearman
주의 이름안-에서- 주의 성소로-가네--- 영광
주의 말씀주-시고- 우리 감사드-리네--- 주의
스러운- 이곳-에 우리 기쁘게-왔네--- 거룩
날개그-늘밑-- 우리 피난처-되네--- 주의
한보좌-앞에-서 따뜻 함을느-끼네--- 우리
길을따-르며-- 우리 주께순-종해--- 모든
마음경-배하-며 찬양의 제사드-리네--- -
상황속-에서-도 찬양의 제사드-리네--- -
찬양 의제사드리 며 -성소로 들어 갑니다
찬양 의제사드리 며 -성소로 들어 갑니 다 우리
모두주님 께 -감사의 제 사를 드리 네 우리
모 두주님 께 -기쁨의 제 사드리 네

O.T. : We Bring The Sacrifice Of Praise / O.W. : Kirk Carroll Dearman
O.P. : Universal Music - Brentwood Benson Publ, / S.P. : Universal Music Publishing Korea, CAIOS
Adm. : Capitol CMG Publishing / All rights reserved. Used by permission.

45. 춤추는 세대
Dancing Generation
Matt Redman
주 자비춤추 게하네- 모 든것 다 해
찬양해 -춤-을 추-며 자 -비 감 사 -해
주 영광외치 게하네- 온 땅에서주
높이며 -주-의 영 -광 소 리 -쳐 찬 양 -해
넘 -쳐 흐 르는 용서받 은 영혼
이제주 를 보네 우 린 -멈 출-수 없
-어 우리 는 춤추는 세대되-리 주크신자비로
-춤 추-리 라 - -주 -의자-비로 -
주영광 외치는 세대되-리 놀라운주영광
-외 치-리 라 - -주 -의영-광을 -

O.T. : Dancing Generation / O.W. : Matt Redman
O.P. : Thankyou Music Ltd / S.P. : Universal Music Publishing Korea, CAIOS
Adm. : Capitol CMG Publishing / All rights reserved. Used by permission.

여호와를 찬송할지어다
견고한 성에서 그의 놀라운 사랑을
내게 보이셨음이로다

시편 31:21

46. 나 사는 동안

윤주형

나 사는동안-주를 - 경배합 니다 나
의 -모든것 되신주-님을 - -
주 바라봅니-다오 직 -내소망 되 시네 내
삶 -온전히 주 께드-리 네 - -
거 룩한-길 로 - 나를 이 끄시-는-주
- 상 한 나 의-맘을- 주 님
치 료하-시 네 - 내가 주를바-라 때
- 내 게 가 까이-계신주 - 나의
눈 물거-두 어 - -주얼굴 보 게하-소 서
- -- 주 님 께

47. 감사함으로

심종호

여 -호와를 즐 거이불러- 기쁨으로주께
나아가리-- 여호와하나님난 주의백성- 기르
시 는 양이 라 여 -호와를 즐
거이불러- 기쁨으로주 께 나아가리--
여호와하나님난 주의백성- 기르 시 는 양이라
감사함 -으로 주를높 -이며 그문
- 에-들어가서 - 찬송함 -으로 그이
-름-을- 송 축 할 지-어다
주의선 -함과 인자하 -심이 영원
-하고 주의성 - 실하-심이
- 대 대 에 미치리로 --다 -

내가 여호와를

기다리고 기다렸더니

귀를 기울이사

나의 부르짖음을 들으셨도다

시편 40:1

48. 빛 되신 주

Here I Am To Worship

시 5:7

Tim Hughes

빛되신주어둠 가운데비추-사 내눈보게하소 -서-
만유-의높임 을-받으소-서 영광중에계신 -주-
예배하는선한 마음주시-고 산 소망이되시 -네-
겸손하게이땅 에임하신-주 높여찬양하리 -라-
나 주를경배 하 리엎드려절 하 며 고백해주
나 의하나님 - 오사랑스런 주 님존귀한예
수 님 아름답고 놀 라 우신주 -
Fine
다알수 -없네-주의 -은혜 - 내죄
-위한-주십 -자가 -다알수 -자가
1. A
2. A
D.S al Fine

49. 주님 계신 곳에 나가리

Awesome In This Place

Dave Billington

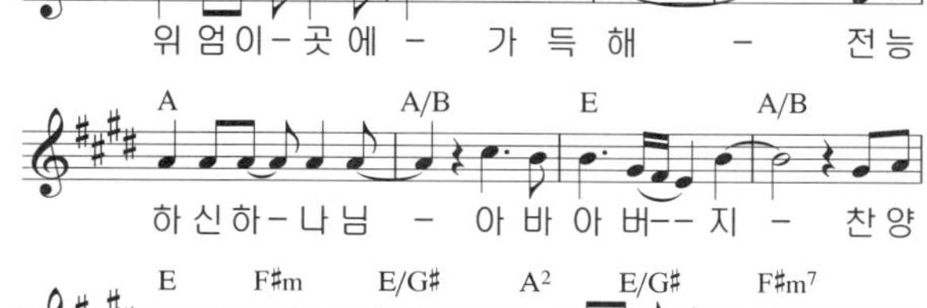
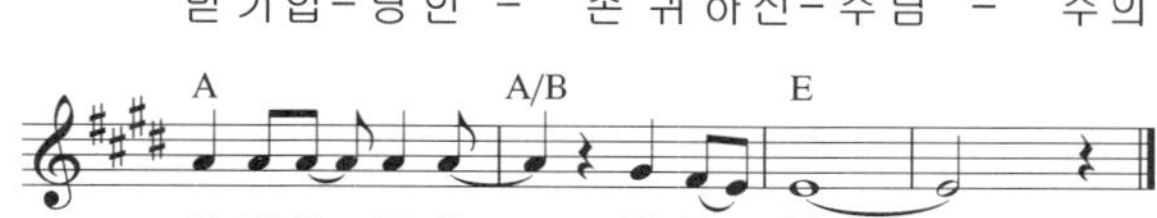

주님 계신곳에나 -가리 찬양드-리며 - 그
성소에-들어 -가-- 주의 얼굴뵈-오리 - 그
얼굴을뵈올 -때 주님의은혜넘-치네 --- 엎드려
고백하네 ---- 주께 - 주의
위엄이-곳에 - 가득해 - 전능
하신하-나님 - 아바아버--지 - 찬양
받기합-당한 - 존귀하신-주님 - 주의
위엄이-곳에 - 가득- 해 -

50. 우리 함께 기뻐해

Let Us Rejoice And Be Glad

계 19:7

Gerrit Hansen

우리함께-기뻐- 해 주께영광-돌리- 세 어린
양의혼-인잔 --치와- 신부 가준비-되었 네--
할렐루야전능 하신주 가다 스 리 네
할렐루야전능 하신주 가다 스 리- 네

51. 예수 이름 찬양

Praise The Name Of Jesus

시 27:7, 8

Roy Jr. Hicks

예 수이름 찬 양 예 수이름 찬 양
내 반석 나의산-성 나의구원자주 의지하리
예 수이름 찬 --양

52. 손을 높이 들고
Praise Him On The Trumpet

John Kennett

손을 높이 들고 주를 찬양- 높은 곳을 향해
주를 찬양-- 모든 만물들은 - 주를
찬 -양하라 - 왕의 왕 되신 예수-
다스리시는 예수- 생명 있음을 찬양
해 - 할렐루야 주를 찬양-
할렐루야 주를 찬양-- 생명 있음을 찬양

해 -찬양해 - 을 찬양 해 -

53. 크신 주께
Great Is The Lord

Robert Ewing

크 신 주 께 영광 돌리세 하나
님 의 성 에 서 그의 거룩한 산 에 서
터가 높고 아름 다 와 온 세 상 의 기 쁨
저 북 방 에 있는 시 온 산 큰 왕 의 성 일 세
Sing 할 렐 루 야 Sing 할 렐 루 야
Sing 할 렐 루 야 큰 왕 의 성 일 세

54. 일라이 예수아
ELAI YESUA

Anonymous

E-lai Ye-su a E-lai Ye-su E-lai Ye
일라이예 수 - 아 일라이예 수 일라이예
예 수 밖 에 없-네오 직 예 수 예 수 밖
su a E-lai Ye su E-lai Ye su a E-lai Ye
수 --아일라이예 수 일라이예 수 --아일라이예
에 없-네오 직 예 수 예 수 밖 에 없-네오 직 예
su E-lai Ye-su a E-lai Ye-su
수 일라이예 수 --아일라이예 수
수 예 수 밖 에 없-네오 직 예 수

55. 주 앞에 다 엎드려
We Fall Down

시 29:2

Chris Tomlin

주 앞-에- 다 엎드--려 면류관 - --드리
-네 사 랑-과- 자 비 하-심- 크 신 주
- --예 수 님 -께 외 치 세 거 -룩 거 -룩 거
-룩 주 는 거 -룩 거 -룩 거 -룩 외 치 세
거 -룩 거 -룩 거 -룩 어 -린 양 -

56. 내 영이 주를 찬양합니다
정종원
내 영이 주 - 를 - 찬양합니 - 다 -
내 영이 주 - 를 - 찬양합니 - 다 -
내 영이 주 - 를 - 찬양합니 - 다 -
내 영이 주 를 - 찬양합니 - 다 - Fine
기 - 뻐 - 하라 - 나의영혼아 감 - 사 - 하 라
- 손을들고 - 송 - 축 - 하 라 - 주를향해 -
외 - - 치 라 - 기 - 뻐 - 하 라
- 나의영혼아 감 - 사 - 하라 - 손을들고 -
송 - 축 - 하라 - 나의영혼 - 아 -

57. 호흡 있는 모든 만물
Let Everything That has Breath
Matt Redman
호흡있는 모든만물 다나와서 주찬양하라
호흡있는 모든만물 다나와서 주찬양하라
- 이 - 른아침에 도 -
높 - 은하늘에 도 -
늦 - 은저녁에도 - 난 - 언제나주님찬양해 -
천 - 사들과함께 - 영 - 원토록주님찬양해 -
기 - 쁨넘칠때 도 - 슬 - 픔다가와 도 -
온 - 땅위에서 도 - 모 - 든만물함 께 -
난 - 언제나 주님 찬양 해 - 끊임 없 는
모 - 든민족주님찬양 해 - 끊임 없 는
주의사랑 주의권세 존귀능력 나알게되면
찬 양 케 되 리 - 주 찬 양 하 라 -

58. 왕의 지성소에 들어가
Come into The King's Chambers
Daniel Gardner
왕 의 지성소에 들 어 가 보
좌 앞에엎드려경 배 - 해 왕 의 지성소에
들 어 가 주의영 광뵈 오 - 리 오

거 룩하신주님 앞에서 주 이 름높 이
리 왕의 지성소에 들어가 영화
롭 게 변 하 리

59. 나의 발은 춤을 추며

나의 발은춤을추며나의 손은손뼉치며나의
입은기뻐노래부르 네 나의 발은춤을추며나의
손은손뼉치며나의 입은기뻐노래부르 네 내가
주께 찬양 해 내가 주께찬양 해 내가
주께 손뼉 쳐 내가 주께손뼉 쳐 내가
주께 춤을 춰 내가 주께춤을 춰 내가
주께 찬양 하 며 주 사랑 해
주께 손뼉 치 며 주 사랑 해
주께 춤을 추 며 주 사랑 해

60. 내 맘의 눈을 여소서

Open The Eyes Of My Heart

Paul Baloche

내맘의눈-을여소 -서 내맘의눈-을열어 -주보게
하 소서 주보게 하 소서
내맘의눈-을여소 -서 내맘의눈-을열어 -주보게
하 소서 주보게 하 소서 주이름
높 이들 -리고 - 영광의빛비춰주시 -며
권능 -넘치길보 기 원하네 거룩거 -룩거 -룩 -
거룩거 -룩거 -룩- 거룩거 -룩거 -룩-
거룩거 -룩거 -룩-주보게 하 소서 -

61. 위대하고 강하신 주님

Great And Mighty Is The Lord Our God

Mariene Bigley

위대하 -고강하 신주님- 우리주하나 님
위대하 -고강하 신주님- 우리주하나 님
깃발을높이들고 흔들며 - 왕께찬-양 해
위대하-고강하 신주님- 우리주하나 님- - -
위대하-고강하 신주님- 우리주하나 님

62. 찬송하라

Come Bless The Lord

찬송하라 - (찬 송 하 라 -) 여호와의종들 아 (여호와의종들
아) 주 님집에 - (주님 집에 -) 서있는 자들 아 (서있는 자 들
아) 성소향 해 (성 소 향 해) 손 을들고서 - (손을들고 서
-) 찬 송 하라 - (찬 송 하 라 -) 찬 송 하라 - (찬 송 -하라)
""

63. 존귀 오 존귀하신 주
Worthy Is The Lord

Mark Kinzer

존귀 오 존-귀하-신 주 - 감사찬양
과-경배-다 받으실주 님 - - - - -
받 으 실 주 님 - 찬 양 할 렐
루 - 야 보 좌위어 린양께- 우 리경배
하 - 며 영 광돌리 네 - 할 렐
루-야 우 리왕께 영-광- 주는승 리의용
- - 사 또 만 유의 주 님 -

64. 좋으신 하나님
You Are Good

출34:6

Israel Houghton

좋으-신하 나-님 인자-와자 비-영 원-히--
각 나-라족 속-과 백 성-방언
세 상-모든세-대 영원-토록주 경 배-해
- 할 렐루--야 할 -렐루--야주
경 배 해- 주하나-님-
주 경 배 해-
할 렐루--야 할 -렐루--야주 경 배-해
- 주하나-님- You are - good -

65. 여호와를 앙망하는 자

SFC 주!앙모

여호와를 - 앙망하는 자새-힘을 얻-네-
여호와를 - 앙망하는 자곤-비치 않-네-
여호와를 - 앙망하는 자지-치지 않-네-
여호와를 - 앙망하는 자새-힘을 얻-네-
여호와를 - 앙망하는 자지-치지 않-네-
여호와를 - 앙망하는 자지-치지 않-네-
우 리하나님 여-호와 힘 주-시-니-
우 리하나님 여-호와 힘 주-시-니-
우 리하나님 여-호와 힘 주-시-니-

독 수 리 날 개 치며 올 -라-가-듯 -
달음 박질 -하-여도 곤 비치않-네 -
아 무 리 걸 어가도 지 치지않-네 -
여호와를 - 앙망하는 자새-힘을 얻-네
여호와를 - 앙망하는 자곤-비치 않-네
여호와를 - 앙망하는 자지-치지 않-네

66. 주 앞에 엎드려
I Will Bow To You

Pete Episcopo

주 앞에엎 - 드려 경배합 - 니다
- 오직- 주께 - 주경배합-니다
다른신-아닌 - 오직- 주께 - 나의모
- 든-우상-들 나의-보좌-
모두-다내-려 놓고 - 주앞에엎-드려
경배합 - 니다 - 오직- 주께 -

67. 가장 높은 주 이름
No Other Name

Doug Engquist, Freddy Rodriguez, Laurie Engquist

찬 - 양 뛰어난-그 이 - 름 영원히-다
예 - 수
스 리는 주 -님- 찬 양 - 해
찬 양 해 - - 가 장 높은
- 주 이 - 름 가장강한 - 주 이
- 그 이 - 름 자유주신 - 그 이
- 름 영원하신 - 주 이 - 름나-는
- 름 가장귀한
찬 양 해 - 치유하는 - 그 이
- 름 나 찬 - 양 - - 해 - - - - -
모 든 나 라 모 든 만 물
선 포 해 주 님 - - -
- - - 가 장 높은 -

68. 예수 가장 귀한 그 이름
The Sweetest Name Of All

Tommy Coomes

예 수 가장 귀한그-이름 예 수 -언제나
예 수 찬 양 하기원-하네 예 수 -처음과
예 수 왕의 왕이되-신주 예 수 -당신의
기 도들 - 으사 오 예 수 - 나 의손
나 중되 - 시는 오 예 수 - 날 위해
끝 없는 - 사 랑 오 예 수 - 목 소리
잡 아주시는 가장 귀 한 귀한그-이 름
고 통당하신 가장 귀 한 귀한그-이 름
높 여찬양해 가장 귀 한 귀한그-이 름

69. 나의 예배를 받으소서

이대귀
오주님당신은-내삶 -구석-구석-까지-
감찰하시며나-를응원 -하시-는분-
내길을밝혀서-영원 -한생-명의-길로-
인도하시며나-를격려 -하시-는분- 크
고 작은- 갈 등을겪곤-하지만 항 상 결국 당
신을선택-합니다 나의 -유일- 한고
-백의-대상-은오-직아름 - 다운- 당
신뿐입-니다- 나의 신뿐입-니다- 나의
-예배를받-으소서-홀로 - 영광을받-으소서-주여
- - - 나의--주여 -

70. 부르신 곳에서

김준영 & 송은정
따스한성령 -님- 마음으-로보네
사랑과진리 -의- 한줄기-빛보네
- 내몸 을감싸며- 주어 지는평-안함-
만족함-을느끼 네 부르신곳에 서
그사랑-을느끼 네 부르신곳에 서
- 나는예배하네 - 어떤상황에도 - 나는예배하네
- 부르신곳에서 - 나는예배하네 - 어떤상황에도
-나는 예배하네 - 내가 걸어갈-때길-이되-고
살아갈-때삶-이되-는그 곳에서- 예배-하네 - 내가
걸어갈-때길-이되-고 살아갈-때삶-이되-는그
곳에서- 예배-하네 - 부르신곳에서 -

E
경배와 찬양

여호와여 주의 긍휼을

내게서 거두지 마시고

주의 인자와 진리로

나를 항상 보호하소서

시편 40:11

71. 시편 139편

DP & 주민정

나 보다 나를- 잘 -아시는 주 -님
내가 주를떠나- 어디
로 가겠나 -이 까 - 나
어딜가든-지 주의 손이나를 인도하 -시며
주의 오른손이- 나 를붙드시-리 다
나 를 - 창 세 전
-부 -터- 계 획하 -시 고 -
지금까지- 인 -도하 -시 네 ---
하나님 -이여 주의생 -각이 어찌그
-리보배-로우신 -지-요 나의생 -각보다 나의뜻
-보다- 더 크고놀 -라우신 -주 -님 하나님
-이여 나를살 -피-사 나의마 -음을-다아시
-오-니- 나를 영원한길- 로 인 -도하 -소서
-

72. 해 뜨는 데부터

From The Rising Of The Sun

시113:1-3

Paul S. Deming

해뜨는데 부터- 해지는데 까 지--
- 주이-름 찬양받으- 리
해뜨는데 할 렐루야 -
여호와의모든종 들아 주 이름 -찬양해
- 이제부터 영원 까지 -
주 이름 찬 양할 -지로다 -

73. 시선

김명선

내 게로부-터눈-을들-어 주를보-기시-작할-때
성 령이나-를변-화시켜 모든두-렴사-라질-때
주의일 을보-겠네 - 내
주의일 을보-겠네 - 황
작은마-음돌-이키-사 하늘의-꿈꾸-게하네
폐한땅-한가-운데-서 주님마-음알-게되-리
주님을볼때 - 모든 시선을-주님께드-리고
주님을볼때 - 모든 시선을-주님께드-리고
- 살아계신하-나님-을느-낄때 - 내삶
- 살아계신하-나님-을느-낄때 - 세상
은 주의 - 역사가 - 되고 - 하나님
은 주의 - 나라가 - 되고 - 하나님
이 일하기시작 - 하 - - 네 -
Fine
주님의 영광 임하네
several times repeat
D.S al Fine
- 주볼때 - 주님의영광 모든

74. 꽃들도

MEBIG

이 곳에 생 명샘솟아나 눈물 골 짝지나갈때
그 날에 하 늘이열리고 모든 이 가보게되리
에 머 잖아 열매맺히고 웃음
라 마 침내 꽃들이피고 영광
소 리넘쳐나리라 꽃들 - 도 구름도 바람
의 주가오시리라
도 넓은바다 - 도 찬양하라 찬양하라 예수 -
를 하늘 - 을 울리며 노래
해나의영혼 - 아 은혜의 주은혜의주은혜의 주

75. 나는 주님을 찬양합니다

I Will Celebrate

Linda Duvall

나는주님을 - 찬양합니다 새 노래로주를 찬 - 양
노래부르며 - 주송축하리 - 새 노래로주를 찬 - 양
주 를 찬 양 새 노래로주를 찬 - 양
찬 양 하 리 새 노래로주를 찬 - 양
할렐루야할렐루야 할렐루야할렐루야 할 렐루 - 할렐 루 - 야
할렐루야할렐루야 할렐루야할렐루야 새 노래로주를 찬 - 양

76. 온 땅이여 주를 찬양

Sing To The Lord (All The Earth)

Miles Kahaloa & Kari Kahaloa

온땅이여주를 찬양- 날마 다주를찬양하 세---주
의기사와주의 영광- 온땅 에널리알려졌 네 위
대 하신 주 그의힘 과 위엄을기
뻐 하 라 주의다스 리-심-을--

온땅이여주를 찬양- 날마 다주를찬양하 세---주
의기사와주의 영광- 온땅 에널리알려졌 네

78. 왕이신 하나님 높임을

대상29:11

Twila Paris

왕이신하나님 높임을받으소 서 찬양하리라
영원히높임을 받으실그이름 찬 양 하 리 라 -
그 리 스 도 진리로다스리 네 -
기 뻐 하 라 온 땅이여찬양하 라 -
거 - 룩하 - 신 그이름높이리 라

77. 주의 이름 송축하리

Blessed Be The Name Of The Lord

Clinton Utterbach

주의이름송축하리 - 주의이름송축하리 - -
거룩하신주의이름 - 거룩하신주의이름 - -
영광스런주의이름 - 영광스런주의이름
지존하신주의이름 - 찬 - 양 -
거룩하신주의이름 - 찬 - 양 - -
영광스런주의이름 - 찬 - 양 - -
Fine
주님의이름 - 은 - 강한성 - 루-
그곳에달려 - 간 - 자 안전-하리 -
주님의이름 - 은 - 강한성 - 루-
그곳에달려 -간 -자 안전-하리 -
D.C al Fine

79. 주의 이름 송축하리라

Blessed Be The Name Of The Lord

Don Moen

주의이름송축하리 라 찬양 영광받으실그이 름 주께
거룩한손높이들고 서 찬양 주님의이름-
송 축하리라- 주님의이름-- 찬양 해

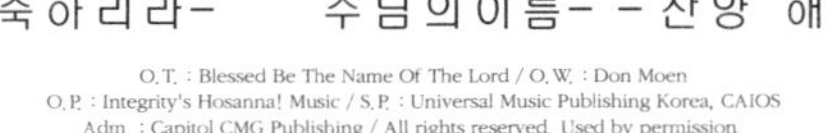

80. 나는 예배자입니다

송세라 & 전종혁
나는하나님을 예배하는 예배자입니 다
내가서있는 곳 어디서-나 하나님을예배합니
다 내영혼 -거룩한-은혜를 -향하여-내마음
-완전한-하나님 향하여- 이곳 에서 바로
이시간 하나님을 예 배 합 니 다

81. 주 예수 기뻐 찬양해

Celebrate Jesus Celebrate

빌4:4
Gary Oliver
주 예 수 기-뻐찬 -양해
주 예 수 기-뻐찬 -양해-
부활하 -신 우리 주 ---님 영원
히 - 다스리네- -부활하 -신
우리 주 ---님 다와서찬 -양해-
부활하신 -주찬 -양--해 - -

82. 예배합니다

I Will Worship You

시13:30, 시23, 시119:7
Rose Lee
완 전-하신 나 의 주 의 의-길로날-인
도 하소-서- 행 하신-모든 일주님의영광-
다경배합-니다 - 예배합-니다 - 찬양합-니다
- 주님만 -날다스리소서 - 예 배 합-니다
- 찬양합-니다 - 주님홀 -로높임받으소서 -

83. 주님만 사랑하리

It Is You

신11:22
Pete Sanchez Jr.
주님만 주님만 주님만사랑하 리 나의
왕 나의주님 주 님을더욱 알 기 원 해
나 주님께 오직 주 께경배 하 네
거룩 거룩 존 귀 존귀 하신주
사 랑 합 니 다 -

84. 주 같은 분은 없네

85. 왕 되신 주 앞에

임우진

Bb   F/A
주같 은분은없- 네 가장귀 한나의주 님 주만

Bb   F/A
이 나의삶- 의 -이유되시 네   주같

Bb   F/A
은 분은 없- 네 내힘되 신 능력의 주 주의지

Bb   Csus4   C7
할 때 --새힘주시 네   주님필요

F   C/E   Dm   F/C
해 --요   영원한내 소 --망   주나의모
이 --리   영원한나 의--왕   존귀하신

Bb   1.   Csus4   C7
든 --것   생명되시 네   주님만높
예 --수

2.C7   F   Fine
찬 양 해

Bb   F/A   Bb   C7
주같은분은없 네 -영 원한생명주신 주

Gm   F/A   Bb
그 사랑변함없고 - 우 리와함께하시

1.C7   2.Csus4   C7   D.S. al Fine
네   네   주님필요

Offering
대상16:29   Paul Baloche

F   C/E   Bb2/D   F/C
햇살- 보다-밝 게-빛나 는주의-영광-

F2/A   Bb2   Csus4   C
모든-어 두-움물-리치 -네 -

F   C/E   Bb2/D   F/C
누구- 도주-앞 에-다가 - 설수-없네-

F2/A   Bb2   Csus4   C
주의-거룩-한보-좌앞 -에- 오

Bb/D   C/E   F   A7sus4   A7/C#   Dm
직주의-보혈- 주의 긍휼의-지하 -며

C   Bb2   F   F2/A
나 아 가 리 - 왕 되 신 주

Bb2   Csus4   F   F2/A
-앞에- 나경- 배합-니 다 - 주님만찬

Bb2   Csus4   F   F2/A
-양받- 기합- 당하-시니 - 큰존귀와

Bb2   C   Dm   Gsus4   G7
-영광- 홀로- 받으-소서 - 오주

Bb2   Csus4   C7   1.F   C/E F
-앞에- 나나- 아갑-니 다 -

Bb2/D   F   C/E F   Bb2

D.S al Coda

2.F2/A   Bb2   Csus4
-   왕 되신주 -앞에-나나- 아갑-니 다

Gsus4   G   Bb2   Csus4
-   오주 -님내- 가나- 아갑-니 다

Eb2   Bb/D   Bb2   Csus4   F C/F F
-   오주 -님내-가나-아갑-니다 -

86. 주 임재 하시는 곳에
I Love To Be In Your Presence

Paul Baloche & Ed Kerr

주 임재하-시는곳 -에-우리함 --께찬양하
--리 일 어나기-쁨으로 - 소리높 -여찬--양해
주 - 내영혼 노래하-며 춤추게
하시네- 기쁨의 이유되시는 - 주님 ---- 주
임재하-시는곳 -에-우리함 --께찬양하 --리 일
어나기-쁨으로 - 소리높 -여찬--양해 - 두손을
- 들고서 - 소리 높 -여찬--양해 -

87. 하늘 보좌

한정수

내하나- 님 -서신발 앞-에- 무릎꿇- 고 -경배하리
하나님- 의 -그크신 사랑이- 우리죄- 를 -사하셨네
- 큰권능- 과 -영광이 가득한- 내아버- 지 -계신이곳
- 어린양- 의 -보혈에 은혜로- 나담대- 히 -나아가리
- 오하-나- 님 그빛난 얼굴뵈오며-두손들-
고 나아가- 리 찬송과 존귀와- 영광과
능력을- 그 하늘보좌위에 주님께 -

88. 주를 찬양하며
I Just Want To Praise You

Arthur Tannous

주 -를찬양 하 -며 나 -이제고 백 하는말
손 -을높이 들 -고 나 -이제고 백 하는말
주 -를사랑 합니다 나 의 -모든것 되 신주님
주 -를사랑 합니다 오 거 -룩하신 주 의이름
께 - 거 -룩하신 주 의이름
주 -의이름 높 이올리 세 -

89. 주의 사랑 주의 능력
More Love More Power

빌 3:6-7

Jude del hierro

주의사랑 주의능력 더욱부-어주소 서
내삶 가득 주님으로 더욱채- 워주소
서 주경배합니 다 -내마음다해 - -주경배합니
다 -내뜻을다해 - -주경배합니 다 -내힘을다해
- -오나의주님 - 나의- 주 님

90. 예수 아름다운 그 이름

이지현
F   Bb/F   F   Bb/F
예수 아름다 운 그 - 이 름 -
Dm7   G7   Gm7/C   C7
예수 영화로운 그 - 이 름 -
F   Cm7 F7   Bbmaj7   Eb7
예수 그이름 에 능력있 - 네 - - 그이름
F/C   Gm/C C7   F   C7
을 우리찬 양 - 하 네   Fine -   사랑합
F(add2)   Fmaj7   Bb6   Bbmaj7
니 다 - 찬양합니 다 - 경배합
Dm7   Gm7   Bb/C
니 다 예 수 오 - 예 수 -
1.C7   2.C7   D.C al Fine
- 사 랑 합 -

91. 경배하리 내 온 맘 다해
You're Worthy Of My Praise

David Ruis
G   F
경 배하리 - 내 온맘 - 다 - 해 -
무 릎꿇고 - 주 맞이 - 하 - 리 -
C   Am/G   G   Am   Dsus4 D7
찬양하리 - 내온힘 - 다 - 해   (온힘 다 - 해)
내모든것 - 다 드 - - 리 - 리   (다 드 리 - 리)
G   F
주 찾으리 - 나 사는 - 동 - 안 - 주
주 를향해 - 내 눈을 - 들 고 - 주
C   Am/G   G   Am   Dsus4 D7
님 의길 을 - 나 따라 - 가리   (따라 가 리 -)
의 지하 리 - 주만 의지 - 하 리   (주만 의지하 리)
G   D/F#   C/E
주 님만 - 을 경 배 - 하 리   주 님만 - 을
Am   D   G   D/F#
찬 양 - 하 리 - 찬양받 - 기 합 당 - 하 신
C/E   Am   D7   D   G
존 귀 하 - 신 주 만 높 - 이 - - 리 -

92. 지존하신 주님 이름 앞에
Jesus At Your Name

Chris Bowater
G   B7/F#   Em   Em/D C   G/B   Am7   D(sus4) D7
지존하신주님이 름앞에   모두무릎꿇고다 경배해 -
G   B7/F#   Em   Em7/D C   Am7   D7 C/G G
거룩하신주님보 좌앞에   엎 드려 절 - 하 세
G   B7/F#   Em   Em7/D C   G/B   Am7   D7
예 수 는 그리스도   예 수 는 주
G   B7/F#   Em7 D C   Am7 G/D   D7   C/G G
하 나 님 의 영 으로 - 경 배 드 - 리 리

93. 찬양하라 내 영혼아
Bless The Lord Oh My Soul

Margaret Evans
G   C   E7/B   Am   A7   D7
*찬 양하 라 내영혼 아 찬양하 라 내영혼 아 내
G   C C/B Am7   G/D   D7   G
속 에있 는 것 들 아 다 *찬 양 하 라
*감사하라
기뻐하라

94. 이 땅 위에 오신
Hail To The King
Larry Hampton

이 땅위에-오신 - 하 나님의-본체 -
우 리고대-하네 - 주 님오실-그날 - 다
십자가-에달 -리사 우리 죄사하-셨네 - 하
시사신-왕의 -영광 이 땅을비-추네 - 사
나 님이-그를 - 지극히-높여 - 모
단 의권-세는 - 주 앞에무너져 - 생
든이름-위에 -뛰어-난 이름을-주사 - 우리
명과진-리의 -주권-세 가장높-도다 - 우리
예 수이름 앞 에절하 고
모 든입이 주를시 인 - 해
영광중에 오실주를 보 리 라
선 포 - 해 -
왕 께 만 세 - 존
귀 와 위 엄-을 찬 양 해
왕 의 왕 께 만 세 주-
예 - 수 하 나 님 -

95. 어린 양 찬양
Praise The Lamb
사45:23-24, 계5:12

Bruce Clewett

어린양 찬 양-- 우리죄위해 죽으신주님- 또
죽음에서부-활하신 영원하신주할렐 루 --야 -
어린양 찬 양-- 오직그이름 송축하리라-
모두무릎꿇- 고경배 하며외치리할렐 루 --야
그 는주 - - - 그 는 주 - - - -
그 는 주 - - - - 그 는 주 - - - 그는
그 는주 - - - 그 는 주 - - - - 그 는 주
주 - - - 그 는 주 - - - - 그 는 주

96. 우리 함께 모여
We're Together Again
시126:3

Jensen Gordon & Hilton Wayne

우 리함께모여 - 주 의이름찬 양
우 리함께모여 - 주 를부르세 - - - - -
- 위대 한 일행하셨 네 우 리 소 망충만해
- 우리함께모여 - 주 의이름찬 양

97. 나의 슬픔을 주가 기쁨으로
Mourning Into Dancing

Tommy Walker

나의 슬 픔 을 주가 기쁨-으로 변
화 시-키시 네 잠잠할 수 없네 기뻐
춤 추 며 찬 양 해 상 처
뿐 인 내-영-혼 위 로 해 주-셨-네
고 통 중 에 있-을-때 주 님
평 안 주-셨-네 주 사 랑 어 둠 이-김-을
나 는-느 끼 네- - - 주 의 빛
비 쳐 주-시-니 내 마 음 기 뻐- 주
찬 양 하 네 나 의 슬 픔 을 주 가
기 쁨-으로 변 화 시-키시 네 잠잠할 수
없 네 기 뻐 춤 추 며 찬 양 해
때 론 주 님 - 분 노 하 실 지 라 도 - 주 의
은 혜 와 사 랑 - 나 의 평 생 에 내 게 임 하 네

98. 주의 이름 높이며
Lord I Lift Your Name On High

시 18:46

Rick Doyle Founds

주의이름높-이 며 주를찬양하-나 이-다
나를구하러-오 신 주를기뻐하-나 이-다
하늘영광버리고 - 이 땅 위에 - 십자가-를지시고
- 죄 사 했네 - 무덤에-서일어나 - 하늘로-올리셨네
- 주의이름높-이 - 리 -

99. 주님 내 길 예비하시니

홍정표

주님 내 길 예비하시니 나 기뻐합니 다
주님 내 게 평화 주시니 나 기도합니 다
주님 내 게 승리 주시니 나 찬송합니 다
주 님 나 를 치료하시니 참 감사합니 다
주 님 나 를 사랑하셨네 날 구 원 하 셨 네

여 - 호 와 이 레 여 - 호 와 이 레
여 - 호 와 샬 롬 여 - 호 와 샬 롬
여 - 호 와 닛 시 여 - 호 와 닛 시
여 - 호 와 라 파 여 - 호 와 라 파
할 렐 루 야 아 멘 할 렐 루 야 아 멘

주님 내 길 예배하시니 여 - 호 와 이 레
주 님 내 게 평화 주시네 여 - 호 와 샬 롬
주 님 내 게 승리 치료하시니 여 - 호 와 닛 시
주 님 나를 사랑하셨네 여 - 호 와 라 파
할 렐 루 야 아 멘

100. 기뻐하며 왕께 노래 부르리

시9:4, 요10:11,14
David Fellingham

기 뻐 하 며 왕 께 노 래 부 르 리
– 소 리 높 여 할 렐 루 야 부 르 리
– 주 님 앞 에 나 와 찬 양 드 리 며
– 우 리 주 님 과 함 – 께 기 뻐 하 리 라 –
나 의 창 조 – 자 나 의 구 원 – 자
가 장 귀 한 나 의 예 수 님 – 찬 양 합 니 – 다
나 의 치 료 – 자 나 의 선 한 목 자 되 – 신 주
– 예 수 나 의 주 찬 양 하 리

101. 멈출 수 없네

심형진

주 날 구 원 했 – 으 니 – 어 찌 잠 잠 하 – 리 –
주 내 죄 사 했 – 으 니 – 어 찌 잠 잠 하 – 리 –
기 쁨 의 – 찬 송 부 – 르 리
기 쁨 의 – 경 배 드 – 리 리
주 를 향 – 한 – 나 의 사 – 랑 –
주 를 향 – 한 – 나 의 열 – 정
멈 출 수 없 – 네 – 멈 출 수 없 – 네 –
멈 출 수 없 – 네 – 멈 출 수 없 – 네 –
나 – 기 쁨 의 춤 추 리 – – 내
모 든 슬 – 픔 바 꾸 셨 네 – –
나 – 기 쁨 의 춤 추 리 – – 내
모 든 삶 – 주 안 – 에 – 있 네

102. 영광 높이 계신 주께

GLORY
Danny Daniels

영 광 – 높 이 계 신 주 께 영 광 – 전 능 의 구 주
어 린 양 께 영 – 광 을 – 내 살 아 계 신 주 – 님 께 –
어 린 양 께 영 광 –

주 께 – 영 광 – (영 광 –) 영 광 –
(영 광 – – –) 영 광 – 영 광 어 린 – 양 –
주 께 영 – 광 어 – 린 양 –

103. 오 주여 나의 마음이

시57:7-8
오 주여 나의 마음 이 주께로 정해졌-으
니 나-는 주 찬 양 하리라 -
깨어라 나의 영-혼 아 비파와 수금들-어
라 이 새벽 에 내가- 찬 양 하리라 -
멜-로 디 - 멜-로 디 - 예수님
예--수 - 예--수 - 예수님
1. 은 나의 노래 -
2. 나의 노래

104. 문들아 머리 들어라

시24:7
문 들 아 머리 들-어 라 들릴 지 어다 영원한 문
들 아 영광의 왕 들어 가 시 도록 영광
1. 의 왕 들어 가-신 다 문 다
영광의 왕 뉘 시뇨 강 하 고 능하신 주로다-
전쟁에 능하신 주 시라 다 찬 양 위대하-신 왕
왕 께 만 세 왕 께 만-세-
당신은 영광의 왕 이라 다 찬 양 위대하-신 왕

105. 예수의 이름으로

I Will Stande

Chris Bowater

행 3:6
예수 의 이름으로 나는 일 어서리 라 주가
주 신능력 으로- 나는 일 어서리 라 원수
가 날 향 해 와도 쓰러 지 지않으 리 주가
주 신능력 으로 주가 주 신능력 으로 주가
주 신능력 으로 일 어서 리 -

106. 주의 인자하심이

정종원

주의 인자-하심이 생명 보다-나으 므로 내 -입술은
주 를 찬 양 주의인자 -하심이 생명보다 - 나으
므로 내 입술은 주 찬양- 이러므 로 -내 평생
에 주 를 -송축하 며 주의 이름으로- 인
하여 내손을 들 리-라- -(들리-라-) 찬양-

107. 예수는 왕 예수는 주

계 19:16

He Is The King

Don Moen, Rev John F Stocker, Tom Ewing

예수는왕 - 예수는주 - 예수는날

- 구원하신 주--- 예수는왕 - 예수는주

- 예수는날 - 구원하 신 - 주 왕께만세

- 주께만세 - 날구원 하신주님께 만

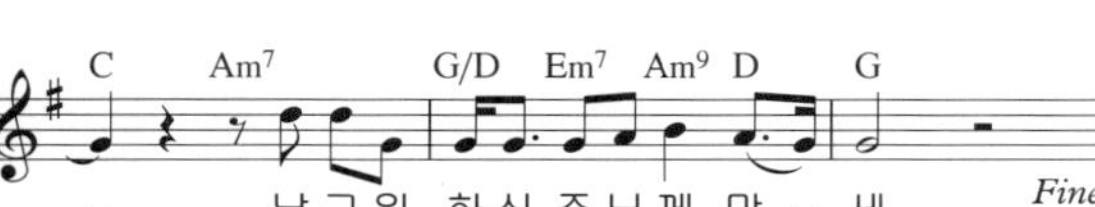
세 - - 왕 께 만세 - 주 께 만세

- 날구원 하신 주님께 만 - 세   Fine

강 하 고 능 하신왕세상모 -든나라다-스리시

네   소 리 높 여 찬 양 해 그 는 만
- -유의주- 그 는만왕의 왕 예수는왕   D.S. al Fine

108. 영광 주님께

시 42:12

Glory Glory Lord

Bob Fitts

영 광주님께 - 주님께영광을 ——
영 광주님께 -당신은능력의 주 당신은능력의
주 산 위에 올라가 서
넓은바다를 향해 거리한가운 데서
소리높여주찬 양 새노래로주찬 -양
땅끝까-지 주이름높 여- 모든열방들나 -와
소리높여주찬 양 영 광주님께 -
주님께영광을 - - 영 광주님께 -당신은능력의
주 당신은능력의 주 당신은능력의
주 당신은능 력의 주 -

109. 호산나

Hosanna

Carl Tuttie

호 산 -나 호 산 -나 호 산나높은곳에 서 호
영 -광 영 -광 왕의왕께영광 을
산 -나 호 산 -나 호 산나높은곳에 서
영 -광 영 -광 왕의왕께영광 을

주의이름높여 - 다찬양하라 -
귀하신주나의하 나 님 주 님께영광돌 리 세

110. 다 와서 찬양해

Celebrate Come On And Celebrate

벧전 1:8-9

Trish Morgan, Dave Bankhead

다 와서 찬양해 - 사랑을 주신주 찬양해 -

사랑 의우리주 - 님 - - 생명주셨네 -

- 소리쳐 찬양해 - 기쁨을 주시는 우리왕 -

찬양 의제사 드리며 - - 주님께경배 해

다 와서 찬양해 - 찬양해 - 찬양해 - 주
님 찬양해 주님 우리왕 -

다 와서 찬양해 - 찬양해 - 찬양해 - 주

님 찬양해 주님 우리왕 - -

111. 왕 되신 주께 감사하세

Forever

시 136:12

Chris Tomlin

왕 되신주께 - 감 - 사하세 - 그 사랑영원하리
능 력의손과 - 펴 - 신팔 - 로 - 그 사랑영원하리
해 뜨는데서 - 지는 데까 - 지 - 그 사랑영원하리

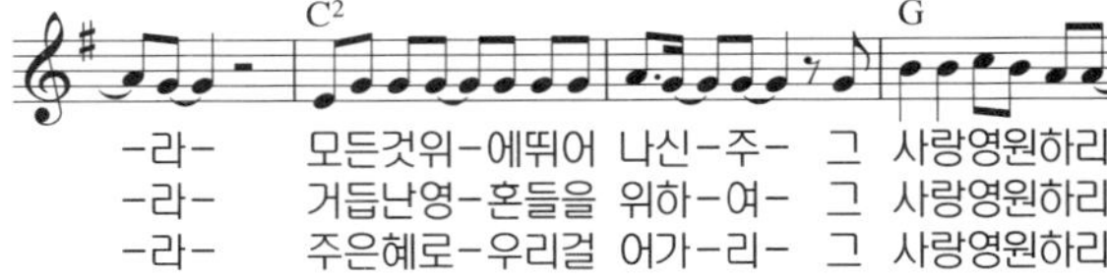
-라 모든것위 - 에뛰어 나신 - 주 - 그 사랑영원하리
-라 거듭난영 - 혼들을 위하 - 여 - 그 사랑영원하리
-라 주은혜로 - 우리걸 어가 - 리 - 그 사랑영원하리

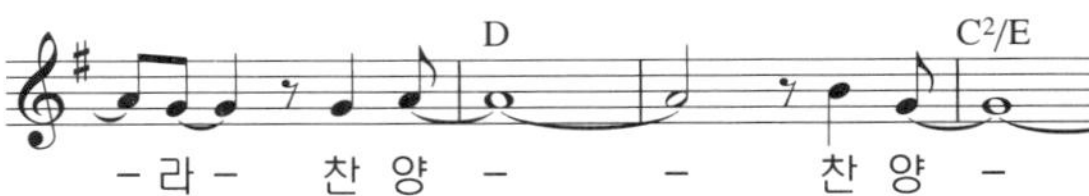
-라 찬 양 - - 찬 양 -

- 찬 양 - - 찬 양 -

- 영원 - 히 신 - 실 하 - 신 - 능력

- 의 하 - 나 님 - 영원 - 히 함 - 께 하

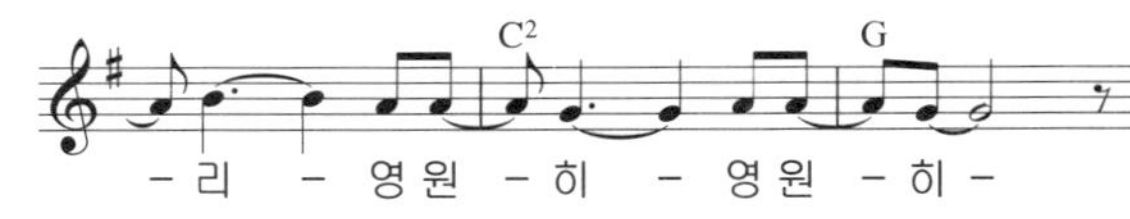
- 리 - 영원 - 히 - 영원 - 히 -

112. 예수 주 승리하심 찬양해

Jesus We Celebrate Your Victory

고전 15:57

John Gibson

예 - 수 주 승리하 - 심찬 - 양해 -

예 - 수 주 사랑놀 - 라 와 -

예 - 수 자 유주 - 심 기 - 뻐 해 -

예 - 수 생명 - 을 주 - 셨네 -
Fine

구 원의주 - 님 - 자 유케 하셨네 - - 모
주 님의성 - 령 - 내 안에 계시니 - 담 대
든죄의 - 멍에 - 를 - 주가 깨뜨 - 리 - 셨네 -
히주께 - 나갈 - - - 담 력을얻 - 었 - 네 -
우 리기뻐 - 해 - 승 리의주님 - 우
주 임재안 - 에서 문 제는사라져 - 우
리 마 음 주 께 향하 네 -
D.S. al Fine

113. 선포하리 주 위엄
We Declare Your Majesty

Malcolm Du Plessis

선 포 하 리 주 위 엄
- 높 으 신 주 의 이 름 찬 양 해
- 주 의 크 고 놀 라 우 신 힘 과
능 - 력 이 온 땅 위 에 나 타 나 셨
네 전 능 의 주 - 찬 양 합 니 다
- 거 룩 하 신 - 주 이 름 높 이 며
- 영 광 의 주 - 그 보 좌 앞 에
- 다 무 릎 꿇 고 주 경 배 합 니 다 -

114. 생명 주께 있네
My Life Is In You Lrod

신 6:5

Daniel Gardner

생 명 주 께 있 네 - 능 력 주 께
있 네 - 소 망 주 께 있 네 - 주
안 - 에 있 - 네 생 네 - 생 명
다 해 - 주 찬 양 - 하 리 - 힘 을
다 해 - 주 찬 양 - 하 리 - - - 내
생 명 - 다 해 내 힘 을 - 다 해 .
모 든 소 망 주 님 께 - - 생
명 주 께 있 네 - 능 력 주 께
있 네 - 소 망 주 께 있 네 - 주
안 - 에 있 - 네 주 께 -

여호와께 감사하라 그는 선하시며

그 인자하심이 영원함이로다

신들 중에 뛰어난 하나님께 감사하라

그 인자하심이 영원함이로다

시편 136:1, 2

115. 가장 높은 곳에서

주민정, 현지혜

가장 높은곳에-서 가장 낮은곳으-로 찾
아 오셨-네 날살리려고 영원
한 죽음에-서 영원한생명으-로 구
원 하 셨-네 크신은혜 로 -
그 사랑으로 - 그의 상함으로 -
나 의 영 혼 죄 사 함 받 았 네
그 구원으로 - 그의 희생으로 -
나 의 영 혼 주 안 에서 자 유
해 가 장 할 렐
루 야 - 할 렐 루 야
- 가장 높으신 주 그 영광을 찬양하
네 - 할 렐 루 야 - 할 렐
루 야 - 가장 높으신 주 그
영광을 찬양하네 -

116. 나는 주만 높이리
Only A God Like You

Tommy Walker

나는 주만높-이리 - 결코 내맘변-치않
-네 세상 모든권-세모 - 든영-광십
-자가앞에 다버 -리고 나의 충성과- 내헌
-신 내모든 소망오-직예 -수 나무
에 달려-죽으 -신그 -분께 -
- 오직우리주--께 - 내믿음
-소망찬양받기 -합당한분 또 오직만왕-의왕께
- 엎드려 -경배하며 모 -두드리리
-두드리리 나 를지으시-고아버 -지되시-며나
를구원하-사하늘 -의상주-실 오 직우리주-님께
- 나찬양하리 - 오직우리 주-께
오직우리 주-께 오직우리 주-께 -

117. 주님의 영광

고형원

영 광을돌 -리세- 우 리하나-님께 - 존
귀 와위 -엄과 - 능력 과아름다움 만-
방 의모든신은 헛 된우상 -이니- 오직
하늘의하나 님-그 영광찬 양해 - 주님의
영 광 모 든나라위에- 주님의영 광
온 세 계 위에- 하늘 에계신- 우리아버지
영광찬양해- 우리 주님나라영원하리라
- 우리 주님뜻은이뤄지리라 -

118. 주님의 솜씨

사44:24

이유정

하늘 을바라보라- 드넓 은저바다도- 온 세상지으신- 주
들에 핀꽃을보라- 하늘 을나는새도- 만 물을지으신- 주
님의솜씨라 - 먹구 름이다가와- 태- 양을가려도- 만
님의솜씨라 - 눈보 라가닥쳐와- 온- 땅을덮어도- 만
물을주관하시는- 주 님의섭리라모두 고개를들고어둔
마음을열어 크신주님의- 능력 을바라보라- 너
와나지으신주의놀라운손길 - - 우리다함께- 주를
찬 양-해 찬양 해 - 온
하 늘과땅 위의만물아- 겸손히무릎꿇 고
주 의위엄 앞에 경 배하 라 -

119. 예수 다시 사셨네

이권희&스코필드
예수 그리스도가 오늘 부활하셨네 할렐 루할렐루할렐루
- 예수 그리스도가 우리 곁에계시면 모든 죄악-에서보호하시
리 할렐 루 할렐루야 --- 죽음 에서부활하-신어린
양 할렐루 할렐루야 --- 예수 다시 사 셨

네 사망이-나생명도- 천사나-어떤권세도-
높음이나깊음도 - 우릴 예수안에있--는- 하나
님사랑-에서-- 끊을수 없으리 할렐

120. 호산나

Hosanna (Praise Is Rising)

Paul Baloche & Brenton Brown

121. 주님만이

강명식

찬 - 양 중 - 에 눈을 들 - 어 - 주를
주 - 께 드 - 린 마 음 다 - 한 - 기도
- 주를 보 네 -
- 들으 소 서 -
소 - 망 중 - 에 마 - 음 다 - 한 - 주만
주 - 의 나 라 상 - 한 영 - 혼 - 들을
- 나 바 라 네 - 주님을 볼
- 새 롭 게 해 - 주님을 볼
- 때 나에게 - 힘 주시네 주님 안
- 에 모든 두 - 렴 사 라 져 사 라 져 - 호
산 - - 나 호 산 - - - - - 나 - 구원의주
- 하 나 님 - 찬 양 받 으 - 실 주 - 님 - 호
산 - - 나 호 산 - - - - - 나 - 내 안 에 임
- 하 셔 서 - 주님의뜻이 - 루 소 - 서 -

주님만이 나 의 구원 - 주님만이 나
주님만이 나 의 승리 - 주님만이 나
의 반 석 - 나는 영 - 원히 주 찬양하리
의 능력 - 나는 더 - 욱 더 주 의지하리
- 아 무 것 - 도
- 내 모 습 - 에
보 이 지 - 않 는 광 야 의 - 길
절 망 할 - 때 도 원 수 가 - 날
걸 어 갈 - 때 도 - 보 이 지 않 - 는 주
조 롱 할 - 때 도 - 나 를 향 하 - 신 주
님 의 손 이 - 나 를 붙 잡 - 고 인 도 하 시 니 -
님 의 사 랑 - 끝 까 지 나 - 를 사 랑 하 시 니 -
나 두 렴 없 - 이 달 려 가 - 리 라 - -
나 기 쁨 으 - 로 선 포 하 - 리 라 -
- 사 망 이 나 생 명 이 나 - 이 세 상 의 그
무 엇 도 - 주 사 랑 - 에 서 끊 을 수 없 네 -
Fine
D.C. al Coda
D.S. al Fine

122. 존귀한 주의 이름

I Worship You

Carl Tuttle

1.존 귀한주의 이름 - 나 찬양 드리네 주는
성 령내게 임할때 - 갈 급함 채우네 자비
올 무벗게 하신주 - 참 자유 주셨네 소리
빛 난영광의왕 - 창 조주 하나 님
하 신보좌앞에 - 리 두 손을 듭니 다
높 여주 찬 양하리 영 원히 찬양 해
- 경배 합니다 - 내삶을 드 리며
- 주 께 - 무릎꿇 고
- 경배 합니다 - 내삶을 드 리며
- 주 께 - 무릎꿇 고
1. D C/D D
2. D C/D D
3. D
- 2.주 의 - 3.모 든

123. 주 사랑 놀라와

Hallelujah

시 133:1

Brian Doerksen & Brenton Brown

할 렐루 - 야 - 할 렐루 - 야 - 할 렐루
- 야 - 주의사 - 랑날 할렐루 - 야 - 할렐루
- 야 - 할렐루 - 야 - 노래하 - 게 해
주사 랑 - 놀라 - 와 항상변 - 함없
주사 랑 - 놀라 - 와 더욱커 - 져가
- 네 견고한 - 나 의 산 반 석되 - 시네
- 네 나의깊 - 은 곳 에 기 쁨넘 - 치네
주사 - 랑 - 신비 - 해 나를받 - 으시
나주를빌 - 때마 - 다 선하심 - 비춰
- 네 적이 - 에 - 워 싸 도 보호하 - 시네
- 니 내안에주 - 의 노 래 커져만 - 가네

124. 당신은 영광의 왕

Hosanna To The Son Of David

Mavis Ford

당 신은영 광 의 - 왕 당 신은평 강의 왕
당 신은하 늘 과 땅의주 당 신은정의의아 들
천 사가무 릎 꿇 - 고 예 배하며 경 배 하네

영원한생 명 말 - 씀 당신은예 수 그리스도 주 호
산나다윗의 - 자 손 - 께 호 산나불러왕중의 왕
높은하늘엔 영광 - 을 - 예 수주메시아 - 네

125. 오직 주로 인해
Because of Who You Are

Marttha Munizzi

오 직 주로 - 인해 - - 영광 - 드리
- 네 오 직 주로 - 인해
- - 찬 양 - 하네 - 오
직 주로 - 인해 - 나의 목 소리 - - 높여
- 나 경 - 배 하리 오 직 주로 - 인해
- - 나 경 - 배 하리 오
직 주로 - 인해 - 오
- 여호 - 와 이 레
날 - 채 우 시네 여호 - 와
닛 시 승리로 날 이 - 끄시
네 여호 - 와 샬 롬 평
화 의 왕 - - 나경배 - - 하리 - 오직
- 주로 - 인해 - - 여호 - 와
- 오

126. 열방의 노래

고형원

경배 해 - 경배 - 해 -
- 하늘 보좌 - 주앞 에서 - 경배 - 해 -
- 경배 해 - 경배 - 해 -
- 주의 얼굴 - 영광 의빛 비 치 네
Fine
- 은혜로우 신우리하 - 나 님그자비하 심은영원영 - 원
히 아버지의 크 신긍 - 휼 로 온세 상그품에 - 안으시
네 온세 상 그 품에 - 안으시 네
- 경배 네 - 열방 들 그 품
에 - 돌아오 게 - 되 리 그들을위한 - - 아버지
의 - 눈물알 게 - 될 때 - 하늘과땅 - - 하나되어
- 부르 는 - 노래 - 시작됐 네 - 모든나라 - - 모든족속
- 주앞 에 - 나와 - 경배하 리 - 경배

127. 하늘에 계신 아버지

As It Is In Heaven

Matt Maher & Ed Cash

하늘 -에 계신아버 -지
-다 일용할양 -식
이름거룩-하 -며 - 주의영광이곳에가
은혜로주 -소 -서 - 예수이름으 -로우
-득하길기도하네 - 하늘 -에 계신아버
-리모두기도하네 - 시험 -에 들게마시
-지 - 주 이름다외 -치 -며 -
-고 악에 서구원하 -소 -서 -
주의영광이곳에가 -득하길기도하네 ---
예수이름으 -로우 -리모두기도하네 --- 기도하네
--- 찬양 해 - 새 노래 -로 찬양 해
- 새 노래 -로 찬양 해 - 새 노래
-로 주 -님께 - ---- 주님의나
라 주님의뜻 이 하늘 -에이뤄-지-듯
-이 모두선포 해 자비 한주이 름 이 땅
-에 이뤄 - 지 -리 -라 -
날 마 -라 모든나
-라주께-모든권 -세주께-모든영 -광영원-히아멘

- 모든나 -라주께-모든권 -세주께-모든영
-광영원-히아멘 - 모든나 --- 주님의나

128. 나는 주님을 찬양하리라

I Will Rejoice

시104:33

Rita Baloche

나 는 주님을- 찬 양 하리라-
새 -노래 로- 주 찬 -양 ----
나 는 주님을- 찬 양 하리라-
새 -노래 로- 주 찬 양 -
찬 양 - 온 맘과 - 뜻
다 하 -여서 - 주님 을 -
기 뻐 -하 -리 두손 을 -
높 이 -들 고서주님 을 -
경 배 하 -리 -

129. 나 주의 믿음 갖고

I Just Keep Trusting The Lord

John W. Peterson

나 주의 믿음갖고 - - 홀로걸어 도
내 주는 선한목자 - - 나를인도 해
- 나 주의 믿음갖고 - - 노래부르 네
- 사 망의 골짜기로 - - 다닐지라 도
- 폭풍구름 몰아치고 - - 하늘덮어 도
- 주님께서 나의길을 - - 인도하시 니
- 나 주의 믿음갖고 - - 실망치않 네
- 나 주를 따라가리 - - 언제까지 나
- 주 는내 친 구 - 진 실한친 구
- 주 는내 목 자 - 선 하신목 자
- 세 상끝 까 지 - 주 를믿으 리
- 어 디가 든 지 - 함 께하시 네

130. 오 이 기쁨

오 - 이 기쁨 - 주 님 - 주신 것 -
앞 뒤 동 산 에 - 꽃 은 - 피었 고 -
높은 - 하 늘 에 - 종 종 - 달 새우짖고 -
손 뼉 치 면 서 - 즐 겁 게노래 해 -
오 - 이 기쁨 - 주 님 - 주신 것 -
내 - 맘 속 에 - 웃 음꽃피었 네 -
내 - 맘 속 에 - 기 쁜 노래있 네 -
오 - 친 구 여 - 즐 겁 게노래 해 -
손 뼉 치 면 서 - 즐 겁 게찬양 해 -
오 이 기쁨 - 주 님 주신 것 - 주 께
영 광 할 렐 루 야 - 주 만 찬양 해

131. 선포하라

All Heaven Declares

계5:13

Noel Richards&Tricia Richards

선 포 하 라 부 활하신영광 의주
선 포 하 라 부 활하신영광 의주
아 름 다 운 영 광의주 를 보라
하 나 님 과 화 목하게 하 신주
보 좌 에앉으 신 그 어린양예 수
찬 송 과존 귀 와 영 광과능력 을
다 무릎꿇 고 서 주 경배하리 라
영 원영원토 록 받 아주옵소 서

132. 온 맘으로 송축하리

With My Whole Heart

Chris Bowater

온맘 으 로 송 축 하리 생명 다해 주셔
기 리 나의 힘 나의맘 내 모 든것드려 - 주
경 배 경 배 해내삶을 드 려 주께
경 배 경 배 드 - 리 리 - 내 삶을
드 려 주께 경 배 경 배드 - 리 리

133. 찬양하세
Come Let Us Sing Come Let Us Sing

Danny Reed

찬양하세 - 찬양하세 -
왕께 소리높-여 찬양드-리세 -
찬양드-리세 찬양받 기에 합
당 하신주 님 - 언제 나
동 일하신 주 - 무릎꿇 고
서 주이름 외 치 세 예수 나의
왕 예 수 나 의 왕 예 수
나 의 왕 아 멘

134. 예배자

설경욱

아무 도 예배하지 않-는- 그곳에서
도 헌신하지 않-는- 그곳에서
- 주를예배하리라 - 아무도 찬양하지
- 주께헌신하리라 - 누구도 증거하지
않-는- 그곳에서 - -나주를찬양하리라
않-는- 그곳에서 - -나주를증거하리라
- 누구 - 내가밟는 모든땅- 주를예배
하게하소서- 주의보혈로- 덮어지게
하소서- 내가 선이곳- 주의거룩한곳
되게하소서 주의 향기로- 물들이소서 -

135. 모든 존귀와 영광을

정종원

모든 존귀와- 영광을- 주 님께돌리세- 모든
존귀와- 영광을- 주 님께돌리세- 모든 존귀와- 영광을- 주
님께돌리세---- 주 님 께돌 리 세

136. 고개 들어
Loft Up Your Heads

Steve Fry

고 개들 어 주 를맞이 해 엎 드리어
경 배하며 찬 양 왕 의위엄 을
(찬 양주 님께영 광)
신 령과진 정 한 찬 양으로
영 광돌 려 만 왕의 왕 께

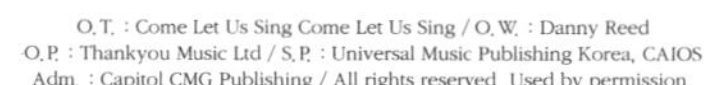

137. 예수 열방의 소망

Hope Of The Nations

Brian Doerksen

예수 열방의소-망- 예수 우리의위-로자
예수 어둠속의-빛- 예수 변함없는-진리
주는 -온땅-의영 -원한 소망 -
주는 -온땅-의빛 -이되 시네 -
- 우리 -위해 죽으 -시고 다시
- 사신 생명 -의주 - 주님만이
- 소망이요 - 변함없는 - 반 -석이라
- 부활하신 - 우리구주 - 평 -강의왕
- 주님만이 - 온세상을 -비추 -시네 -
- 주를믿는 - 모든자의 -소망 -되신 -
또죽음에서 주를--믿네 -

138. 주님 큰 영광 받으소서

Jesus Shall Take The Highest Honour

계 7:12

Chris Bowater

주님큰영광받-으 소서- 홀로찬양받으-소
서 모든 이름위에-뛰어 난 그이름- -온
땅과하-늘이다찬-양 해 겸손하-게우리무-릎
꿇고- 주 이름앞-에영광돌-리 세 모
두 절하세-독생 자 예-수- 주님께- 찬양드-리
세 모든 영광과존귀와 능력- 받으소서-
받으소서- 영광과존귀와 능력- 받으소서-
받으소서- 그리스도 살아계신- 하나 님

139. 주 임재 안에서

설경욱

내 모든것-- 나의 생명-까지
다 주님앞에- 드립니다
주 임 재 안에서 이제 내 영혼-자
유 -해- 내가 주의거룩한 이 름을높이며

예 배 하 리 어 린-양 찬양 하-리- 내
평 생그하나로-충 분해요- 어 린-양 찬양
하 -리- 내 가 주의임재안에 서

140. 주 이름 찬양
Blessed Be Your Name
Beth Redman & Matt Redman
A E F#m7 D
1.주-이름-찬양-풍요의 강-물흐-르는-부요
주-이름-찬양-거치른 광-야와-같은-인생
2.주-이름-찬양-햇살이 나-를비-추고-만물
주-이름-찬양-가는길 험-할지-라도-고통
A E D7
한 땅-에살-때에-주님-찬양해-
길 걸-어갈-때도-주님-찬양해-
이 새-롭게-될때-주님-찬양해-
이 따-를지-라도-주님-찬양해-
A E F#m7 D
모든축복 주신주님 찬양하리
A E F#m7 D
어둔날이 다가와도 난외치리 주의이름
A E F#m7 D
을 찬-양-해- 주의이름 을 주의이름
A E F#m7 E D
을 찬-양-해- 영화로운 주이름-찬양-
Fine
1.D 2.D A E
주 님은주시며 주
F#m7 D A E
님은찾으시네 내 맘에하는말 주
F#m7 1.D 2.D
D.S. al Fine
찬양합니다- 주 다- - 주의이름

O.T. : Blessed Be Your Name / O.W. : Beth Redman, Matt Redman
O.P. : Thankyou Music Ltd / S.P. : Universal Music Publishing Korea, CAIOS
Adm. : Capitol CMG Publishing / All rights reserved. Used by permission.

141. 주 사랑해요
I'll Always Love You I Just Want To Love
Tim Hughes
A E F#m D
갈 -급한내 -맘- 만 -지시는 -주-
매 -일주님 -과- 함 -께지내 -며-
A E F#m D
사 -랑과노 -래 드리 기원합니다 -
주 -의부르 -심 주마 음알기원해 -
A E F#m D
주 -사랑해 -요- 주 -찬양해 -요-
내 -모든호 -흡- 주 -께속했 -네-
A E F#m D
높 -고거룩 -한 주날 만져주시니 - 이전과
주 -의부르 -심 주마 음알기원해 - 내생명
Bm7 A E
같 지않으리 - 주사랑해 -요-
주 께속했네 - 주사랑해 -요-
F#m D A
영원히찬 -양 해-예수 - 신령과진
E F#m Last time to Coda 1.D 2.D
-정으-로경 -배드 -려요 - -
Bm7 A/C# D
예수이름 - 높이올려-드리 -세 한목소리로
Bm7 A/C# D D.S. al Coda D
-- 소리높여 - 모두외치 -세-

O.T. : I'll Always Love You I Just Want To Love / O.W. : Tim Hughes
O.P. : Thankyou Music Ltd / S.P. : Universal Music Publishing Korea, CAIOS
Adm. : Capitol CMG Publishing / All rights reserved. Used by permission.

나의 영혼아 잠잠히

하나님만 바라라

무릇 나의 소망이

그로부터 나오는도다

시편 62:5

142. 예수 아름다우신

Beautiful Saviour

Henry Seeley

예 수 - 아름다 우 신
양 - - 거룩과 공 의
- 위대하 신 주 님 부활의
- 새벽별같은 나 - 의구
- 주 - 어 린 모 든
하 늘 찬 양 - 해 - 모 든
만 물 이 주 경 배 해 아
름 답 고 - 놀 라 우 신 모든이-
름 보 다 높 은 이 름 아
름 답 고 - 놀 라 우 신 주의이
- 름 - 높 으 신 - 그 이
름 예 - 수 -
영 원 히 주 찬 - - -
양 주 사랑 - 해 요 - 주 사랑 -
해 - 요 요 -

예 - - 수 아름다 우 - - 신

143. 낮은 자의 하나님

양영금 & 유상렬

나 의가 - 장 낮 은마 - 음 주 님께 - 서
내 가지 - 쳐 무 력할 - 때 주 님내 - 게
기 뻐하 - 시고 작 은일 - 에 큰 기쁨 - 을
힘 이되 - 시고 아 름다 - 운 하 늘나 - 라
느 끼 게 하 시 는도 - 다 - - 다 -
내 맘 에 주 시 는도
우 리 에게 축 복 하신 하 나 님 사 랑 -
낮 은 자 를 높 여 주 시고 - -
아 름 다 운 하 늘 나 라 - 허 락 하 시 고 -
내 모 든 - 것 예 비 하 시 네 - -
찬 양 함 에 기 쁨 을 - 감 사 함 에 평 안 을 -
간 구 함 에 하 나 님 - 알 도 록 - 하 셨
네 - 네 -

144. 주의 집에 영광이 가득해
Let The Redeemed

시 26:8

John Barnett

주의집 - 에영 - 광이가 - 득해 주의집 - 에영

- 광이가 - 득해 주의집 - 에찬 - 양이가 - 득해

주의집 - 에찬 - 양이가 - 득해

주 나 - 를구원 - 했네 영광돌리세
주 나 - 를구원 - 했네 찬양드리세
주 나 - 를구원 - 했네 와서경배해

영원 - 히 (영원히 -) 영원 - 히 (영원히 -)

145. 주님의 임재 앞에서

박희정

주님의임재앞에 - 서 - 권능의날개아래 - 서 -
그의능하신행 - 동을 - 인하여 찬양해
주의나라 주의권세 찬양중에 임하네
모든원수 굴복하네 주의임재 앞에 -
모든원수 굴복하네 내가춤을
출때 - 에 다윗처럼춤을 추면서 -
전심으로주를 즐거워 - 하라 - 모든만물들아
찬양하라 영원히 - 영원히 -

146. 만세 반석
Rock Of Ages

Rita Baloche

주님같은 반석은없 - 도다 - - -
찬양받기 합당하신 - 이름 - 변
치않으시 - 는구 원의반석 - 신 실하시고 - 진실하
신주 - - - - - 주님같은 - 반석은없 - 도다

- - 만세반 - - -
석 예수내 - 반 - 석 - 만세반 - - -
석 예수내 - 반 - 석 -
주님같은 반석은없 - 도다 -

147. 주 경외함으로 서리라

I Stand In Awe

Mark Altrogge

아름 답고놀라운주예 -수- 말 로할수-없네
- 그 측량할수없 는위 -엄- 주
님과같은분없 네 - 한없 는 그지혜와-사-
랑 그 누 구도 다알수없네 - -아름
답고놀라운주예 수 보좌 에앉으-셨네 - 주님
앞에-내가 서있네 주 앞에-내가 서있네- 주는
거룩하 신 하 나 님 그 앞 에서 있 네

148. 주 여호와는 광대하시도다

Great Is The Lord

시 48:1-2

Steve McEwan

주 -여호와는광대하시도 다 그 거룩한하나님성 -어
서 찬 양할찌-어 다 -
주 -승리우리에게주셨도 다 모 든원수물리치 -셨
네 엎 드려절 -하세 - 다
주의크-신이-름높이 며 우 리에게-행하-신 위
한일감-사하-세 오 주의신-실하-신그사 랑 온
땅과하-늘위에게-셔 홀로영원하신그 이름-

149. 무화과 나뭇잎이 마르고

Though The Fig Tree

Tony Hopkins

무화과 나무잎 이 -마 르고-포도
열 매 가없 으며 - 감 람 나무열매
그 치고-논밭에 식 물이없 어도 - 우리
에 양 떼 가 없 으며-외양간 송 아지없 어도

- 난 여호와 로 즐 거워하리
난 여호와 로 즐거워하리 난 구 원의하 나
님 을 인해 기 뻐하 -리 라 -

150. 형제여 우리 모두 다함께

정종원

형제여-우리 모두다함께- 주님을-높이 부르세
자매여-우리 손을내밀어- 주님께-사랑 드리세
주님은-우리 모일때 늘 임하시 는주맘과
뜻-다해-주를 높-이세- 주님은 기뻐하시 네오
주님을찬양- 주님을찬양- 우리주님을-찬양 해
주 님을 주 님을 주 님을 찬 양
주님을찬양- 주님을찬양- 우리주님을-찬양 해
주 님을 주 님을 주 님찬 양 해

151. 내 마음 다해

My Heart Sings Praise

Russel Fragar

내 마음 다 해-- 주 이름 찬 양-해-
주 사랑 깊어--- 말로다 못 하
네 주앞서 가며-- 길을만 드시-네-
오직내 갈망--- 영원히 주 찬
양 내 맘 에 힘이되신 -주 영원한
-빛이되-신주 - 내 모든 호 흡이주의행하
-심찬-양해 - 주 는 위대한통치-
-자 내모든 것 주께순복해 - 내 삶
을 주의불로 -채우-소서 -

Words and Music by Russell Fragar
© 1995 Hillsong Music Publishing Australia (admin in Korea by Universal Music Publishing/ CAIOS

152. 평강의 왕이요 자비의 하나님

I Extol You

Jennifer Randolph

평강의 왕이요- 자비의- 하나님
만군의 주시요- 다시오 실
영원하신왕-주를 찬 -양주님을 찬 -양 온땅

위에높- 으신- 주를 모든만물찬양주를
찬 -양 주님을 찬 -양 나의
여 호 와 께 찬 양

O.T. : I Extol You / O.W. : Jennifer Randolph
O.P. : Integrity's Hosanna! Music / S.P. : Universal Music Publishing Korea, CAIOS
Adm. : Capitol CMG Publishing / All rights reserved. Used by permission.

153. 새벽 이슬 같은

이천
아버지여 - 당신의의 -로--부르소 -서-
예수님이 -여- 주의보혈
-로--덮으소 -서- - 거룩하신 - 성
령 님이여 - 권능으로 -임하소서 -
- 거룩한 옷 을입고 - 즐 거
이 헌신하는 - - 주님의 백성들에
게--- - 주 여 함께 하 소 서
새 벽 이슬같-은 - 주의청년 들이
- 주님앞 에 나 오 는 도 다 -
주님의 이름으로 -축복하여 --주소서
- 주의 빛을발-하게 하 소 서 -
Fine
세상을 구원 하 시려- 아들 을 주신- -
하 나 님 아 버 지 -
각 나라와 족 속과-모든 백 -성-들의 - 찬양

을받으-소-서 -높임 을받으-소-서 -
D.S al Fine

154. 내가 만민 중에

Be Exalted, O God

Brent Sinclair Chambers

시57:9-11,108:3-5

내가 만 민중 에 오-주 께감사 하-며 주님
을 찬양하 리 열방 중 에서 - 주
인 자는 커 서 커서하 늘에 미 치-고 주의
진 리는 넓은 궁창에이르나 니 - 하 늘
위에 주-는 -높이들 리 며 주의
영광은 온 세계위--에 - 하 늘
위에 주-는 -높이들 리 며 주의
영광은 온 세계위--에 - 내가
영 광 은 주의영 광 -은 주의
영광은 온 세계위--에 -

155. 나의 힘이 되신 여호와여

최용덕

나의 힘이되신여 호와 여 내가 주 님을사랑합니 다 주는
나의 생명이신여 호와 여 내가 주 님을찬양합니 다 주는

나의반 - 석이시며 - 나의요 새 - 시라 주는
나의사 - 랑이시며 - 나의의 지 - 시라 주는

나를건지시 는 나의주 나의하나 님 나의
나를이끄시 어 주의길 인도하시 며 나의

피할바 - 위시요 나의방 패시라 나의
생의목자되시 니 내가따 르리라 나의

하 나 님 나의하 나 - 님

구원의뿔 - 이시요 나의산 성이라 나의
생명의면류관으로 내게씌 우소서 나의

하 나 님 나의하 나 - 님

그는 나의여호 와 나의 구세 주

156. 모든 능력과 모든 권세
Above All

시 97:9

Paul Baloche & Lenny LeBlanc

모든능 - 력 - 과 모든권 - - 세 - 모든것 -
라 - 와 모든보 - - 좌 - 이세상 -
위 - 에뛰어 - 나신 - 주님 - 세상이
모 든 - 경이 - 로움 - 보다 - 이세상
측 량 - 할수 - 없는 - 지혜 - - - 로
모 든 - 값진 - 보물 - 보다 - - - -
모든만 - 물창 - 조하 - 셨네 - 모든나 -
더 욱귀 - 하신 - 나의 - 주님 -
십 - - 자가 - 고통당 - - 하사 - 버
림 받고 - 외면당하 - - 셨네 - 짓밟힌
- 장미꽃 - - 처럼 - - - - 나를 - 위해
- 죽으셨네 - 나의 - 주

오직 나는 주의 풍성한 사랑을 힘입어

주의 집에 들어가 주를 경외함으로

성전을 향하여 예배하리이다

시편 5:7

157. 찬양이 언제나 넘치면

김석균
찬양이 언제나 넘치면 - 은혜로 얼굴이 환해요 -
감사가 언제나 넘치면 - 은혜로 얼굴이 환해요 -
사랑이 언제나 넘치면 - 은혜로 얼굴이 환해요 -
기도가 언제나 넘치면 - 은혜로 얼굴이 환해요 -
성령의 충만한 모 - 습을 - 서로가느 - 껴요
할렐루 할렐루 손뼉치 - 면서 할렐루 할렐루 소리외 - 치며
할렐루 할렐루 두손을 - 들고 주님을찬양해 요
할렐루 할렐루 두손을 - 들고 주님께감사해 요
할렐루 할렐루 두손을 - 들고 주님을사랑해 요
할렐루 할렐루 두손을 - 들고 주님께기도해 요

158. 아름다우신

심형진
내안에 - 주를향 한이노래 영원한노래있으 니
날향한 - 주님의 크신사랑 영원히찬양하리 라
영원히찬양하리 - 라 아름다 우신 - 오놀라
우 - 신 - 형언할 - 수없는 - 사 랑 - 오위대
하 - 신 - 하나님 의사랑 영원 히찬양 - 하리 -
Fine
- 주와 같은 분 - 은 없 - 네 - 이세상
- 그누 - 구도 - 주와같은분 - 은없 - 네 - 누구도
- 비길수 - 없 네 - 주와 - 아름다

159. 너 결코

정종원
너 결 - 코 - 용 - 기잃지 말 아 라 - 주 - 가너와
함 께 - 하 시 리 니 -
너 결 - 코 - 용 - 기잃지 말 아 라 - 주 - 가너와
함 께 - 하 시 리 라 -
Fine
너는 결 - 코 작 - 지 않 도다 -

너를위해 - 이루신 - 주님의
- 능 력을 보 - 라 - 너는이제
- 약 하 지 않 도 다 - 네안에 - 계신주님
- 이 - 세 상 보 다 크 시 - 니 -
D.C al Fine

160. 새 힘 얻으리

Everlasting God

Brenton Brown & Ken Riley

새힘얻으리주 -를바랄때 주 -를바랄때우리주
-를바랄때 새힘얻으리주 -를바랄때 주
-를바랄때우리주 -를바랄때 주 님 - 통 치
-하 시 - - 네 소 망 - 구 원 - 주 시
- - - 는 - - 당 신 - 은 영 - 원 하 - 신 주
- 내 영 - 원 하 - 신 - 주 지 치 - 지 않 - 으
시 는 주 님 - 약 한 - 자 방 - 패 되 - 시 -
며 위 로 - 자 되 - 신 - 주 독 수
- 리 같 - 은 힘 주 시 네 -

161. 예수 우리들의 밝은 빛

Takafumi Nagasawa

예 수 우리들의밝 - 은빛 - 은혜와 - 긍휼을베푸시는
주 의의길 - 을따라가는주의 자녀들 - 에게 항상
밝은빛 - 을비추시네 - 그 는 구원의주하 - 나님
- 공의로 - 세상을다스리시네 - 주를
경외하는자들에게 부어주시는 놀 라운주님의영
광 하 늘 에서 찬란하 - 게빛 - 나는주
의 영광 이 땅에오 - 셨네 - 어 둠을밝 - 히고 - 새
생명주 - 시네 - 영 원히빛나는 - 나 의예수님 -
높 - 이 영광과 - 찬양 - 받으실 그 이름
경배합 - 니다 슬 픔을거 - 두고 - 내게 자유주 - 시네 - 기
쁨의노래를 - 영 원한나의빛 - 예 수 께 -

B

경배와 찬양

psalms
hymns

시와 찬미 Ⅲ

은혜와 사랑
Grace & Love

162. 겸손의 왕

천관웅
왕 - 겸손의 왕 - 평범한 - - 목수의
왕 - 겸손의 왕 - 머리둘곳 - - 조차없
아 들 주 - 종으로오 신 죄인을
으 신 주 - 종으로오 신 그겸손
- 섬 기신창 - 조주 - - 주의손 -
- 나 알기원 - 하네 - - 주허리 -
- 거친못 - 이찔 - 렀고 - 주의발 -
- 거절의 창이찔 - 렀고 - 주음성 -
- 갈보리 - 오르 - 셨네 - 모든것되 - 어주-신주
- 왜날버 - 리셨 - 나요 - 인간을지 - 은하-나님
- 님우리의발 - 을씻 - 겼네 - 주가싫어 - 거역한우
- 이인간손에 - 죽으 - 셨네 - 주가싫어 - 멸시한우
- 릴위 - 해고 - 통당 - 했네 - 무엇을위 - 한사-랑인
- 릴위 - 해죽 - 임당 - 했네 - 무엇을위 - 한사-랑인
- 지무엇을바 - 란희-생인지 - 당신은사 - 랑에
- 눈먼-주님 - 인간을지 - 은하-나님
- 이인간손에 - 죽으-셨네 - 주가싫어 - 멸시한우
- 릴위-해 죽 -임당-했 - 네 무엇을위
- 한사-랑인 -지무엇을바 -란희-생인-지

당신은사 - 랑에 - 당신은나 - 에게
- 당신은사 - 랑에 - 눈먼-주님 -

163. 은혜로만 들어가네

Only By Grace

히4:16   Gerrit Gustafson

은혜로만-들어가 - 네 - 은혜로만-선다네 -
우리의노-력이아 - 닌 - 어린양의-보혈로 -
그분의임-재가운 - 데 오 라 -하시네 -
우리를부-르신그 - 곳 은 혜로들어-가네 -
주님의그-은혜 - 범죄한우-리가아
-찌 서 리 요 어린양의-보혈이
D.S. al Coda
- 깨끗케-하시네 -
주님의그-은혜 - 주님의그-은혜 -

164. 주님 내게 선하신 분
So Good To Me

Darrell Evans & Matt Jones

주님 - 내게 선하-신 분
고아같은나를구해 주의자녀-삼아 주셨네
매일아침마다주의 -자비로새생명 주네-
주님 - 내게 선하-신 분
내 과거를던지-시고 내죄세지않으시 -네
주의손이내게계셔 내기쁨이주께있 -네
나춤을추네 나주께외쳐-
나 주께뛰네 뛰어 돌며할렐루야 -
선 하신분 - 선하신분 -
선 하신분 - 주님
오 직주 -님이 - 나를구하 -셨네
나거리에 -서도- 찬양을드 -리리
선 하신분 - 선하신분 -

165. 가장 빛난 별

장진숙

저기저 밝게빛 난 별 우리가 고대하 던 별
우 리를 향한- 하 나님의 사 랑의증 거저
별을넘 어 서 우리를 위해오 신 주
하 늘엔 영광- 땅 에는평 화 로 다
- 우리를 구원하 시 려 이땅에 친히오 셨
네 하늘 에 어떤별 보 다 가 장
빛나는 별 예수 - 저기저 밝게빛 난
별 우리가 고대하 던 별 우 리 를
향 한 하 나님의사 랑 저기저 별을넘 어
서 우리를 위해오 신 주 하 늘 엔
영광 땅 에 -는 평화 -

166. 예수 닮기 원해

백승남

우리가세 - 상사는 동안에 - 예수님닮 - 기원하 네
이세상모 - 든만물 변해도 - 변하지않 - 는한가 지
가질수없 - 는것 많아도 - 주를찬 - 양해 -
천지만 - 물 창조하 - 신주 예수크 - 신사 랑
비록작 - 은 새 한마 - 리 잊지않 는 - 주 님 -
우리와 - 늘 함께계 셔 돌보아주 - 옵소서 -
세상모 - 든영광 버 - 리고 - 예수따르 - 기원 해
주님이 - 우리를위 - 하여 - 고난을당 - 하시 면
거룩한주 - 의말씀 깨달아 - 감 사 찬양하세 -
생 명의깊 - 은사랑 알게하신 - 예수닮 - 기원 - 해

167. 성령이 오셨네

김도현

허무한시 절지날 때 - 깊은한 숨내쉴 때 -
억눌린 자같힌자 - 자유함 이없는자 -
그런풍경보 - 시며 - 탄식 하는분 - 있네 -
피난처 가되 - 시는 - - 성령님계 - 시네 -
고아같 이너희를 - - 버려두 지않으리
주의영 이계신곳에 - 참자유 가있다네
내가너희와영원히 - 함 께하 - 리라
진 - 리 - 의영이신 - 성 령이오 - 셨네
성 령이오 - 셨네 - 성 - 령이오셨네
내 주의보 내신 - 성 령이오 - 셨네 -
우리인 생가운데 - 친히찾 아 - 오셔서
그 나 라 꿈 꾸 게 하 시 네

168. 은혜

윤석주

은혜로 다 서 주의은 혜 날살리신 한량없는
- 주님의 - 큰 은 혜라은혜로 다 주의은
- 주님의 - 큰 은 혜라아들 피 로 날살렸
혜 날살리신 - 주님의 - 은 혜 큰죄에
네 측량못할 - 주님의 - 은

혜 그은혜 - 내맘에 - 영원
히 나를붙들고 - 가네 - 그은혜 - 평생에
- 영 원 히 나를일으키 - 시네 -

169. 약한 나로 강하게
What The Lord Has Done In Me

요 12:13

Reuben Morgan

약한- 나로강하게 가난한날부하게 눈먼-
날볼수있게 주내게행하셨네 -호-
산나호--산-나 죽임당한어린양 호-
산나호--산-나 예수-다 시사셨네 호-
네 - 내가-건너야할강 거기서
내 죄씻겼네 이제-주 의사랑이 나를
향해흐르네 - 깊은-강 에서주
가 나를일으 키셨도다 구원의노 래부르
리 예수자유주셨네 -

170. 주가 일하시네

이혁진

날이 저물어-갈때- 빈들 에서걸-을때- 그때
가 하나님의때 - 내힘으로안-될때- 빈손
으로걸-을때- 내가 고백해-여호와이레 - 주가
일 하시네- 주가 일하시네- 주께 아끼지않-는자에게
- 주가 일 하시네- 주가 일 하시네- 신뢰
하 며걷-는자- 에게 - 우리
모 인이-곳에- 주님 함께계-시네-
누리네-아버지은혜 - 적은 떡과물-고기- 내모
든걸드-릴때- 모두 고백해-여호와이레 - 주가

171. 아버지 그 큰 사랑

전영훈

아버 지 그큰사랑 드넓은 하늘보
다-- 더넓고크신- 아버지사 랑에나의-
영 의지-해 아버 해 아버-

지 하늘아버지 오나의영 붙드소서 오아버
지 하늘아버지 사랑-의 손으로 만지
소서- - 만지소서- -

172. 시편 40편

김지면
하 나님의음성을 듣고 자 -기-도하
주 를의지하- 고 교만하 지않-으-
면 귀-를 기울이시고 내 기도를
면 거짓에 치우-치지 아니하면
들 어주신다- 네 깊 은웅덩이-
복 이있으리- 라 여 호와나의주
와 수렁에 서끌어주시 고 나의
는 크신권 능의-주-라 주의
발 을반석위에 세 우시사 나 를 튼튼히하셨
크 신권능으로 우 리들을 사 랑 하여-주시
네 새 노 래로-부르 자 랄 라 라 하나
님 께올릴찬송을 새 노 래로--부
르 -자하나 님의-사랑을

174. 주 품에

Still

사 40:11

Reuben Morgan

주품-에- 품으소서-
주 님안-에- 나거하리-
능 력-의- 팔 로덮으-소서- 거친파도
주 능-력- 나 잠잠히-믿네- 거친파도
날향해-와도- 주와함께 날아오-르리- 폭풍가운
데나의-영혼- 잠잠하게 -주를보-리라-

173. 사랑

장진숙

내가 사람의방언과 천 사의말해도 사랑
없으면 소용 없고- 예언하는능력있어 모
든비밀지식 사랑없으면 소용없 도다
- 내가 내게있는 모든 것으로 구제
하고또내 몸불 사르게 내줄지라도 내게
사랑없으면 아무것도- 아니요 사랑
은 오래참고 사랑은 온유하며 사랑은 시기하지
앉 으며 무례히행치않고 유익을 구치않고 모든
것을견디느 니라 그런 즉믿음소망
사랑이것은 영원토록- 있을진대- 그중
제일은사랑 사-랑이라 그중제일은사랑이
라 그중제일은사랑이 라

175. 내일 일은 난 몰라요

Ira F. Stanphill

내일 일은 난 몰라요 하루 하루 살아 요 불행
좁은 이 길 진리의 길 주님 가신 그 옛길 힘이
만왕의 왕 예수께서 이 세 상에 오셔서 만백

이 나요 행함도 내 뜻 대 로 못해 요 험한
들 고 어려워도 찬송 하 며 갑니 다 성령
성 을 구속하니 참 구 주 가 되시 네 순교

이 길 가고 가 도 끝 은 없 고 곤 해소
자 의 본을 받 아 나의 믿 음 지 키
이 여 그 음성을 받 아 항 상 들 고 려 주소

요 주님 예 수 팔 내 미 사 내 손
서 내 마 음 은 정 했어 요 변 치
고 순교 자 의 신앙 따 라 이 복

잡 아 주 소 서 내 일 일 은 난 몰 라
않음 게 하소 서 내 내일 일은 은 난 몰 라
을 전 하 세 불 과 같 은 성 령 이

요 장 래 일 도 몰 라 요 아 버
요여 내 맘 에 항 상 계 셔 천 국

지 여 날 붙 드 사 평 탄 한 길 주옵소 서
지 여 아버지 여 주신 소 명 이루소 서
가 는 그 날 까 지 주여 지 켜 주옵소 서

O.T. : I Know Who Holds Tomorrow / O.W. : Ira F. Stanphill
O.P. : New Spring Publishing Inc, / S.P. : Universal Music Publishing Korea, CAIOS
Adm. : Capitol CMG Publishing / All rights reserved, Used by permission,

176. 서로 사랑하자

장진숙

어 둠 이 지 나 고 참 빛 이 밝 아 오-네 이제

어 둠 을-떠나- 빛 으로나-아 오 라-미움

속 에 있-는자어둠 속을걸으-니 어둠이-그눈을-

가리-우네- 이전 모든계-명을- 십자 가로페-하사 단하

나 의새-계명- 서로 사랑하라- 서로

사랑하자- 서로 사랑하자- 우리받-은사랑이-얼마

나큰지-생각해보라 사랑하자- 서로 사랑하자-우리-

서 로 사 랑 하자 - 서 로 사 랑 하자- 서로

사랑하자- 우리받-은용서가-얼마 나큰지-생각해보라

사 랑 하 자 - 서 로 사 랑 하자- 우리-

서 로 사 랑 하 자 -

Copyright © 바이 히즈윌. Administered by ONLYONEMUSIC All Rights Reserved, Used by permission

여호와를 의지하는 자는

시온 산이 흔들리지 아니하고

영원히 있음 같도다

시편 125:1

177. 내 영혼아 잠잠하라

Be Still My Soul

Kim Noblitt

내 영혼아 잠잠하라
내 영혼아 잠잠하라
무거운 짐 내려 놓고
요동치는 세상 속에
상한 심령 고치시는
세미하게 들려오는
평강의 샘 기다리라
주의 음성 기다리라
주님께서 널 아시니
내가 너의 길을 알고

너의 길을 인도하리
너의 길을 인도하리

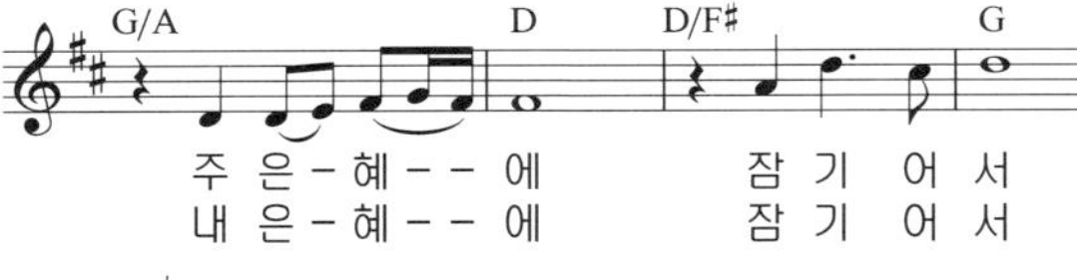

주은혜에 잠기어서
내은혜에 잠기어서

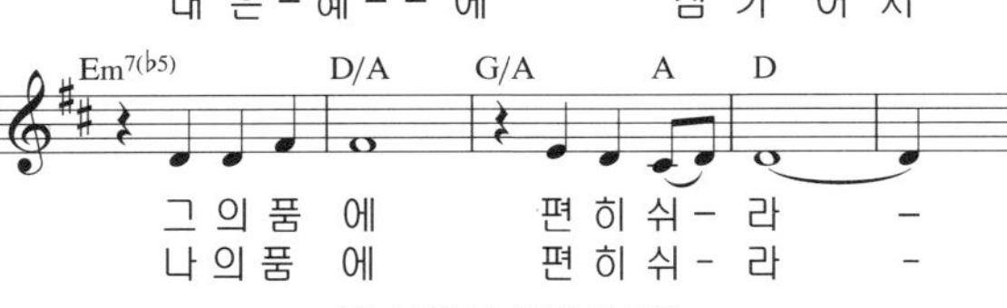

그의 품에 편히 쉬라
나의 품에 편히 쉬라

178. 너는 내 아들이라

이재왕 & 이은수

힘들고 지쳐 낙망하고 넘어져 일어
게 실망하며 내 자신 연약해 고통
날 힘 전혀 없을 때에 조용히 다가와 손
속에 눈물 흘릴 때에 못 자국 난 그 손길 눈물
잡아주시며 나에게 말씀하시네 나에
닦아주시며 나
에게 말씀하시네 너는 내 아들이라
오늘 날 내가 너를 낳았도다 너는 내 아들이
라 나의 사랑하는 내 아들이라
언제나 변함 없이 너는 내 아들이라
나의 십자가 고통 해산의 그 고통으로 내가
너를 낳았으니

179. 내게 있는 향유 옥합

눅 7:37-38

박정관

내게 있는 향유 옥합 주께 가져와
그 발 위에 입맞추고 깨뜨립니다

나를 위해 험한 산길 오르신 예수
나를 위해 십자가에 오르신 그 발
주님 다시 이 땅 위에 임하실 그 때
걸음마다 크신 사랑 새겨 놓았네
흘린 피로 나의 죄를 대속하셨네
주의 크신 사랑으로 날 받아주소서

180. 내가 너를 도우리라

김석균

세상 일에 실패했어도 너는 절망하지 말-
환란 핍박 끊임없어도 너는 낙망하지 말-
라 내가 너를 도우리라 다시 일어서게 하리
라 내가 너를 도우리라 다시 일어서게 하리
라 질병으로 고통당해도 너는 두려워 말-
라 참지 못할 슬픔 있어도 기도하며 담대하
라 내가 너를 도우리라 다시 일어서게 하리
라 내가 너를 도우리라 다시 일어서게 하리
라 나를 버린 자들도- 내가 사랑하- 거늘-- 하물며
라 감사 눈물 흘리며- 믿음으로 간구하는-- 너희의
너희를 그냥- 둘까 보냐 나는 너와 함께하는- 너의
기도를 내가- 외면하랴 나는 너와 함께하는- 너의
하나님 됨이니-- 의로운 오른손으로- 붙들리라 내가
너를 굳세게 하리라 너를 크게 사용하리라
너로 하여금 나를 증거하도록 내가 너를 도우리
1. 라 내가 내가 너를 도우리 라
2. 내가 내가 너를 도우리 라

181. 십자가

박지영

십자가 십자가 그 위에 나 죽었-
-네- 그 사랑 내 속에 강같
이 흐르---네- 그의 생명 내-속
-에- 그의 능력 내-안-에- 그의 소
망 내-삶-에- 나의 삶 주의
-것- 십자가 십자가 그 위
에 나 죽었--네- 그 사랑 내 속
에 강같이 흐르---네-

182. 감사해요 주님의 사랑

김용호

감사해요 - 주님의 사랑
- 감사해요 - 주님의 은혜
목소리 높여 주님을 영원히 찬양해
요 나의 전부이신- 나의 주님 -

183. 아침 안개 눈 앞 가리듯

김성은 &이유정
아 침 안 개 눈 앞 가 리 듯   나 의 약 한 믿 음 의 심 쌓 일
빗 줄 기 에 바 위 패 이 듯   나 의 작 은 소 망 사 라 져 갈
때   부 드 럽 게 다 가 온 주 의 음 성   아 무
때   고 요 하 게 들 리 는 주 의 음 성   내 가
것 도 염 려 하 지 말 라   너 를 사 랑 하 노 라
외 로 움 과 방 황 속 에 서   주 님 앞 에 나 아 갈 때 에 위 로
하 시 는 주 님   나 를 도 우 사 상 한 나 의 마 음 감 싸 주 시 네
십 자 가 의 보 혈 로 써   주 의 크 신 사 랑 알 게 하 셨 네
주 님 께 감 사 하 리 라   언 제 나 주 님 께 감 사 해

184. 선하신 목자

Shepherd Of My Soul

시 23:2

Martin J. Nystrom

선 하 신 목 자   날 사 랑 하 는 분   주
인 도 하 는 곳   따 라 가 리
주 의 말 씀 을   나 듣 기 뻐 하 여   주
인 도 하 는 곳 가 려 네   네   나 를
푸 른 초 장 과   쉴 만 한 물 가 로   내
선 하 신 목 자   날 인 도 해   험 한
산 과 골 짜 기 로   내 가 다 닐 찌 라 도   내
선 하 신 목 자   날 인 도 해

185. 주의 자비가 내려와

Mercy Is Falling

David ruis

주 의 자 비 가 내 려 와 내 려 와 주 의 자 비 가 봄 비 같 이
주 의 자 비 가 내 려 와 나 를 덮 네
헤 이 호   주 의 자 비 하 심 과 헤 이 호 주 의 은 혜 로
헤 이 호   나 는 영 원 히 춤 추 리

186. 우리 모일 때 주 성령 임하리

As We Gather

시 122:1

Michael Fay / Thomas W. Coomes

우 리 모 일 때 주 성 령 임 하 리   우 리 모 일 때 주
이 름 높 이 리   우 리 마 음 모 아 주 를 경 배 할 때
주 님 축 복 하 시 리   주 님 축 복 하 시 리

187. 나의 하나님께 영광을 돌리리라

송명희 & 최덕신

나의 노래가되시는 하나님-을내가종일토록찬-양함
은 - 그가 나를사랑하시 기때문-에 나를
사 랑하시기때문 에 - 나의 에 - 내가
그를먼저 사랑 한것아니요 나를 그가먼저사랑
하 시고 그의 사랑은영 원토록 변치않아서 나를
사 - 랑하 시 니 - 내가 가 장 좋은것 으
로 - 그에 게 드리고싶 어 라 - 나의
에 - 말할수 - 없는 영광 - 으로 나의
하나님 께 - 돌 - 리 리 라 -

188. 놀라운 주의 사랑

Beautiful One

Tim Hughes

놀 라운주 의 사랑영 원하시도 - 다 십자
주님의크 신 영광온 하늘을덮 - 고 만
가 자비 로 나 타내 셨네 그
물 이주 의 능 력을 보네 아
누 구도그 무 엇도깨 닫지못하 - 리 아
름 다운주 의 위엄내 영혼깨어 - 서 노
름 답고 영화 로우 신 주 아름다
래 하네 놀라 우신 주를 아름다
우 신 주 - 사랑하 고 경배 해 멈출수
없 는 내 노 - - 래
주를 -향해 -내눈여 -셨네 -날불 -드시는-그사
-랑 그어 -느누가-내주 -와같 -으리 -
-느누가-내주 -와같-으리 - 내영
-노래-하리 - 내영 -노래-하리 - 내영
-노래-하리 - 예수님 -께- 아름다

189. 죄 없으신 주 독생자

Lamb Of God

Twilla Paris

죄없으신 주독생자 하나님보 좌를떠
겸손하신 왕주예수 사람들은 조롱했
죽어야 할 이죄인을 주님께로 이끄셨
나 죄악된 땅 에오셨네 세상죄 지신어린
네 우리를사 랑하신주 십자가 에못박았
네 주지팡이 막대기로 어린양 인도하시
양 오-어-린- 양 귀한어린양 주님을
네 오-어-린- 양 귀한어린양 주님을
네 오-어-린- 양 귀한어린양 주님을
사 랑합니- 다 주보혈-로 씻으소서 예수님
귀한어린- 양 - 주의양 되게하 소-서-

190. 감사

손경민

오늘 숨을쉬는것 감사 나를 구원하신것 감사 내뜻
대로안되도 주가 인도하신것 모든것- 감사 내게
주신모든것 감사 때론 가져가심도 감사 내게
주안에있음 감사 참된 소망주셔도 감사 나
고난주셔서 주뜻 알게하신것 모든것- 감사 주님
같은사람도 자녀 삼아주신것
감사해요주님 감사해요내가 여기까지온것도- 은혜입니다주님
감사해요주님 감사해요나를 사랑하신주사랑- 감사합니다

191. 이제 내 안에

서동석

이제 내 안에 예수가 삶 이라
이제 내 속에 성령이 계 시네
나의 하 나님 주말씀 하 소서
좁은길 지 날때 그 가 도우시- 네
부정한 나 의맘 깨 닫 게하시- 네
이곳에 오 셔서 주 뜻 이루소- 서
이제 내 안에 예수가 삶 이라
이제 내 속에 성령이 계 시네
나의 하 나님 주말씀 하 소서
두려움 이 기고 그 길걷게 하시- 네
아버지 영광이 나 타나게 하소- 서
아버지 영광이 나 타나게 하소- 서

192. 오직 예수 뿐이네

소진영

은혜아니면-살아 갈수가-없 네 호흡마저도-다
은혜아니면-살아 갈수가-없 네 나의모든것-다
주의것이니-- - 세상평안과-위로 내게없-어 도 예수
주께맡기니-- - 참된평안과-위로 내게주-신 주 예수
오직예수뿐-이 네 크신계-획
볼수도없고- 작은고난-에지 쳐도- 주께묶-인나
나의모든삶- 버티고-견디게하시네 ---

193. 주의 사랑을 주의 선하심을

Think About His Love

엡2:4-7, 느9:31

Walt Harrah

주의사랑을 - 주의선하심 - 을 -
주의은혜를 생각해보라 - 하늘
보다도더높으신 - 아 버지의사랑 크고놀랍
네 - - - 아버지사랑 크고놀랍 네 -
내 어찌그사랑 - 잊 으리 내
나 길을 - 잃고 - 헤 맬 때 그
어찌주의 - 긍휼 - 잊 으리 - 내
사 - 랑날 - 찾아 - 내셨 네 - 내
영혼의 - - 모 든소원 - 만
족 시킨 - 하 나님 - -

O.T. : Think About His Love / O.W. : Walt Harrah
O.P. : Integrity's Hosanna! Music / S.P. : Universal Music Publishing Korea, CAIOS
Adm. : Capitol CMG Publishing / All rights reserved. Used by permission.

194. 주 사랑이 나를 숨쉬게 해

정신호

주 사랑이 - 나를숨쉬 - 게해 - 세상
주 사랑이 - 나를이끄 - 시네 - 내가
그어떤 - 어려 - 움속 에도 - 주 은혜로 - 나를돌보 - 시며
갈수없 - 는그 - - 곳 으로 - 주 의사랑 - 나를붙드 - 시며
- 세상 끝날까 - 지지 - 켜주 - 시네 -
- 세상 끝날까 - 지인 - 도하 - 시네 -
- 주님 - 만이 - 내아픔아 - 시 며 주님
만이내 - 맘어 - 루만 - 지네 - 어 느 누구도 - 나를향 - 하신
주님 의사랑 - 을끊을수 - 없네 - 주님 - 만이
- - 내능력이 - 시며 - 주님 만이나 - 의구 - 원이 - 시네
- 어느 누구도 - 나를향 - 하신 - 주님
의 사랑 - 을끊 을수 - 없네 -

Copyright © 정신호. Administered by Infiniss Korea. All rights reserved. Used by permission.

195. 위로하여라

김미연

위 로하여라 - 네 - 가아플때 - - 내가
너를위로 - 했 - 듯이 - 눈 물닦아 주어라
- 네 가울때 - - 내 가 네눈물닦 - 아 - 줬듯 이
사랑은나 - 로 말 미암는은총 - 사랑은나로말미암는
선 - 물 사랑은나 - 로 말 미암는긍휼 -
사랑 하라 - 사랑 하라

Copyright © 김미연. All rights reserved. Used by permission.

196. 늘 노래해

유의신 & 서영석

험하고 어두운 길 헤매일 – 때
주님은 날 부르셨 네 –
세상의 가치 없는 노래 부를 때
주님 날 구원 하셨 네 –
이 세상 노 래 다 해 도
내 맘 엔 기쁨 없지 만 –
그러나 이 젠 찾 았 네
진실한 나의 노래를 –
주님의 사 랑 주님의 은 혜
내 생명 바쳐 늘 노래 해

197. 주의 은혜라

손경민

내 평생 살아 온 길 뒤 돌아보니 짧은
내 인 생길 오직 주의 은 혜 라 주의
은혜라 주의 은혜라 내 평생 살아온 길 주의
은혜라 주의 은혜라 다 함 이 없 는 사 랑
달려 갈 길 모두 마친 후 주 얼굴 볼 때 나는
공로 전혀 없도다 오직 주의 은 혜 라
지금 까지 지 – 내 온 것 주의 크 신 은 – 혜 라 한 이
없 는 주 – 의 사랑 어찌 이 루 말 – 하 랴 자 나
깨 나 주 – 의 손 – 이 항상 살 펴 주 – 시 고 모 든
일 을 주 – 안 에 서 형 – 통 하게 하시 네 주의

왕이신 나의 하나님이여

내가 주를 높이고

영원히 주의 이름을

송축하리이다

시편 145:1

198. 오직 주의 은혜로
김영표
오직주의-은혜 로 지금여기 -서있 네
한없는-경배 한없는-찬양 내 영혼예배드리 네
나를위해-이땅 에 오신주의-그은 혜
십자가-고통 이기신-주님 그 은혜어찌잊으
리 주은혜 날채우 시네- 주은
혜 보게하 시네- 살아 가는동안- 은혜
로만살리- 십자 가은혜로
Copyright © 2007 김영표. Administered by KwangsooMedia. All rights reserved. Used by permission.

200. 우리 함께 기도해
호10:12
고형원
우 리 함께기도 해 주앞에나 -와 -
무릎꿇고- 긍휼 베푸시는주 하늘을향 -해 -
두손들고- 하늘문-이열리고-은 혜의빗줄기- 이
땅 가득내리 도 록 마 침내-주 오셔서- 의
의 빗 줄기- 우 리 위에부으시 도록
Copyright © 고형원. Administered by KCMCA. All rights reserved. Used by permission.

199. 나는 주의 친구
Friend Of God
Israel Houghton & Michael Gungor
주님 어-찌날 -생 각-하시는 -지-
들-으시는 -지- 내 -기 도 -
- 주님진-실로 -날 생-각하시 -네-
날-사랑하 -네- 놀라워 -라-
- 놀라워 -라 -
나는주의-친 구 - 나는주의-친 구 -
주님날친-구 로 -부르-셨네 - -
나는주의-친 구 - 나는주의-친 구 -
주님날친-구 로 -부르-셨네 - -
Fine
전 능 하신 영광 의 주 주는
내 친구 - - - -
D.S. al Fine
O.T. : Friend of God / O.W. : Israel Houghton, Michael Gungor
O.P. : Integrity Worship Music, Integrity's Praise! Music, Sound Of The New Breed / S.P. : Universal Music Publishing Korea, CAIOS
Adm. : Capitol CMG Publishing / All rights reserved. Used by permission.

E
은혜와 사랑

201. 나를 향한 주의 사랑

I Could Sing Of Your Love Forever (Over The Mountains..)

Martin Smith

나를향한-주의-사랑 -산과바다-에넘-치네
- 내마음열때주님 나에게참자유주-시네
-늘진리속-에거-하며 -나의손 을-높이-들고
- 언제나주님의사 랑을노래하 리-
주의사랑노래 -하-리-라- 영원토록노래
-하-리-라- 주의사랑노래 -하-리-라-
영원토록노래 -하-리-라- 영원토록노래
-하-리-라- 내가춤-을 출때
다비웃겠-지만 -- 그들도주-알
게되면- 함께 기뻐-춤-을추게 -되리 -
영원토록노래 -하-리-라- -

202. 아바 아버지

김길용

아 바아버-지 - 아 바아버-지 나를
안으시-고바라보-시는 아 바아버-지 -
아 바아버-지 - 아 바아버-지 나를
도우시-고힘주시-는 아버 지 주는
내 맘-을고 치 시 고 볼수
없 는상-처만지-시 네 나를아-시고 나를
이해하-시네 -내영 혼새롭게세우-시 네

203. 은혜의 강가로

오성주

내 주 의은혜강 가 로 저
십 자가의강 가 로 내 주 의사랑있는
곳 - 내 주 의강 가 로
갈 한나의영혼을 생수로가득채우소서 피
곤 한내영혼위에 내 내주의강가 로

204. 하나님은 너를 지키시는 자

정성실
E E/D# C#m7 E/B A E/G#
하나 님은 너를지키 시 는 자녀의 우편 에그늘
님은 너를지키 시 는 자녀의 환란 을면케
F#m B E E/D# C#m E/B
되-시니-낮의 해와 밤의달- 도 너를
하-시니-그가 너를 도우시리 라 너의
1.A A/B E 2.A B7 E
해치 못하리 -하나 출입을지키시리 라 눈을
B7 E B7 B7/A E/G# G#7
들어 산을 보-라너의 도움 어디 서오나 천지
C#m E/B A F#m B7 E
지으신 너를 만드신 여호와께로- 다

206. 주님 발 앞에 엎드려

이정미
E C#m7
주님 발앞-에엎드려-그 발을뵈-오니- 주-
F#m A/B B
가 신-그사랑의- 길 내게밀-려-와- 감사
Bm7/E E7 A Am6/F#
하 며-내눈을들- 어 하늘을보니 그
F#m F#9/A# B
사 랑의-눈 나를바라 보시네-
E E/G# A C#7 F#m /E
사랑합-니다- 아바아-버지- 사랑합-니다-
D#m7(b5) G#7 C#m /B
구 주예-수-님- 사랑합-니다- 늘
A A/G# F#m B7(b9) E
함께하-시는- 주님 만으로-나만족하게 하소서-

205. 내 갈급함

윤주형
E E/D# A/C# B/D#
내갈급함- 어느 것으로-채울-수없-네
E E/D# A2/C# B7
내갈급함- 상한 나의심-령에-
E E/D# A/C# B/D#
내갈급함- 부르 짖는소-리들- 으소-서
E E/D# A/C# BSUS4 B7
내갈급함- 주의 음성들-리네-
E B/D# C#m7 E/B A E/G#
내 게로나-오 -라--영원히 -영원히-목
F#m BSUS4 B7 E B/D# C#m7 E/B
마름전-혀없으리- 내 게로나-오 -라--가까이
A E/G# 1. DM7 BSUS4 B
- 가까이- 생 수의근-원 되신주께
2.F#m7 B A2/E E A2/E E
명의근 -원 되신주-께- - - -

207. 아버지 마음

한웅재
E G#m A Am E G#m
사랑하-는 것만-큼알게-돼 나눠주-는
가난한-이 복을-얻게되-리 온유한-자
눈감을-때 바로-보게되-리 무릎꿇-면
A Am F#m7 B E B/D# C#m C#m/B
것만-큼얻게되-리 이것이-아버지 마음--
땅을-얻-으리라 이것이-예수님 마음--
바로-서-보리라 이것이-아버지 마음--
A B E A B E
아들주-신-마음 - 이것이-아버지 마음 -
자신주-신-마음 -
우릴향-한-마음 -

208. 아버지의 노래
The Father's Song

Matt Redman

수많은 노 래들중 가창뛰 어 난노래 나
를향한 아 버지의 노래 -
아버지의 사 랑으로 영 원히내 맘 속에새 겨
져있는- 아 버지의 노 래 천상의그
-멜로디 창조주의 -심포니- 주당신이부
르시네- 나를향 -해- 사랑의왕
-을주신 하늘의그 -신비를- 주당신이부
르시네- 나를향 해

209. 나를 향한 주님의 사랑

주영광

나를 향한주님의사 -랑 그누구 -도바꿀수없
-네 나의영 -혼 언제나주 -를- 원해
- - 나를 - 주의권 세 -와
능력-이 영원영 -원 -토록 내삶-에 언제나
- 날 - 이 끌 - 어 주 - 소 서 -
- 나를 - 나를 향한 주님의사
-랑 그누구 -도바꿀수없 -네 나의영
-혼 언제나주 -를- 원해 -

210. 다시 한 번
Once Again

벧전 2 : 24-25

Matt Redman

예수님 - 그 의희생기억할때 자기몸버 -려
이제는 - 저 높은곳에앉으신 하늘과땅 -의
죽으신주- 나항상 - 생 명주신그은혜를마
왕되신주- 나이제 - 놀 라운구원의은혜 -
음에새겨-봅니다 - 마 음에새겨-봅니다 -
높여찬양-하리라 - 높여찬양-하리라 -
주달리신십자가를 내가볼때- 주 님의자비내마음을
겸손케해- 주께감사하며 내생명주께드리네
- 감사 드리리 주의십자가
나 의친구되 신 주 주

211. 나 기쁨의 노래하리

The Happy Song

Martin Smith

나 기쁨의 노래하리 날 구원 하셨네 -
온 종일 나 춤추리 그 사랑 때문에 - - - 나
- - - 내 마음 벅 - 차네 주 행한일 - 볼 때 -
어둡던 지난 날 - 주가 바꿔 주 - 셨 네 -
높은 곳에 올 라가 - 크게 외치고 - 싶 네 -
날 향한 주 - 님의 그 사랑 모두에 게 나
기쁨에 노래하리 날 구원 하 셨 네
- 온 종일 나 춤추 리 그
사랑 때문에 - - - 나 -
모두 함 - 께 노래해 - - 우리 안의 기쁨 -
모두 함 - 께 춤추세 - 주님 주신
기쁨 - 주님 얼굴 볼 수 없어도 -
우린 느 - 낄수 있죠 - 우리 안 - 의 이기쁨 -

- 다 주님 주 - 신 - 것 - 나

212. 일어서리

Still Standing

Israel Hougton & Cindy Cruse - Ratcliff

믿음 - 의 담 - 대함 - 주신 -
주님 - 께 내 - 삶 드 - 리 리 -
주의 - 선 하 - 심 바 - 라 네
내 모 - 든 소 - 망 주 - 님께
언제 - 나 곁 - 에 계 - 셔서 - 나 - 를 인
- 도 하 - 여 주 - 시 - 네 - 주님의 선하
- 심 - 주님의 은혜 - 지금 까 - 지 - 날 - 인 도
하신 주님의 자비 - 로 - 나 고백하며 - 일 - 어 서 - - - 리 -
주님의 은혜 - 와 주님의 사랑 - 나 는 포
- 기 - 하 - 지않 으리 주님의 자비 - 로 나 고백하며
- 일 - 어 서 - - - 리 - 주님의 은 - 혜로

213. You Still Love Me

214. 내려놓음

김지은

주의이름 부 르 며 주님앞에 나아갈 때에
주님은항 상그 곳에계 시 네
반복되는 삶 속 에 여전히나 부족한 대도
주님은여전 히그 곳에계 시 네
언제 나언제 나 변함 없이 영원 히영원 히
사랑하시네 내삶 의모든 것 다 주께드리네
You still love
me- You still love
me- me- 주님의
사랑은 멈추 지않네 한결 같네 주님의
사랑이 나를 채우네 영원 토록
워

이권희

나를버 리고 그의 길을가 는 것 세상
그분의 마음 그분의 시 선 그분
그 무엇 보다 어려 운내려 놓음
의원하 심을 내 맘에두 는것
내안에 예수 그분 만생각 할때 하
십자가 그길 그곳 에나설 때에 주
늘 의그 손이 일하 시네
님 나를 통해 일하 시네 그 사
랑 그사랑 나 를살리 신그사랑
하늘의 모든영광 다 내려놓 으신 내삶
도 그렇게 내 려 놓습 니 다
주님기 뻐하시는 그 길가렵 니다
나를향 한그사랑 온 땅을 덮고
나를주 님의길로 인 도해주 시네
그사 랑 그사랑 그사

215. 내 마음속 전부를

김민영
내 마음속전부-를 - 다 아시는주님 - 나
가 어디에있-든 - 주 함께하시니 - 내
당 신께숨길-것 - 하 나 없네 - 주
가 서 있는이-곳 - 바 로 천국- 주
보 좌앞에나-아가 - 다 아뢰니 모든
보 좌앞에나-아가 - 나 절하니 주의
근심과-슬픔-사라지 네 내 네 주내맘
은혜와-사랑-넘쳐나
에 늘게시고 - 나주안에 - 늘거하니-이놀라운
-사랑- 그사랑앞 - - 에 나나아가 - 목소리높
-여찬양 드리네 그은혜 - 보좌앞에
- 나나아가 - 경-배 드 리 네

216. 다함이 없는 주 사랑

천관웅
하늘영 광 면류관을벗-고 쓰린가시관
을 택 하신주님 온세상이 섬겨야할
왕-이 죄인의 발을씻기셨네 - 다함이
-없는- 주 사-랑-- 생명을
-주신- 겸손의왕- 구속함- 받은-
교회-여-- 일어나 주찬양 하 세 Fine
주를떠 난 주를거역한 우-리 사랑의
왕 - 포기하지않고 죄인들 이 주께오를수
없-어 주가이땅 에-내려오셨네 - 다함이
D.S al Fine

내 영혼아 여호와를 송축하라

내 속에 있는 것들아

다 그의 거룩한 이름을 송축하라

내 영혼아 여호와를 송축하며

그의 모든 은택을 잊지 말지어다

시편 103:1, 2

217. 예수 안에 소망 있네

In Christ Alone

Stuart Townend & Keith Getty

예 수 안 에 소 망 있 네 내 빛 과 힘 나 의 노
완 전 하 신 하 나 님 이 우 리 와 같 이 되 셨
죽 임 당 한 세 상 의 빛 어 둠 속 에 누 이 셨
주 예 수 의 능 력 으 로 내 속 에 두 려 움 없

래 환 란 중 에 도 우 시 는 주 나 의
네 주 사 랑 과 그 공 의 로 세 상 을
네 영 광 스 런 그 의 날 에 무 덤 에
네 나 의 사 는 모 든 순 간 주 께 서

견 고 한 반 석 크 신 사 랑 크 신 평
구 원 하 셨 네 십 자 가 에 주 달 리
서 부 활 했 네 승 리 하 신 우 리 주
다 스 리 시 네 어 느 것 도 주 손 에

화 두 렴 에 서 날 건 지 네 내 위 로
사 그 진 노 를 거 두 셨 네 내 모 든
님 원 수 들 을 물 리 쳤 네 나 주 의
서 날 빼 앗 지 못 하 리 라 주 오 실

자 내 모 든 것 주 사 랑 안 에 서 리 라
죄 담 당 하 신 주 은 혜 안 에 살 리 라
것 주 나 의 것 주 보 혈 안 에 살 리 라
날 기 다 리 며 주 능 력 안 에 서 리 라

218. 은혜만이

배하은

내 모 든 걸 음 정 해 주 신 - 그 은 혜 만 이 -
부 족 한 날 먼 저 아 시 는 - 그 은 혜 만 이 -

넘 어 져 도 붙 잡 으 시 는 - 그 은 혜 만 이 -
사 랑 으 로 구 원 하 시 는 - 그 은 혜 만 이 -

어 둠 에 서 - 일 으 키 시 고 - 슬 픔 에 - 서 기 쁨 으 - 로

인 도 하 - 시 네 - 그 은 혜 가 날 살 리 셨 으 니 - 오 직 나

의 모 든 - 삶 주 께 드 - 리 네 - 오 직 은 혜 만 이 - 마 음 의

소 망 되 - 시 며 오 직 은 혜 만 이 - 빛 가 운 - 데

서 게 하 - 시 네 주 의 은 혜 만 이 - 호 흡 하 게 하 시 나 그

은 혜 를 떠 나 지 않 게 하 - 소 서 -

219. 미가 6장 8절

박선아

너 희 는 하 나 님 을 생 명 다 해 사 랑 하

라 - 너 희 는 네 이 웃 을 네

몸 같 이 사 랑 하 라 -

사 람 아 주 께 서 선 - 한 것 의 무 엇 인 지 너 희 에 게 보

이 셨 으 니 - 오 직 의 를 행 하 며 인 -

자 를 사 랑 하 며 주 와 동 행 할 찌 어 다

220. 내 주님께 더 가까이

고형원
내 주 님께 - 더 가 까이 -
내 영 기뻐 - - - 노 래하 네 -
내 주 님께 - 더 가 까이 -
내 영 기뻐 - - - 춤 을추 네 -
주님의 임재 - 를 - 갈 망합 니다
- 주님의 얼굴 - 을 내 영 사 모합 니다
- 주님의 - 장 막에 - 거 하렵 니다
- 주님의 - 성 소에 - 영 원히 - -

221. 그의 생각

조준모
하나-님은- 너를 만드신--분- 너를 가장많--이- 알고
하나-님은- 너를 원하시-는분- 이- 세상그-무엇- 그누
계시며- 하나- 님은-너를 만드신--분- 너를
구보다- 하나- 님은-너를 원하시-는분- 너와
가장깊--이-이해하 신단다- 하나- 님은-너를
같이있--고-싶어하 신단다- 하나- 님은-너를
지키시-는분-너를 절대포--기- 하지 않으며- 하나-
인도하-는분-광- 야-에-서도- 폭풍 중에도- 하나-
님은-너를 지키시-는분-너를 쉬-지-않고-지켜보
님은-너를 인도하-는분-푸른 초-장-으로-인도하
신단다- 그의 생각-셀수 없고-그의 자비--무궁하
며 그의 성실- -날마다 새롭고-그의 사랑끝이없단 다

F
음예와 사랑

222. 주 은혜임을

정선경 & 소진영
주 나의모습보 네 상한나--의맘보시-
주 사랑내게있 네 그사랑--이날채우-
네 주 나의눈 물아 네
네 주 은혜내 게있 네
홀로울--던맘아시-네 세상소-망-다
그은혜--로날세우-네

사 라져가--도- 주의사랑-은끝 이없으-니-
살 아 가 -는- 이 모 든 순 간 --이 -주
은 혜 임 을 - 나 는 믿 - 네

223. 천국 가는 자

224. 너는 내 것이라

225. 거룩하신 하나님

조영준

한평생감사 드리며 살아도모자란 감사
나의성령님 말씀하시길 감사는천국 문을연단다
나에게이제 남겨진삶 응답되는것을 보고
기다렸다감사 하기보단 그때그때감사 하길
그렇게나의 입술이 매일주께감사 드리길
일상의소소한 것들도 감사하단말씀 올려드리
길 그렇게나의 입술이 응답되는 것만
감사하기보단 응답되지않은 것들도
똑같이감사를 드리길 한평생감사
드리며 살아도모자란 감사
나의성령님 말씀하시길 너에게천국 문은열렸다
나에게이제 남겨진삶 못받은것불 평하기보단
내주예수십 자가파로 천국에가는 것 감사

송명희&최덕신

너는 부유해도 가난해도 너를 사랑하여구원했으니
(네가)현명해도 미련해도 너의 지혜되어사용하리니
잘났으나 못났으나 너의 모든것을사용하리니
강하여도 약하여도 너의 힘이되어일으키리니
의로워도 악하여도 너를 나의피로바꾸었으니
너는 내 것이라 내 것이라
너는내 것이라 네가 너는
내것이라 내것이라 너는내것이 라 너는
내 것이라 내 것이라 너는내것이라
D.C al Fine

Give Thanks
고후 12:10, 6:10
Henry Smith

거룩하신 하나님 주께 감사 드리세 날
의 맘과 뜻다해 주를 사랑합니다 날
위해 이땅에 오신 독생자 예 수 나
수 내가 약할때강함 주고 가난
할때우리를 부요케 하신나의 주 감
사 내 사 감사

226. 주님이 계시네

권충한
주님이계 - 시네 　 모든만물
- 사라진 - 다해 - 도 내가믿고 의지할 - 수있는
- 유일한분 - 　 주님이계
- 시네 　 나의어떠함 - 때문 - 이아
- 닌 내모습 그대로 - 를 사랑하 - 시네
- 　 나의지하리 -
나신뢰하리 - 나 - 의주 - 변함없는
사랑을 - 　 주시는분 -
그사랑안에 - 　 그은혜안에 - 거 - 하리
- 나높이리라 - 　 나의 - 예수 -

227. 주님 한분만

권지윤
내게 생명을 - 주신 - - 주님 한분만 - - 내게
구원을 - 주신 - - 주님 한분만 - - 내게 하늘을 - 약
속하신 - 주님을 - - 사랑 합니다 - 　 내게
생명을 - 주신 - - 주님 한분만 - - 내게
구원을 - 주신 - - 주님 한분만 - 내게 하늘을 - 약
속하신 - 주님을 - - 사랑 합니다 - 　 -
나 노래하네 - 주의 - 사랑 - 나는노래 - 하네 - 주의
- 영원 - 하신그 - 사랑을 - 나 는노래 - 하네 -
나 높이리라 - 주의 - 이름 - 나는높이 - 리라 - 이곳
- 에서 - 어떤상 - 황에도 - - 주의 이름을높 - 이리라 -

내가 주의 성전을 향하여 예배하며

주의 인자하심과 성실하심으로 말미암아

주의 이름에 감사하오리니

이는 주께서 주의 말씀을

주의 모든 이름보다 높게 하셨음이라

시편 138:2

228. 주의 사랑이

Takimoto Akia
B♭ C/B♭ Am7 Dm7
주의사랑 이 지금 - 우리와함 께 하네 - 내마음깊
Gm7 C F2 F2/A
은 상처 - 고쳐주시 네 주의사랑
B♭ C/B♭ Am7 Dm7
이 지금 - 우리와함 께 하네 - 내마음깊
Gm7 C F F7
은 슬픔 - 사라 - 지 네 못자국 - 난
B♭M7 C/B♭ Am7 Dm7
주 의손 - 우리와함 께 하사 - 영원히거
Gm7 C 3 F2 F7
하 시 고 돌보시 네 전능하 - 신
B♭M7 C/B♭ Am7 Dm7
주 의그 - 사랑의손 이 감싸네 - 상처입은
Gm9 C F2 F
내 마 - 음 고쳐주 시 네 -

230. 모든 것 아시는 주님

전은주
G D/F# Am G/B
모든것 아시는주님 내삶에-펼쳐진 계절도 임
C G/B Am D
마누엘함께 늘 동행하시니 내 모든순간-돌보아 주 시네
G D/F# Am G/B
모든것 창 조하신주님 파도를-잠잠케 하신주 실
C G/B Am D
수가없으신- 신 실한하나님 내 모든순간-풍성케 하시네

229. 예수님만을 더욱 사랑

강명식
B♭ F/A
예 수 님만 을 더욱 사 랑 - 날 이갈수
B♭ C Dm F/A B♭
록 더욱 사랑 - 고난이와 도 더욱 사랑
F/A B♭ C F
- 내삶의고 백 더욱 사랑 -
Dsus4 C G/B
주님한분 만 더욱 사랑 - 그무엇보
C D Em G/B C
다 더욱 사랑 - 그누구보 다 더욱 사랑
G/B C D 1.Em
- 내영의고 백 더욱 사랑 -
Em/D 2.G G/F Esus4 A/C#
주님한분 - 나 사 는 동
D A/C# D E F#m A/C#
안 더욱사랑 - 숨질때에 도 더욱사랑 - 저천국에
D A/C# D E A
서 더욱사랑 - 신부의고 백 더욱 사랑 -

C G Bm C
찬양해 - 온우주만물 다스리는- 완 전한하나님- 내
Am G Bm
선하신목자-찬양해 - 합력해주뜻 이루시는- 위
C Am G
대한하나님- 사 랑의인도자- 예수 - -

231. 누가 끊으리요

Luiz Ellen
누가 끊 으리요 - 주의사랑 에 서 -
누가 막 으리요 - 주날기뻐 하 시니
환난이나고통 - 이와 - 도 나를끊지못하 - 리라 -
주의사 랑이 - 붙드 시네 -
주예수 안 에서- 모든것 이기 - 며-
주예수 안 에서- 모든것 누리 - 네-
사망이나생명 으로도- 나를끊지못 하 리라-
주 예 수의 - 사랑에서 - -

232. 주님의 은혜 넘치네
Your Grace Is Enough

Matt Maher
주신-실하 -심놀-라워 -
공의-와사 -랑놀-라워 -
죄인-의마 -음흔-드네 -
약한-자들 -어쓰-시네 -
자비-의물 -가로-인도 -하시-니
구원-의노 -래로-인도 -하시-니
그 무-엇도 -끊지-못해 -
만백-성함 -께찬-양해 -
주여 기억-하소서-주 백성-자
녀 들-신실한-주님의-약속-
주님 의은혜 - 내게 넘치네
- 나를 향한주 - 은---혜 -
1. 2.
은---혜 -

233. 사랑합니다 나의 예수님

김성수 & 박제윤
사랑합니 다 나의예수님 사랑합니 다 아주많이
요 사랑합니 다 나의예수님 사랑합니 다 그것뿐예
요 사 랑한다아들 아 내 가너를잘 아노라-
사 랑한다내딸 아 내 게축복더 하노라-

234. 주님은 신실하고
Sweeer Than The Air

Scott Brenner & Andre Ashby

주님-은 - 신실하고 - 항상거기 - 계 -시네
- 주 사 랑을 뭐 -라 할 까 -
주 사랑-이내생 명보다귀-하고 -주사랑-이파도
보다더강-해요 -세월이-가고꽃 이시들어도-주사랑
-영원해- 주님 -사랑-신실해 요 -

235. 내 모든 삶의 행동 주 안에
Every More I Make

David Ruis

내모든삶의행동주안 에 주님안-에있네 나의숨쉬는순간들
도 내모든삶의걸음주안 에-내길도-주안에
나의숨쉬는순간들 도 라 라 라 라-라 라
라 라 라 라-라- 라 라 자 비 와 은 혜 의 물 결
어 디 서 나 주 - 얼굴-보네 -주 사랑 날 붙드 네
오 놀 라 운 주 -님 의 사 랑 -

236. 그 사랑

박희정

아버지사랑내가노래 해 아버지은혜내가노래 해 그사
상한갈대꺾지않으시 는 꺼져가는등불끄지않 는 그사
랑 변함없으 신 거짓없으 신 성실하신그-사
랑 랑 사 랑 -그사랑 -날위해
죽으신 -날 -위해 다 시사신 -예 수 그리스도-
다시오실그사랑-죽음 도 -생명도 천사도 -하-늘의어떤
권 세 도-끊을수없 는- 영원한- 그 사랑-예 수

237. 하늘 위의 하늘

천관웅

하 늘 위 의 하 늘 - 그보다크 -신주-님이 -
구 하 기 도 전 에 - 베 풀 어 주 -신은-혜가-
작 고 낮 은 자 의 - 마음을원 -하십-니다
십 자 가 위 에 서 - 예 수 님 내 -어주-셨네 -
- 찬 양 합 -니-다 - 하 -나 님 - 높 임 을-받 아
- - - - -주 소 서 - 사 랑 합 -니-다 - 아 -버 지
마 음 의-예 배 - --받-으 소 서 -

238. 보혈을 지나

김도훈

보 혈을지-나 - 하나님품으로- 보
혈 을지-나 - 아버지품으로- 보
혈 을지-나 - 하나님품으로- 한걸음
-씩 - 나 가네 - 보 - 존 귀
한 주보혈이- 내영을 새롭게- 하
시 -네 존귀 한 주보혈이- 내영
을 새롭게- 하네 - 존귀 -

239. 삶으로

장진숙

세상의 부와- 세상의 명예- 세상 자랑모두내려-놓
고 날구한 십자가 날씻긴 보혈- 주의은혜를-깊이 생각
합니다- 나의 나된것-내모든것- 다 거저받은선물- 내
삶을-은혜로-가득 채워주셨-네나의 나된것-내모든것-다
거저받은선물- 내 삶을-주신분께- 다시 올려드라니
- 나는 삶으로- 주님을노래 합니다- 나를
통하여- 주님만높임 받으소-서- 나는 삶으로- 주님을예배
합니다- 나의 삶을빛- 으로사용 하소서-

240. 시간을 뚫고

김강현

당신은 시간을-뚫고- 이땅가운데오-셨네- 우리
없는하-늘원-치않-아우 리삶에-오셨--네 자신의
편안버-리고- 우리게 평안주-셨네 - 가장
낮은자-의모-습으-로우 리삶에- 오셨--네

하나님우-리와- 영원히함-께하-시네 꿈없는우-리게-
그나라보-여주-시네 연약한자-들와- 친구가돠-어주-시고
힘없는우-리의- 인생을위- 로하-시네
예 수-이 곳 에 -우리 와함께- 영원히 -

241. 말씀이 삶으로 삶은 예배로

이권희

생명의말-씀 내 안에있네- 내 삶을비추-시네
-천 지를만-드신- 그말 씀이내-안에 역사
하시네- 아버지를 예배케-하네 거룩한보혈
- -나를살리-시네 -진리의성령 - -나를이끄-시네
- 생명의말씀- 내 안에가-득해- 하늘 의비밀- 알게
하시네- 말씀이삶 으로 삶은예배로
- 생명의그말 -씀 나를이끄시네 - 나의가는걸
-음 걸음마다- 주의빛-비추-시네나-나오 직 - 주님을노-래해
- 말씀이삶 으로 삶은예배로 - 나오직주님
-만 의지하며살리 - 생명의그말 -씀- 오직예수-
만물의- 통-치자-높임 을 받 으소서

242. 나의 가는 길
God Will Make A Way

Don Moen

나의가-는길 - 주님 인도하-시네 - 그는
보 이지- 않아도- 날위해-일하 - 시네
주나의-인도 -자 항상 함께하-시네 - 사
랑 과힘- 베 푸시며- 인도하-시 네 -
인 도하-시 네 - Fine 광 야
에 길을 만드시- 고날 인 도해 사
막 에강- 만드 - 신것-보라 - -
하늘과땅-변해 -도- 주의 말씀영-원히 - 내
삶 속에- 새 일을행-하리 - D.C. al Fine

요일 3:2

243. 예수보다 더 큰 사랑
No Greater Love

Tommy Walker

예수보다더큰 사 랑 - 그누구도줄수 없 네 -
우리에게자유 주 신 - - 그큰사랑 - Fine
세상의헛된보 - 화 - 곧 사라지 - - 지만
- 영원한주의사 - 랑 - 나의 맘 에남 - 으 - 리
- 찬 양 하 세 영 원
히 변치 않 는 그 사 랑 위 대 한 - 그 사
랑 내죄 씻 었 - 네 세 상 모 든 능 력
과 권 세 보 다강 하 신 영 원 한 그 - 사 랑

244. 내 맘속에 거하시는
Joy In The Holy Ghost

Russel Fragar

내 맘속에 - 거하 - 시는 - 참 좋 은 내 - 친 구 -
매 일매일 - 채우 - 시는 - 성 령 의 은 - 혜 와 -
주 가늘 - 함께 - 하 시 - 니 난 외롭 지않네 - 주
성 령믿 - 음확 - 신 나 - 는 말 할 수 있네 - 나
가 계획 하신 - 길 내 - 소 망 - 보 다 더 - 크 네 - 사랑
의 마음 내 모 - 튼 것 - 다 주 - 님께 드 - 리 리 - 사랑
은 혜 평화능 - 력 성 - 령안에 기 쁨 - Fine
내 주 는 변 치 않 네 항 - 상 내 - 안 에 -
나 의 - 죄 사 - 하 시 - 고 날 자 - 유 케 - 하 네 - -
결 코 - 마 르 - 지 않 - 는 강 - 과 같 - 으 니 - 사 망 권
- 세 두 - 렴 이 - 기 네 - 큰 기 - 쁨 넘 - 치 리 -

245. 죽임 당하신 어린 양

고형원

죽 임 당 하신 어린 양 모 든 족 속 과방 언 백 성
임 당 하신 어린 양 우 리 들 을 나 라 와 제 사
과 나 라 가운 데 서 - 우 리 를 피 로 사 서 하 나
장 삼 아 주셨 으 니 - 우 리 는 주 와 함 께 이 땅

님께 드리셨 네 죽 리 죽임당하신어 - 린
에서다스리
양 능 - 력 과 부 와 지 혜 힘 과 존 귀 와 영 광
찬 송 받 으 시 - 기 에 합 당 하 신 어 린 양

246. 감사해

Thank You Lord

Dan Burgess

감-사 해 시험이닥쳐올 때에
세 시험이닥쳐올 때에
주께서인도하시니 -두려움없네
또감사-해 고통이찾아올 때에
주께서지켜주시니 -승리하리라
나의모든생활속에서 주님이함께하시
니 주님의성령나를인 도하시리
시험이나를찾아올때주님지켜주시
리 주님의성령 -나를인도하시리
1.GM7 감사드리 2.D/E A/E D 모두감사해
실망속에서새힘을 새로운용기주시는
주님께감사 또감사드
리세 - - - -우리주님의은혜로
받은구원을감사해 주님을찬양

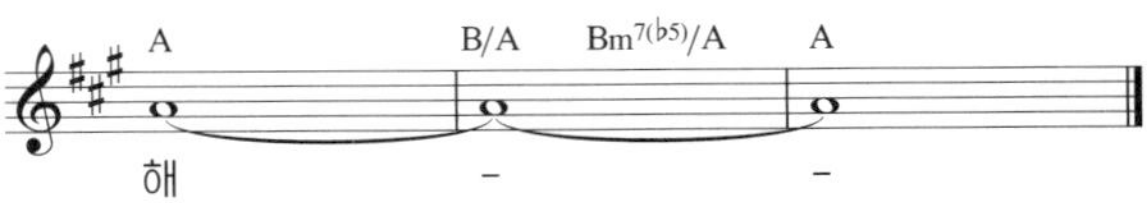

A B/A Bm7(b5)/A A
해 - -

247. 날 향한 계획

김준영 & 임선호

내앞에-주어진 - 매 일의삶을-살다가 -보면
매순간-나에게 - 요 구하시는-작은믿 -음들
그곳에-날향 한계획- 섭리가-있다네 -
지금여-기- 계시며- 말씀해-주시는 -하나님
내삶에 - 역사하시는- 신실한-나의하
-나님을 -찬양해 -
변함이없는 - 영원한그사 - -랑
어두운내삶 - 의 빛으로 -
지금여-기- 계시며 - 말씀해-주시는
-하나님 내삶에 - 역사하시는-
신실한-나의하 -나님을-찬양해 -

248. 목마른 자들
All Who Are Thirsty

Brenton Brown, Glen Robertson

목 마른자 - 들   약한자 - 들
생 수의근 - 원   되신주님께
나 오 라 모든고통과슬 - 픔
사 라 지 네   주의자비와 물결
안 에 서 외 치 네 - 찬 양
주 여 오 소 - 서
주 여 오 소 - 서
성 - - 령 오 - - 소 - 서
- 서   소 리 쳐 외 치
네 - -   소 리 쳐 외 치 네 - - 찬 양
주 여 오 소 - 서
주 여 오 소 - 서

249. 존귀한 어린 양
Worthy Is The Lamb

Darlenze Zschech

주님께감 사 - - 해 -   생명주신
사 - - 해 -   날위해못
그 사 랑 -   내부끄러 운죄 를 - 사
박 힌 - 손 -   주의보혈 로나 를 - 씻
하시 - 고 - 놀 라 운은 - 혜 - 주 - 네   주님께감
으 시 고 -   주품 - 에 품으 - 시네 -   존
귀 한 - 어 린 양 - - - -   좌 정 - 하 - 신주
- - -   면 류관 - 쓰신 - 주님 -   날
다 스 리 - 시네 -   하 나 님 - 아들
- - -   높 여 - 경 - 배해 - - - - - 십
자 가에 달 - 리 신 - 주 님 -
존 귀하신 - - 주 -   어린양찬
- - 양 - -   어 린양찬 - 양 -
- 존 귀하신 - - 주 -   어린양찬
존 - - 주 -

250. 주님 그 사랑 감사해

Thank You For Loving Me

Tommy Walker

사 랑 - 넘 치게주시 - 는사랑 - 날
자녀삼아-주신 - 그사 -랑- 귀 하다-하셨네
- 그사-랑 - 세상 -이본 -적없네
- 주가 우리죄위 -하 -여 - 십자가
-달리사- 죽기 -까지 -사랑하 -셨네 주님
- 그사랑감 --사해 - 날위해
십자가달 -리신 - 주의그 -사랑 감사
-해 날 자녀삼 -으신 주 님 -
택하심감 --사해 - 날자녀 삼 -으신 --주님
- 오예 -수님-찬양 -하리 영 -원
- 토 록 - 사랑 - 내
죄보다크 -신사랑 - 온 유하고겸 -손 해
- 끝까 -지나를 오래 -참 고 -기다리
-시 네 그사랑 - 수 렁에서건 지시고
- 반석 위에세우 -시 며 - 늘함께
-하시니 주님그 -사랑 항상난 -믿네 주님
- 토 록 - 넓고 -크 고 높고
-깊 은 날향 -한끝 없는 -사랑 넓고
-크 고 높고 -깊은 날향 -한끝 없는
-사 랑 넓고 -사랑 주 님 -토록
그사 랑감 사 해 - 그사랑감 사 해 -

251. 나는 알아요
You Are Always There

Hanneke Jacobs & Peter Jacobs

나는알아요 나기도 할때 - 주 님곁에서모두듣고
나는알아요 나어려 울때 - 주 님날위해기도하고
계 신 - 것 - 나는주님느낄수있 어요 - 나
계 신 - 것 - 주님항상날기다리 시네 - 내
기도하며주님앞에 나갈-때- 조용히내-곁에오
모든염려가지고나 아오-길- 조용히내-곁에오
셔서- 내맘 어루만지-시 - 고 -
놀라운주-님의그 평안- 내맘에채워주-시
-네- 주님 언제나- - 함께
하 시네- - 어려 운일당할때- 또
기쁜일에도- 함께 하 시네- - 주님
언제나- - 함께 하시네- - 나는
알고있어요- 주 님내곁에계심을 - -

252. 너의 하나님 여호와가

습3:17

김진호

너 의하나님 여 호 와 가
너 의가운데 계시니 -
그 는구원을 베 푸 실전능자
전 능 자 시 - 라 -
그 가너로 인하여 기 쁨 을
이 기지 못하시 며 -
너 를잠 잠 - 히 사 랑
하 시 - 며 -
즐 거이 부르며 기 뻐
기 뻐 하 시 리 라

여호와께 감사하라

그는 선하시며

그 인자하심이 영원함이로다

시편 136:1

253. 나의 안에 거하라

류수영
나의 안에 거하라 - 나는 네 하나님이니 - 모든
환난 가운데 - 너를 지키는 자라 - 두려
워 하지 말라 - 내가 널 도와 주리니 - 놀라
지 말라 - 네 손 잡아 주리라 - 내가 너를
지 명하 - 여 불렀나 - 니 너는 내 것 이라 -
내 것 이라 - 너의 하나님 이라 - 내가 너를
보 배롭 - 고 존 귀하 - 게 여 기 노라 - 너를
사 랑하 - 는 네 여 호 와라 -

254. 예수 나의 치료자

송재홍
예수 나 - 의 종 - 은 치 - 료 자 - 그의
눈이 머 - 무는 곳 - 에 나의 슬픔과 - 고통 - 고갤
손길이 - 닿는 곳 - 은 나의 상처와 - 아픔 - 영원
들어 그 - 의 눈 - 을 볼 - 때에 - 난 알았네 - 예수
히 흐를 - 것 같 - 았던 - 눈물 - 다 멎었네 -
나 의 좋 - 은 치 료자 -
나 의 치 - 료자 -
나 노래 하리 라 - 천한
나를 돌 - 아 보 - 신 구세 주를 찬 - 양 - 해 하늘
닿 는 곳 - 까지 - 내 손 들리 라 - 예수
나 의 치 - 료자 -

255. 우리 죄 위해 죽으신 주

Thank You For Cross

Mark Altrogge
우리 죄 위해 - 죽으 - 신 주 - 십
자가 그 사랑 - 감 - 사하 네 날 마다 주의 형상 대로
변화 되리라 - - 십 자가 우 - 릴 새롭게 하 리 놀라

운 사랑 - 찬 양하 - 리 라 우 리를 위해 생명 주셨
- 네 - 놀라 운 사랑 - 찬양하 - 리 라 십자
가 의 그 능 력 십자 가 의 그 능 력

256. 유월절 어린 양의 피로
Under The Blood

출12:13, 롬8:1,2

Martin J. Nystrom, Rhonda Scelsi

유월 절 어린양 – 의피 로 나의
삶의문이 – 열렸 네 – 저 어둠의권 – 세는
힘이없네 주 보혈의능 – 력으로 – – 원
수가날정죄할 때 – 도 난 의롭게설수있
네 – 난 더이상정죄함 없 – 네 난
주보혈아 – 래있네 – 난 주보혈아 – 래있네
– 그 피로내죄 – 사 했 – 네 –
하 나 님의긍 휼 날 거룩케하 시었
네 – 난 주보혈아 – 래있네 – 난
원 수의어 – 떠한 공격에 도 더이상넘 어
지지않네 난 주보혈아 – 래있네 – –

257. 섬김

강찬 & 전종혁

하늘의 – 영광 – 을 – 다 버리고 – 낮 은이곳에 –
내려오 – 신주 – 죽기까 – 지나를 – 사 랑하신 –
그사랑얼마나 – 큰지 – 우리가 높아 – 지 – 면 – 그가
낮추시리 우리가 낮 아 – 지 – 면 – 그가 높
이 시리 – 하나 – 님이 – 원하시는 – 세상
– 으로 – 나자신을 – 낮추 – 는 – 섬김으로 –
– 는 – 섬김으로 – – – 내발을
닦 아 – 주사 – 먼저 섬기시고 서로사
랑하라고 말씀하 시었네 – 하나 – 님이
– 원하시는 – 세상 – 으로 – 나자신을 – 드리
– 는 – 섬김의모 – 습이 – 되기를 – – –

258. 하나님의 꿈

천관웅

영원전에- 나 -를향한- 하늘 아버지-의-꿈
그누구도- 알 -지못한- 하늘 아버지-의-꿈 -
아들예수-죽이기 - 까지- 포기할수-없던꿈 -
성자예수-외면할 - 만큼- 포기할수-없던꿈 -
죄로죽어- 깨 -져버린- 하나 님의형 -상-들 -
하나님의- 아 --들이- 사람 이되신 -것-을 -
회복하여- 아 -들삼아- 하늘보좌- 앉 -히셨네 -
사람들을- 하 -나님의- 아들삼기- 위 -함이라 -
- 찬 양 하 세 하 나 님 사 -랑 그 누
구 - 도 꿈 을 수-없 네 경 배 하 세
위 대 한 사-랑 - 하 나 님-의 꿈 -

259. 주만 바라볼찌라

박성호

하나 님의사-랑을 사모하는자하나 님의평 - 안을
님께찬-양과 경배하는자하나 님의선하심을
바라보는자녀의 모든것창조하신 우리주님이너를
닮아가는자녀의 모든것창조하신 우리주님이너를
1. Bm Bm7 ESUS4 E7   2. Bm E7 A
얼마나사랑하시는지 하나 자녀삼으셨 네하나
님사랑의 눈으로-너를 어느때나바라보시 고 하나
님인자한 귀로써-언제 나너에게기울이시 니어두
움에밝은빛을 비춰주시고너의작은신음에도 응답하시너니
어느곳에있-든지 주를향하고주만 바라볼찌 라하나
2. A   D6 D E A
라 주만바 라 볼 찌 라 -

260. 에벤에셀 하나님

홍정식

감사하신하나 님 에벤에셀하나 님
살아계신하나 님 에벤에셀하나 님
여기까지인도 하셨네 감사하신하나 님
장래에도인도 하시리 감사하신하나 님

여기까지인도 하셨네 살아계신하나 님
장래에도인도 하시리 살아계신하나 님
감사하신하나 님 에벤에셀하-나 님
살아계신하나님 에벤에셀하나 님

261. 풀은 마르고

김영진

풀은 마르고 꽃은 시드나
주의 말씀-은영원해 -
말씀-은영원해 -

주의말-씀-을 - 믿 는-자 -
주의말-씀-을 - 행 하는자 -
주의구-원-을 - 얻 으리 ----
그의능-력을 - 보게되 리 라 - -
주 의 말씀-은영원해 -
주 의 말씀-은영원해 ----- 영원해
----- 영 원 해 -

262. 주님의 숲

김현중 & 김재중

어느 날문득 당신이 찾아온- 푸르 른저숲속엔 -
평온하게 쉴수있는- 곳을찾아 - 당신
이지나온- 이 거리는- 언제나낯설게느껴-- -
이느꼈던- 지 난날의- 슬픔의 -기억들을-
그 어디에도 평화없네- 참평화없네 -
생각하고잊 어버리고- 또생각나네 -
그렇지만 당신의 -앞에 펼쳐진 -주님-의숲에
- 지친 당신이- 찾아 온- 다면 숲
은두팔-을벌려 - 그렇게도 힘들어 -했던 당신의
- 지친-어깨가 - 이젠 쉬- 도록 편히
쉬- 도록 여 기주님-의숲에 - 우---

263. 날 구원하신 주 감사

John A Hultman
Arr. by Roy Brunne

날구 원 하신주 감사모든 것 주심감 사 지난
응답 하 신기도감사거절 하 신것감 사 해쳐
길가 에 장미꽃감사장미 꽃 가시감 사 따스
추 억인해감 사 주내곁 에게시네 향 기
나 온풍랑감 사 모든것 채우시네 아 픔
한 따스한가 정 희망주 신것감 사 기쁨

론 봄철에감 사 외론가 을날감 사 사라
과 기쁨도감 사 절망중 위로감 사 측량
과 슬픔도감 사 하늘평 안을감 사 내일
진 눈물도감 사 나의영 혼평안 해
못 할은혜감 사 크신사 랑감사 해
의 희망을감 사 영원토 록감사 해

264. 예수 피 밖에

Nothing But The Blood

Matt Redman

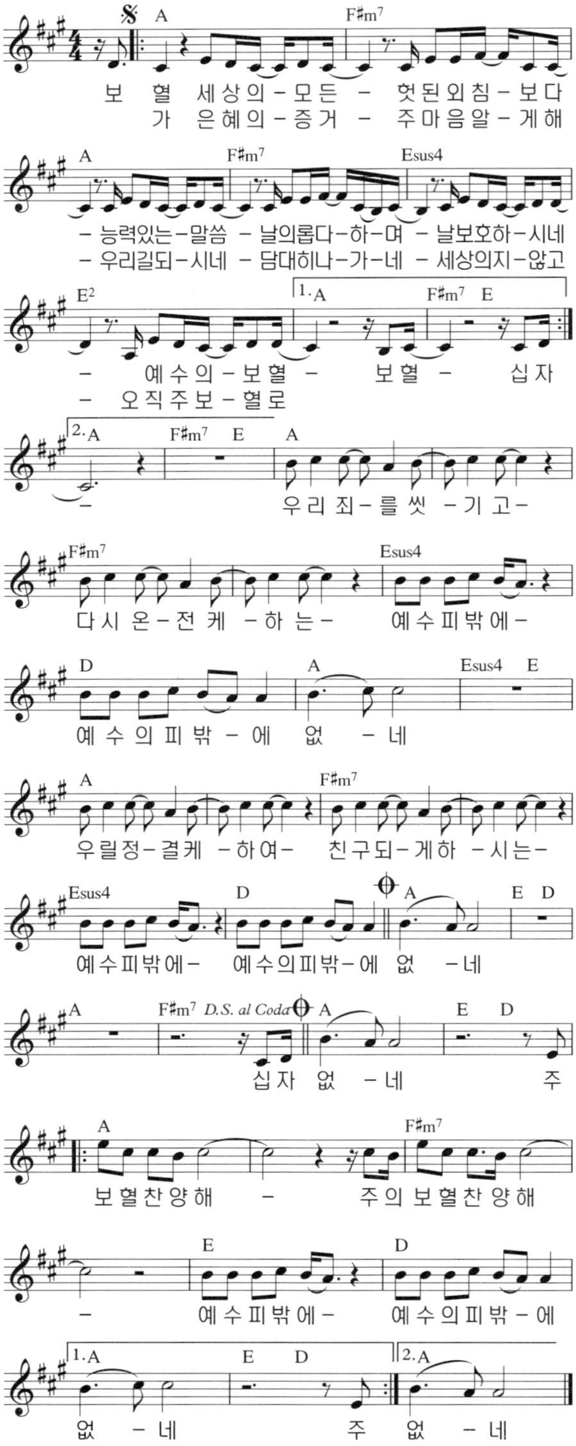
보 혈 세상의-모든 - 헛된외침-보다
가 은혜의-증거 - 주마음알-게해
-능력있는-말씀 -날의롭다-하-며 -날보호하-시네
-우리길되-시네 -담대히나-가-네 -세상의지-않고
- 예수의-보혈 - 보혈 - 십자
- 오직주보-혈로
- 우리 죄-를 씻 -기 고-
다시 온-전 케 -하 는- 예수피밖에-
예 수 의 피 밖 - 에 없 -네
우릴정-결케 -하여- 친구되-게하 -시는-
예수피밖에- 예수의피밖-에 없 -네
D.S. al Coda
십자 없 -네 주
보혈찬양해 - 주의 보혈찬 양해
- 예수피밖에- 예수의피밖-에
없 -네 주 없 -네

265. 그 사랑이 내려와

Love Came Down

Brian Johnson, Ian Mcintosh, Jeremy Edwardson, Jeremy Riddle

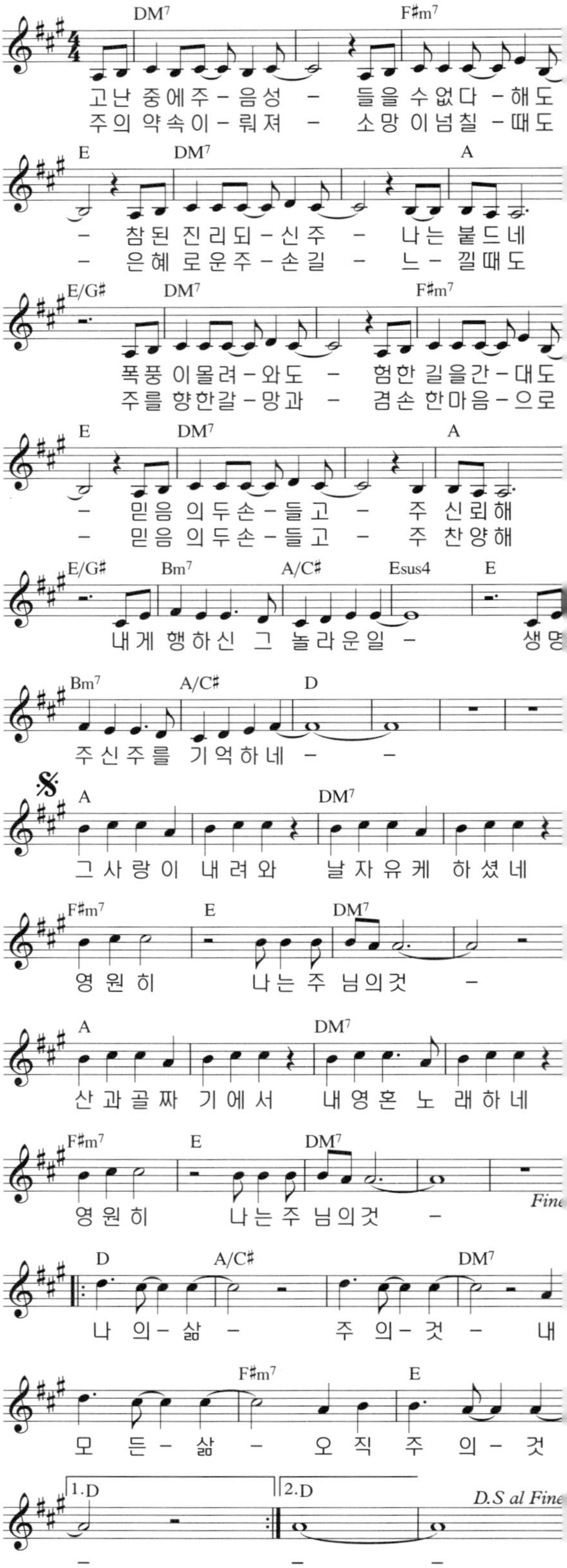
고난 중에주-음성 - 들을 수없다 -해도
주의 약속이-뤄져 - 소망 이넘칠 -때도
- 참된 진 리 되-신 주 - 나는 붙드네
- 은혜 로운주-손길 - 느- 낄때도
폭풍 이몰려-와도 - 험한 길을간-대도
주를 향한갈-망과 - 겸손 한마음-으로
- 믿음 의 두손-들고 - 주 신뢰해
- 믿음 의 두손-들고 - 주 찬양해
내게 행하신 그 놀라운일 - 생명
주신주를 기억하네 - -
그 사랑이 내려와 날 자유케 하셨네
영 원 히 나는 주 님의것 -
산 과 골 짜 기 에 서 내 영 혼 노 래 하 네
영 원 히 나는 주 님의것 -
Fine
나 의- 삶 - 주 의- 것 - 내
모 든- 삶 - 오 직 주 의- 것
D.S al Fine

266. 은혜로다

심형진
시작됐 네 우리주님의 능력이
나의삶을다 스 리고 새롭게하 네
자유하 네 죄와사망으 로 부터
나의삶은변 하 고난 충만하 네
은혜로 다 주의은혜
한량없 는 주의은혜
은혜로 다 주의은혜
변함없 는 신실하신 주의은혜 -

267. 비전

고형원
우리 보좌앞에 모 였네 함께주를찬양 - 하
며 하 나님의사랑 그 아들주셨네
그의피로우리 구원받았 네 십자가에서쏟으신그
사랑 강같이온땅에-흘 러 각 나라와족속 백
성방언-에서 구원받고주 경배드리 네
구 원하심이-보 좌에앉으신- 우 리하나님과- 어
린양께있도 -다 구 원하심이-보 좌에앉으신- 우
리하나님과- 어 린양께있 도 - 다

268. 주님은 산 같아서

김준영 & 임선호
안개가-날가리워 - 내믿음-흔들리려
주님은-산같아서 - 여전히-그자리에
-할때- 나 주님께- 나 아가네-
-계-셔- 눈을들면- 보
이리라- 날위-한 그 사랑 - 주는나

-의도움이시며 - 주의계 -획영원하시네
-서날이끄시며 - 주가항 -상함께하시네
- 주의위 -엄 앞에 믿음으로순종의
- 주의사 -랑 안에 믿음으로순종의
예배드리리 - 주님께 - 영원히-

269. 그 발 앞에

이권희

그발앞 에 나엎드립-니다 - 그발앞
에 나엎드립-니다 - 완전하 신나의-주님- 유일
한생명-의주- 그 발앞에- 엎드립-니다 - 그의손
이 하늘을만드-시고 - 그사랑 이 온땅을덮으-시네
- 영원한 생명의-이름- 우리 에게주-셨네 - 십자
가에오-르신- 사망 권세이-기신 - 나지금
그발앞에엎드립니 다 나를이 끄실유일한소망-영원
한생명의그이름- 주님만내전부입니 다 다른이
름없네-오직주예수 - 주만따르렵-니다 -
그발앞- 에엎드려- 당신을 불러봅--니다 영
원한사- 랑 내게주-신주 - - -그
사랑이-나를 - -오늘도 살게하--시네- -나
오직주--님만 -나 오직주-님- 만 - 나지금

270. 아버지의 마음

심형진

아버지의- 마음 - 열방을사랑
아버지의- 마음 - 가난한자억
하시는- 한 -영혼을천 -하보다 -귀하
울한자- 빛이없는- 자 -들에게 -구원
게여기는마음 - 의의를알리는마 음 가서전하
-세-아버지사 -랑--잃어버린영-혼돌아오도
록 가서나누 -세- 아버지사 -랑 - 모
든열방-구원에이르도 록 가서전하 록
내눈을- 여-소 -서- 내맘을-여-소 -서
내눈을-여-소 -서- 내맘을-여-소
-서 -서 가서전하 록

271. 여호와는 나의 목자시니

Mary Mcdonald

여 호 와는나의목 자 시-니 내 가부족함없으
리 푸른 초장에누이 시 -며 -나
를 쉴만한 물가로 오-주께서 인
도하네 내 가음침한골짜 기라도 두
려 워하지않음 은 주 께 서나와함께
하 시며 나를 안위해 주시네 오-
주 께 서 인 도 하네
그 손길로인 도 하네 따 스한손 길로
인 도-해 언 제든지 어 디서나
변 치않고사 랑 -해 그 손길로인
도 하네 따 스한손 길로인 도-해
두 렴없고 실 패없네 주 의사-랑나-의
사 -랑 - 주 님자비로움과
선 하심 평생 나를따르리 니 내

가 여호와 집에 거 하리 영 원히-주 찬양
해 오-주께서 인 도하네
D.S. al Coda

272. 십자가로

윤석주

나같은-죄인살 리신-주의- 은 혜가- 너무
부르심-따른그 길에-하늘- 소 망이- 나를
크고놀-라워- 물과피-로씻-긴 그 사랑-주의-
위로하-시니- 은과금-은내-게 없 어도-예수-
은 혜면- 나는 충분합-니다- 다른 무엇이없-어도- 주님
이 름이- 내심 장에있-으니- 주님 따르는그-길이- 광야
함께하시니- 다른 무엇이없-어도-주님으로 충분하-단걸-
같을지-라도- 쥬님 따르는그-길에-쥬님으로 충분하-단걸-
충분하-단걸- 십자가- 로 좀더가-까이 -십자가-
로 좀더가-까이 십자가로 -주가 -나
를부르-시네- 다시 - 십자가- 로

273. 온 땅의 주인

Who Am I

Mark Hall

온 땅의 — 주인 되신주 — 님이 — 내
— 나의 죄를 보 — 시고 — 사
이 름 아 — 시 며 — 상 한 맘 돌 — 보 네 —
랑 의 눈 — 으 로 — 날 일 으 키 — 시 네 —
어둠을 — 밝 히 시 는 새 — 벽 별 — 방
바 다 를 — 잠 잠 하 게 하 — 시 듯 — 내
황 하 는 — 내 맘 — 주 의 길 비 추 — 시 네 —
영 혼 의 — 폭 풍 — 고 요 케 하 — 시 네 —
— 나로 인함이 — 아닌 — 주가 행하신 — 일로
— 나로
— 나의 행함이 — 아닌 — 오직 주로인 — 하여 — —
— 나 는 오 늘 피 었 — 다 지 — 는 이 름 없 는 꽃 — 과 같
— 네 바 다 에 — 이 는 파 — 도 안 개 와 같 — 지 만
— 주 는 나 를 붙 — 드 시 — 고 부 르 짖 음 들 — 으 시
— 며 날 귀 하 다 하 — 시 네 — — 나 오 직
— — — 주 의 것 — — 주 님 은
— 주 의 것 —

274. 광야의 감사

유신영

감 사 해 요 비록 거친광야에 나 홀로있어도
주님뜻이 — 내 뜻과달라도
감 사 해 요 비록 나가진것 — 아 무엇없어도
감 사 해 요 신실 한주사랑 — 이 곳에계사니
나이제알게됐 네 나이제고백하 네 — — — 젖과
꿀이아닌 — 만나와메추라기의 그 사랑 — 그 비밀을 —
거친광야에서도 — 아름다운주사랑 — 이함께하시네 — 그사
랑이나를이끄시 — 네 작은감사에도 — 더큰감사로날채
— 우 시 는 그 사 랑 — 나 찬 양 해 — 나 감 사 해 — 거친
광 야 의 — 아 름 다 운 사 랑 을 —

275. 너는 내 것이라

신상우

두 려워 말 라 내가 너를 구속하였 고 너를
지 명하여-불렀나니 너 는 내것이 라 -
두 려워 말 라 내가 너를 구속하였 고 너를
지 명하여-불렀나니 너 는 내것이 라
네 가물가운데 로지날때 내가함께하리 라
네 가불가운데 로 행할때 너를보호하리 니
두 려워 말 라- 내가너를구속 하 였고
너를지명하여 불렀나니 - 너는내 것이 -라

276. 십자가

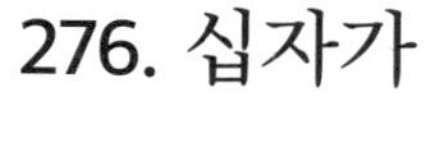

조은아

무엇이- 변치않아 - 내 소망이- 되며
- 무엇이- 한결같아 - 내
삶을 부-르리 - 그누가날- 만
- 족 케-해 내 영이-쉬며 - 그
누굴 기--다려 - 내 영이 기- 쁘리
- 십 자가- 십자-가- 그
그늘아래- 내 소망이있--네- 십 자가-
십자-가- 그 그늘아래- 내 생명이- 있-
1. -네- 2. -네- 내 소망이- 있--네-

여호와여 주의 기이한 일을
하늘이 찬양할 것이요
주의 성실도 거룩한 자들의
모임 가운데에서 찬양하리이다

시편 89:5

277. 십자가

김지은, 현지혜

걷고있네 - 높은언-덕 - 아무말없이 -
걷고있네 - 거친그-길 - 아무도없이 - 지
친 발걸-음- 흐 르는눈-물 온땅을적-시네 - 고
통당했네- 피 흘리신-주- 헤아릴수없는 그사랑 -
십자가- 내 죄 사 했-네- 날 대 신하신 한없는
- 사랑- 어 린양- 다 시사셨-네- 크
고놀라-운 그사랑 - -
다
이 루 셨-네- 다 이 루 셨-네-
죄 인 된 날 위 하-여 - 다

psalms 시와 찬미 11 hymns

회개와 고백

Repentance & Confession

278. 시편 19편

Psalm19

Terry Butler

내 입 술 의 - 말과 - 나의마음 의 묵 - 상이 - 주께
열 납 - 되 - 기 원 - - 하 네 내 입
술 의 - 말과 - 나의마음 의 묵 - 상이 - 주께
열 납 - 되 - 기 원 하 네 내 반 -
석나의 - 구원 - 자 나의 - 노래할 - 이유 - 주님 -
눈 에 축 - 복 되 - 길 원 하 - 네 모 든 -
순간순 - 간마 - 다 주의 - 종되길 - 원해 - 주님 -
눈 에 축 - 복 되 - 길 원 하 - 네 원 하 - 네

279. 그가 오신 이유

김준영&임선호

이세상 - 가장아 - 름다운 - 순종의눈물 -
온세상 - 다시빛 - 나게한 - 생명의눈물 -
그가이 - 땅에오 - 신이유 - 죽어야 - 살게 - 되고 -
져야만 - 승리하는 - 놀랍고영 - 원한신 - 비 지으신
그대로 회복시킨 우리의창조주 - 그리스도
- 십자가 의길로 - 아버지 뜻 이루셨네
그가이땅에 - 오신아유 이제우 리에게 맡겨진 그
소망그사랑 - 그생명 - 아름답고 눈부신
십자가의길 우리가 - 이땅 - 에살 - 아갈 - 이유 -

280. 주님 내 안에

임미정 & 이정림

언제나 - 내모습 - 너무나 - 부끄러워 -
무릎으 - 로주님께 - 기도로 - 가오니 -
나홀로 - 서있는 - 죽은내영깨우 사

주님만 나 를 깨워 내 영 살게하소서 - 주님
내안에 - 주님 내안에 - 내 안에계 시고 - 주님
내안에 - 주님 내안에 - 나를세워주소서 -

281. 주님 다시 오실 때까지

고형원
주님다시오실 때까지나-는 이길을가리 라 좁은
문 좁은 기 나 의십자가 지 고
나의가는이길 끝 에서나- 는 주님을보리 라 영광
의 내주 님 나 를맞아주 시 리
주님다시오실때까 지 나는일어나 달려가리라
주의영광온땅덮을 때 나는일어나노래하 리
내 사모하는-주 님-- 온세상 -구주시 라
내 사모하는-주 님-- 영광의왕이 시 라

282. 온전케 되리
Complete

Andrew Ulugia
주앞에나 와 -제 사를드리네 -마음 열
어 -내삶을드리네 -주를봅니 다 끝없는사 랑나
- - 회복 시-키-네 이제 눈 들어 주
보 네 그능력 날새 롭게 해 주 님
의 사랑날-만 지시니- 내 모든두-려움사라지
네 폭 풍 속 에도 주붙 들 고 믿음
으 로나 와 걷 네 갈 보 리 -언덕너머그
어 느날- 주 안에온전케 되 리

283. 주를 처음 만난 날

김석균
내가 처음주 -를만났 을때외롭 고도쓸 -쓸한모
내가 다시주 -를만났 을때죄악 으로몹 -쓸병든
내가 이제주 -를만남 으로죽음 의길벗 -어나려
습 - 말없 이 홀로걸어가신 길 은영-광 을 다-버린나그
몸 - 조용 히 내손잡아이끄 시 며병-든 자 여-일어나거
네 - 변찮 는 은혜와사랑베 푸 신그-분 만 이-나의구세
네 - 정녕 그 분이내형제구원 했 나 나의
라 - 눈물흘 리며참-회하였었 네 나의
주 - 주예수 따라항-상살리로 다 십자

영 혼도구 원하려 나 - 의심많 은도 마처럼
믿 음이뜨 거웠었네 - 그러나죄악 이나를
가 지고따 라가리라 - 할렐루 야주 를만난
물 었네 내가주 를처 음만난 날
삼 키고 내영혼 갈길 을잃었 네
이 기쁨 영광의 찬송 을돌리 네

284. 돌아서지 않으리

김영범

C F/C C F/C C F/C
주님뜻 대로 - 살기로 했네 -
이세상 사람 - 날몰라 줘도 -
세상등 지고 - 십자가 보네 -

C F/C C F/C C F/C C F/C
주님뜻 대로 - 살기로 했네 -
이세상 사람 - 날몰라 줘도 -
세상등 지고 - 십자가 보네 -

C F/C C F/C C F/C C F/C
주님뜻 대로 - 살기로 했네 -
이세상 사람 - 날몰라 줘도 -
세상등 지고 - 십자가 보네 -

C F/C Em7 Dm7 C F/C
뒤돌아서 - -지- 않겠네 ---

C F/C Em7 Dm7 C F/C
뒤돌아서 - -지- 않겠네 -

C G/F F C/E G/F F
어떠한 시련이-와도 - 수많은 유혹속-에도
이해못-하고 - 우리를 조롱하-여도

C Am D7
--- 신실하신 - 주님-약속 -만 붙들리라
--- 신실하신 - 주님-약속 -만 붙들리라

1.Gsus4 G 2.Gsus4
- - 세상이 - 결코

G C F/C C
돌아서지 않으리 -

Word & Music by 김영범 © beecompany(www.beecompany.co.kr). All rights reserved. Used by permission.

285. 예배를 드린 후

장진숙

Gsus4 C Dm7
예배를드-린후 - 삶으로돌-아가 - 삶으로주-님

G7 C Am7 G/B C
께 예배드-리네 - 나의삶은 주님앞-에서

Dm7 Dm/G G7 C Gsus4
- 얼마나진-실- 한 예배였-을 까 예배를드-릴때

C Dm7 G7
- 만난주-님은 - 내삶-속 에 늘함께하-시지

C Am7 G/B C F
- 교회를떠-날때 - 주님도떠-났던 - 나를속이-는

Dm7 G7 C FM7
예배 이제그만-할래 아 멘했던말씀-은

C/E Cm/Eb Dm7 C/E FM7 G7 Em7
삶으로-살아보자 율법의잣대보-단 따뜻한-사랑을

F Em Am7 F Dm7 G
높은곳-에오르려-는발 -돌이켜주님의 마음이있는곳으- 로

C Dm7 C/E F C Dm7 C/E
나의삶을거룩한산 제사로-드리-리 - 나의삶을거룩한산

F G7 C F G C
제사로-드리- 리 이것이내가드릴삶의 예배 -

우리에게 향하신

여호와의 인자하심이 크시고

여호와의 진실하심이

영원함이로다

시편 117:2

286. 나는 죽고 주가 살고

최인혁

나는 죽고- 주가 살고- 나는 없고- 주만
있으-면- 이땅 에서- 하나 님의- 아름
다운나-라이 루- 리 나는 리
내안에-서내가산다 면 육 체의열매맺으 며
내안에-서주가산다- -면-성령 의열--매를맺으
리 나는 죽고- 주가 살고- 나는
없고- 주만 있으-면- 이땅 에서- 하나
님의- 아름 다운나-라이 루 리
나는 죽고 주가 살면 나는 죽고 주가 살면
나는 죽고 주가 살면 주의나라이루-리

287. 아버지

김도현

그가 나를지-으시 -고-나를 세우셨-으니
- 나는 피 조물- - 그는 창조 -주-
-그가 나의체-질-아 -시-며나의 모든것이시니
- 나는그 의 자녀- 그 는 나 의아--버지 -
- 나를향- 한 선 하신사-랑으 -로-
- 나의앞길 을 인 도 하시-나니 -
- 때론나- 를 저산 높은곳-에두어
- 독수리같이 - 나를 강하게 만드시네
- 나의 하 --나님 - 나의 하 --나님
- 나의 하 --나님 - 내아버 지 -

288. 목마른 사슴

As The Deer

시 42:1
Martin J. Nystrom

목 마른 사슴 시냇 물을찾아 헤 매이 듯 이
금 보다 귀한 나 의주님내게 만 족주 신 주
내 영혼 주를 찾 기 에-갈급 하 -나 이 다
당 신만 이- 나의기쁨또한 나 의참 보 배
주님만 이- 나의힘 나 의방 패나의참 소망
나의몸 정성 다 바쳐서주님 경 배합 니 다

289. Born Again

주민정&김준영

주안 에 서 내 영혼 - 다 시 태 - 어 나
- 이 전 것은 지 나 - 고 새 롭 게 - 됐 네
- 죄 로 물 든 내 모 습 - 예 수 와 함 께 - 죽 고
- 부 활 생 명 내 안 - 에 새 로 운 삶 이 열 렸 네
- 너 희 가 나 - 를 - 택 한 것 이 아 나 - 요
- 내 가 너 희 - 를 택 하 여 세 웠 - 나 니
- 오 직 내 안 에 - 오 직 내 속 에 - 그 리 스 도 가 사 - 네
- 오 직 내 삶 에 - 오 직 내 맘 에 - - 그 가 주 인 되 - 셨 - - 네
- 내 생 명 - 그 안 에 - 그 의
생 명 내 - 안 - - 에 - 나 의 삶 - 이 이 전 과 -
같 을 수 없 - 네 - 내 생 명 같 을 수 없 - 네 - 오 직 내 안 에
Fine
D.S. al Fine

290. 예수 좋은 내 친구

My Best Friend

Joel Houston & Marty Sampson

완 전 한 사 랑 보 여 주 신 - 구 세 주 그 분 아 나 요
구 원 하 신 주 나 는 믿 네 - 부 활 하 신 주 나 믿 네
그 아 들 우 리 에 게 주 신 - 하 나 님 그 분 아 나 요
다 시 오 실 왕 나 는 믿 네 - 그 분 과 영 원 히 살 리
그 사 랑 알 - 기 에 - 그 아 들 나 - 는 믿 - 네
날 이 끄 소 서 예 수 좋 은 내 - 친 구
- 내 곁 에 게 시 네 - 영 원 히 변 - 치 않 - 네 -
예 수 좋 은 내 - 친 구 - 내 곁 에 계 시 네
- 영 원 히 변 - 치 않 - 네 - -
영 원 히 변 - 치 않 - 네 영 원 히 변
- 치 않 - 네 - 영 원 히 변 - 치 않 - 네
영 원 히 변 - 치 않 - 네 - -

291. 날 세우시네
You Raise Me Up

R.Lovland&B.Grahan

나 지치고 내영-혼 연약-할-때- 근심속
열망없 는 그런-삶은없-으---리 끊임없
에 내마음-무거워 주오셔서 함께하실--때
이 고통치-는가슴 주오셔서 경이로날--채
까지- 나잠-잠히 주님-을기-다려 날세우
우고- 영원-한삶 나에-게주-시네 날세우
사 - 저산 에우-뚝 서 리- 날세-우
사- 풍랑가운-데 도 함께 하 -심나강하-게
하 네 날세우 사 모든것할수- 있네

292. 주의 신을 내가 떠나
Where Could I Go From Your Spirit?

사139:7-14

Kelly Willard

주의신을내가 떠나 어디로피-하리 까
주는모든-것아 시 오니 어디로다-니리 까 내가
새 벽날 개 치며- 저 바다끝에-거해 도
어둠도숨-기지 못하리라- 주님의손-이날 인도해-
주님은내-모든것 - 을 - 지으신분-이시 니
주님의위-대하심 - 을 - 내가고백-하리 다

293. 주님만이

정종원

내 안 에-살아계-신주- 나 따 -르기원
해 주 음 성-따라살 -기를- 나 간 -절히원
해 헛된 것 을 구하지않 -으 리 -더이상
마 음주지-않으리 - 주님만 - 항상섬

-기 며-그영광 - 안에--살리 - 주님만
- -이나의 구원- 주님만 - -이나의
전 부- 주님만 - -을사랑 해요- 주님만
- - - - 주님만 - -

294. 예수 나의 첫사랑 되시네

Jesus You Alone

롬12:1-2

Tim Hughes

예수 나의 첫 사 랑 되시 - 네   내 첫 - 사 랑 - 지
존 자 되신 그 리 스 도 예 - 수   찬 양 - 하 리 -
보 좌 앞 에 나 의 삶 이 향 기 로 운 제 사 로
주 께 드 려 지 기 원 하네 -
오직주만 바 - 라 보 - 며   나의삶을 드 - 리 네 - -
나의온전 한 - 열 정 - 과   나의찬양 되 - 시 네 - -
다른길은 찾 - 지 않 - 으 리 -
주의길을 따 - 라 가 - 리 라 -

295. 나 비록 가진 것 없으나

유상렬

나비록가진것없으 - 나 - - 내 힘만으론살수없 - 으
나   우리주 예 수 나와 동 행할때 - 그
누구도 - - 부럽지 않으리 - -   지난날 어두웠던
순 간 - - 내 자신만을 고 - 집 - 했 네   우리
주 예 수 내게 임 하 셔서 - 내 모든것을바 꾸셨
네   나 비록 가진것없 으 - 나 -   내
힘만으론 - 살수없으 나   나의주하나 - 님크신
그 사랑으 - 로 - 나 영 - 원히누 리 리

296. 내 안에 사는 이

Christ In Me

Gary Garcia

내 안에 사는 이   예 수 - 그 리
스 도 - 니   나의죽음 도   유
익 - 함 이 라   나 의 왕 내 노

래   내 생 명 - 또 내기 쁨   나의
힘   나의검 내 평 화 - 나의
주 - 익 - 함이 라

297. 나의 만족과 유익을 위해
All I Once Held Dear (Knowing You)

빌 3:7-11

Graham Kendrick

나의 만족과 유익을 위-해 가지려 했던 세
의 능력 체험 하면-서 주의 고난에 동
상 일들 이젠 모두 다 해로 여기-고 주님
참 하고 주의 죽으심 본을 받아-서 그의
을 위해 다 버리 네 내안에 가장
생명에 참 예하 네 내안에 가장
귀한것 주 님을 앎이 라 모든 것 되시며- 의와
기 쁨되신주 사랑 합 니 다 - 부활
합 니 다 - 나의 주

298. 내가 그리스도와 함께

박윤호

내가 그 리 스 도 와 함 -께 십자
가 에 못 박 혔나 니 _ 그런
즉 이 -제 내가 산 것아니 요 오
직 내안 에 예수 께 - - 서 사
신 - 것 이 라 - 이제
내 - - 가 육체 가 운 - 데 사
는 것 은 - - - 나 를
사 랑하사 자 기 몸 버 리 신 예수
위 해 산 것 이 라

D 회개와 고백

299. 오직 주의 사랑에 매여

고형원

오직 주의 -사랑에매 여 내영 기뻐노래합니
주의임재안에갇 혀 내영 기뻐노래합니
다 이소 망의언덕 기 쁨의땅-에서
다 이소 명의언덕 거 룩한땅-에서
주 께 사랑드립니 다 오직 주 께경배드립니

다 주께 서 주신모든 은 혜 나-
는 말할수 없 네 내영 혼 즐거-이 주
따르렵-니다 - 주 께 내삶드립니 다 -

300. 우린 걸어 가네

이종현
혼자 라고느- 낄때 - 늦었 다고생- 각할
-때 -더는 안될거-라말할 -때 우릴찾아오-시네
- 더이 상은안- 될때 - 내힘
으론못 할때 - 닫힌 문을여 시고 - 빛을밝혀주-시네
- 그 곳 은- 아직은미약
하 나- 주가밝 -혀주-시니 - 따라가려하
-네 - 우 리 는- 아직은연약
하 나- 우린닮 -아가네- 우리를새롭
-게하-시네 - 그가 걸었던길-을따 -라 -밝혀
주시는길-을따 -라 우린걸어가네 - 한걸음뿐일
지 라 도- 그가 보 여주-신사 -랑 - 우리
마음깊은-곳 에 - 알 게 하 셨네 -
우릴끝 까지 살 아 가게 - 하시네 -

301. 말씀하시면

김영범
주님 말씀하-시면 - 내가 나아가-리다
- 주님 뜻이아-니면 - 내가 멈춰서-리다
- 나의 가고서-는것 - 주님 뜻에있-으니
- 오주 -님- 나 를이끄-소 -서-
주님 뜻하 신 그 곳에
- 나있 기원합-니다 - 이끄 시 는-대로
- 순종 하며살-리니 - 연약 한내-영혼
- 통하 여일하-소-서- 주님
나 라와- 그 뜻 을위-하여 - 뜻하
오 - 주 -님- 나 를이끄-소 -서-

302. 나의 참 친구

김석균
D G D A7
예수- 보다- 더좋은친구없 네
D G D A D
예수- 보다- 더좋 은친구없 네
G D
괴로울때- 다가 와서 마음에평화주 는
A7 D D7
신 실 하 신 나의참친 구 -
G D
외로울때- 찾아 와서 친구가되어주 는
G E A7
사 랑많 은 나의참친 구 -
D G D
주 예 수 사랑하리 라 나의생명
A7 D
다 할때까 지 - 주 예 수
G D A7 D
사랑하리 라 나의생명 다할때까 지 -

303. 주님의 마음으로 나 춤추리

Teach me to dance

Graham Kendrick & Steve A. Thompson

D S G
주님의마 음으로나춤추 -리 성령의능
음으로사랑하 -리 주님약속
A D
력으로따라가 -리 주님의빛 가운데걸어가
의말씀신뢰하 -리 다시오실 주님바라보리
G D/A A7 1.3.5 D
-리 주님의마 음으로춤추리 - 주님의마
2.4 D A/C# Bm E7/G#
- 주 는생명의근 원
매 일의삶 속에 서
A D/F# G D/A A
하늘과땅의주인 주안에넘치는 기 -쁨
주님을위한사랑 순종으로주께 드 -려
Bm E7/G# A D/F# G
주님의아이되어 기쁨의- 춤추리 주님의영광을
나의모든힘다해 주님께경배하리 나의모든것다
G/A A G/A A D.S. al Coda
위 --한 기 --쁨 주님의마
드 --려 찬 --양 주님의마
D G D/A A7 D
-주님의마 음으로춤추리 -

304. 나 무엇과도 주님을

Heart And Soul

Wes Sutton

D A/C# G/B D/A
나 무엇과 -도주님을바 -꾸지 - 않으리-
G A D A(sus4) A
다른 어떤-은혜 -구 하지않 -으리- 오직
D A/C# G/B D/A
주님만 - 이 내삶에 - 도움이 -시니 - 주의

G A D C/D D7 G A
-얼굴보기 -원합니다 - 주님 사 랑 -해요
Bm Bm/A G A Bm Bm7/A G A
- 온맘 과 정성다해 - 하나 님 --의
Bm A G D/F# Em7 A D
신 실 -한 -친 구되기 -원합니다

305. 주 달려 죽으신 십자가

I. Watt & 오경희
주 달려 죽으신 십자가 우리
못 박힌 손 발 보니 큰 자
가 생각 할 때에 세상에 속 한 욕
비 나타 내셨네 가시로 만 든 면류
심 헛된 줄 알고 버리네 죽으
관 우리를 위해 쓰셨네 온 세
신 구주 밖에는 자랑 을 말게 하소
상 만물 가져도 주은 혜 못 다 갚겠
서 보혈 의 공로 입어서 교만
네 놀라 운 사랑 받은 나 몸으
한 맘을 버리네
로 제물 삼겠네

307. 이와 같은 때엔

In Moments Like These

David Graham
이와 같은 때엔 난 노래하네 사
랑을 노래하네 주 님 께 이와
같은 때엔 손 높이 드네 손
높이 드 네 주님 께 주님
사 랑 해 요
사 랑 해 요

306. 사슴이 시냇물을

박명선
사 슴이 시냇물 을 찾 기에 갈급함 같
이 내 영 혼이 주 를 찾고자 주
를 갈망 합니다 주 여 어찌합니 까
사람 들이 하는 말이 네 하 나님 이 어디
있 느뇨 어디 있 느뇨 내가 밤낮으 로 눈
물 흘리니 주 여 어찌합니 까 내
영혼 아 네가 어 찌하여 낙 망하 느
냐 네가 어 찌하여 불
안 하 는고 너는 너의 하나 님을 바 라
라 네 얼굴 을 도 우시 는 네
하 나 님 을 살 아 계시는 네
하 나님을 너는 너의 하나님을 바 라 라
사 랑 해 요 주님 사
랑 해 요 주 님

D 예배와 찬양

308. 주 없인 살 수 없네

박기범

세 상 다 변 - 하 고 이 삶 의 끝 이 - 와 도
좋 으 신 아 - 버 지 진 실 하 신 - 친 구
주 없 인 살 - 수 없 네 -
주 만 이 내 - 영 광 변 치 않 는 - 진 리
내 소 망 내 - 위 로 내 영 광 내 - 기 쁨
주 없 인 살 - 수 없 네 - 내
주 없 인 살 - 수 없 - 네 - 내
주 없 인 살 - 수 없 - 네 - 내
인 생 의 등 - 대 내 삶 의 소 망 - 내
주 없 인 살 - 수 없 - 네 -

309. 주님을 따르리

Follow Me

Moris Chapman

주 님 - 을 따 르 - 리 내 십 자 가 자 - 고 주 따 르 -
리 주 님 - 을 따 르 - 리 내
십 자 가 자 - 고 주 따 르 - 리 주 를 따 르 려 거 - 든 자 기
를 부 인 하 - 고 따 르 라 - 주 를
따 르 려 거 - 든 자 기 십 자 가 지 - 고 따 르 라
- 주 님 이 네 안 에 충 만 - - 히
거 하 시 도 - 록 - - 자 기 를 부 인 하 - 고 자 기
십 자 가 를 지 고 따 르 라 - 주 님 이 너 의 삶 을
통 - - 해 영 광 을 받 으 시 도 - 록 - - 자 기
를 부 인 하 - 고 자 기 십 자 가 지 - 고 따 르 라
우 리 다 함 - 께 주 님 - 을 따 르 - 리 내
십 자 가 지 - 고 주 따 르 - 리 주 님 - 을 따 르 -
리 내 십 자 가 지 - 고 주 따 르 - 리

310. 나의 나 된 것은

정옥희 & 설경욱

1. 내가 할 수 있는 것이 - 무엇인지 - 나는 - 몰랐네 -
하지만 주님의 능력 - 날 붙드사 - 내게 기름 부어 -
2. 내가 정말 가치 있는 - 사람인지 - 나는 - 몰랐네 -
하지만 주님의 은혜 - 내게 임해 - 기름 부으실 때 -
마른 막대기 같은 나 - 나는 지극히 작 - 은 자 -
이제 나는 모든 일을 - 할 수 있 는 자 되 - 었네 -
많이 수고했 - 어도 - 여전히 난 무익 - 한 자 -
이제 나는 주 뜻 이룰 - 존귀한 자 되 - 었네 -
나 의 나 - 된 것은 - 하나님의 - 은혜 - 라네
- 주의 그 사랑 - 나 의 나 - 된 것은 - 하나님의
- 은혜 - 라네 - 주의 그 사 - 랑 -

311. 나 주 앞에 서서
Now That You're Near

Marty Sampson

나 주 앞 에 서 서 - 찬양을 드 리 네 -
내 삶 주 께 있 네 - 주 생명 주 셨 네 -
- 내 가 필 요 한 것 - 예 - 수 - 주 의 사 - 랑
내 가 필 요 한 것 - 예 - 수 - 주 의 은 - 혜
주 의 품 - 안 에 - - 품 어 주 - 시 니 -
- 주 님 과 함 께 영 원 히 - 살 리 - 이 제 주 계 시
니 모 든 것 - 다 - 변 해 모 든 것 - 다
변 하 네 이 제 달 라 진 - 나 - 바 뀐 내 - 삶
- 나 주 님 과 - 함 께 - 있 기 를 원 - 하 네
- 나 항 상 주 - 만 찬 - 양 - 해 -
주 님 계 - 신 - 곳 - 에 - 나 있 - 기 원 - 하 네

312. 여호와여

출15:11

SFC 백민수

여 호 와 여 신 중 에 주 와 같 은 자 누 구 니 - 이 까 주 와
같 이 거 룩 함 에 영 - 광 - 스 러 우 며 찬 송
할 만 한 위 엄 이 있 - 으 며 기 이 한 일 을 행 하 는 자
누 구 니 이 까 누 구 니 이 까

313. 나의 주 나의 하나님이여

Adonai, My Lord My God

Stephen Hah

나의 주 나의하나님 이여 주 를경배합니
다 주 사 랑하는나의마 음을 주께
서 아시나이 다 1.깨 뜨 릴옥합내게
2.고 통 속에방황하
없 으며 주께 드 릴향유없지 만 하
는 내마음 주 께 로갈수없지 만 저
나 님형상대로 날 빛으사 새 영 을내게부어
항 할수 없는 그 은혜로 주 님 의길을걷게
주 소 서 나의 다
하 소 서 나의

314. 일어나 걸어라

최용덕

나 의등 뒤에서 나를 도 우시는 주 나
나 의등 뒤에서 나를 도 우시는 주 평때
나 의등 뒤에서 나를 도 우시는 주 매
의 인생 길에서 지치 고 곤하 여 매
안 히길 을갈땐 보이지 않아 도 지
때 로뒤돌아보면 여전히 계신 주 잔
일처럼주저 앉고싶을 때 나를 밀어주시네
치고곤하여 넘어질때 면 다가와손내미시네
잔한미소로 바라보시 며 나를 재촉하시네
일 어나 걸 어라 내가 새힘을주리 리
ㅇ ㅇ야! 일어 나라 주께 서새힘주리 니
일 어나 너걸 어라 내 너를 도 우 리

315. 예수님이 좋은걸

이광무

예 수님 이 좋 은걸 어 떡합 니 까
예 수님 이 좋 은걸 어 떡합 니 까
세 상 에 어떤것도 비 길수 없 네
날 위 해 십 자가를 지 신예 수 님
예 수님 이 좋 은걸 어 떡합 니 까
예 수님 이 좋 은걸 어 떡합 니 까

316. 나는 믿음으로

As For Me

시 17:15

Daniel Dee Marks

나 는 믿음으로 주 얼굴보리니
아침에깔 때에 주형상에만족하 리
나주님닮 기 원하 네 믿음으
로 주얼굴보 리 라

317. 주를 향한 나의 사랑을

Just Let Me Say

마22:37-38

Geoff Bullock

주를향 한 나의 사 랑을 주께 고백하게하소 서 아름다
부드러 운 주의 속 삭임 나의 이름을부르시 네 주의능
온맘으 로 주를 바 라며 나의 사랑고백하리 라 나를향

운 주의그늘아래 살며 주를보 게하소서 주님
력 주의영광을보 이사 성령을 부으소서 메마
한 주님의그크신 사랑 간절히 알기원해 주의

의 말씀선포 될 때에땅과 하늘진동하리 니 나의사
른 곳거룩해 지 도록내가 주를찾게하소 서 내모든
은 혜로용서 하 시고나를 자녀삼아주셨 네 나의사

랑 고백 하 리라 나의 구주나의친 구
것 주께드 리리 나의 구주나의친 구
랑 고백 하 리라 나의 구주나의친 구

318. 내가 어둠 속에서

마6:6

문경일

내가 어둠-속에서- 헤맬때에도- 주님
내가 은밀한곳에서- 기도할때도- 주님
힘이 없고-연약한- 사람들에게- 주

은은 함께계셔 내가 시험-당하여-
은은 함께계셔 내가 아무도모르게-
은은 함께계셔 세상 모든-형제와-

괴로-울때도- 주님은은 함께계
선한일할때도- 주님은은 함께계
자매-들에게- 주님은은 함께계

셔 기뻐찬양하네 할렐루 할렐루야 할렐
루 할렐루야 우리모두찬양 할렐루 할렐루
야 --- 주님나와함께계시 네

319. 내 이름 아시죠

He Knows My Name

Tommy Walker

나를-지은 신주님- 내안-에게셔 -
그는-내아 버지 난그-의소유 -

처음-부터 내삶은- 그 의손에-있었죠-
내가-어딜 가든지- 날 떠나지--않죠-

내이-름아 -시죠- 내모-든생 -각도-

내흐-르는 -눈물- 그 가닦아-주셨죠 -
아바-라부 -를때- 그 가들으--시죠 -

320. 사랑해요

I Love You Lord

Laurie B. Klein

사 랑해요 -목소 리높여 -경
배 해 요 내영 혼 기뻐-오
나 의왕 - 나의목 소리 - 주님귀에
곱 게곱 게 올 리길 -

321. 나의 부르심

Scott Brenner

E   A/C#   F#m   B   B/A
나-의부르심-   나의영원-한소-망
G#m   C#m   A   A6   Bsus4 B
예수님의-형상-을 닮 - - 는것 -
E/G#   A/C#   F#m   B   B/A
나-의목적-   나의높은-부르-심
G#m   C#m   A   F#m/A   Bsus4 B/A
세상을뒤로-하고-주위 -해사-는것 -
G#m   C#m   A   B   B/A
덮 으-소서-   주 -거-룩한-품에-품으
G#m   C#m   A   B   B/A
- -소서- -이곳 이나속-한곳-오예-수
G#m   C#m   A   B   B/A
이 끄-소서- -주 얼굴보-기위-해은-밀한
G#m   C#m   A   Bsus4 B7
- 곳 으로- -내가 나 아갑-니 다-

322. 내 주 같은 분 없네

There's No One Like You

사43:11-12
Eddie Espinosa

E   F#m11   B7   Esus4 E
내주같-은 분 없-네 - 그어-느 누 구-도-
C#m7   F#m11   B7   A6/E   E
- 내생명-다 하 도록 - 주얼굴-만 구 하-리-
E   F#m11   B7   Esus4 E
- 내주같-은 분 없-네 - 그어-느 누 구-도-
C#m7   F#m11   B7   E
- 내주같-은 분 없-네 - 이땅-위 -에-
E7   A   B/A   G#m
오하-나 님 - 주나의모-든 -것-
C#m   F#m9   B7   E
- 내주같-은 분 없-네 -이땅-위 -에-----
E7   A   B/A   G#m
- 오하-나 -님- - 주나의모-든 -것-
C#m   F#m9   B   Esus4   E
-내주같-은 분 없-네 -이땅-위 -에- -

323. 마음의 예배

The Heart Of Worship

요4:24
Matt Redman

E   B   F#m7   B
찬양의열기 -모두끝-나면 - 주앞에나와 -
영원하신왕 -표현치-못할 - 주님의존귀 -
E   F#m7   B(sus4) B
더욱진실한 -예배드리네 - 주님을향한 -
가난할때도 -연약할때도 - 주내모든것 -
F#m7   E/G#   B(sus4)   F#m7   E/G#   B(sus4) B
노래이상의노래 - 내맘깊은곳에 주께서원하신것 -

F#m7   E/G#   B(sus4)   F#m7   E/G#   B
화려한음악보다 - 뜻없는열정보다 중심을원하시죠 -
E   B/D#   F#m7
주님께드릴맘 -의예 -배 주 님을위한- 주
A   B(sus4)   E   B/D#
님을향한-노래 중심잃은예배내 -려놓 -고 이제
F#m   A   B7(sus4)   E
나 돌아와- 주 님만예배-해요

324. 호세아

윤석주
다시복음앞-으로 - 우리주께돌-아가 -
다시복음앞-으로 - 우리주께엎-드려 -
여호와는우-리 힘 이- 요그의 자비는--영원
여호와를찾-을 때 이- 니공의
-하니- 를심고--인애를거두 라 오
라 -우리가 주 께로돌-아가-자-그 의 공의는새벽빛
같 으니- 오 라-우리가 주 께로돌-아가-자-그
의 긍휼은영원하니 - 우 리
다시복음앞-으로 - 우리생명을-걸고 -
여호와를찾-을 때 이- 니 공의 를심고--인애를거두
라 오 모든죄-악과 우리 모든행-위를- 정
직히주-앞에 회개하여 - 둘째 날에살-리어 셋째
날에일-으킬- 십 자가-앞으로나아가세 -
오 라-우리가 주 께로돌-아가-자-그
의 공의는새벽빛 같 으니 - 오 라-우리가 주

께로돌-아가-자-그 의 긍휼은영원하니 -

325. 두려운 마음 가진 자여

He Will Come And Save You

Gary Sadler & Bob Fitts

두려운마음- 가진-자여- 놀라-지말라 - - -
주너의하나님 - 강한손으로- -주이름부를때 --
주 님구하시리 - 주오 셔서
구 하 - 시 리 - 주오셔서 구 원하 - 시리
- 약한자들 -에게 강한능력 -으로 주오셔서
- 눈을들어 -보라 회복의능 -력을 주오셔서
구원하--시리 - 주오셔서 구원하--시리 Fine
환 난중에내-피난처 되 시 며 폭풍
가운데서날보호해 - 슬 픔과전쟁속에구하
- 시는- 강한 성루가되시네 - - 주오셔서

326. 주님만 섬기리라

이동환
E F#m7 B7
나의 마음은- 주 님의 전이요-
F#m7 B7 E
나의 마음은-- 주 님의 집이라-
A B/A G#m7 C#m7
주님 나의삶-의 주 인 되시니-
F#m7 B7 E A/B
주님만바-라 봅니다- 주 님-
E B7 C#m
만 섬 기-리 라 주 님-
F#m7 Bsus4 B A/B
만 섬 기-리 라 내 평-
E EM7 E7 A
생 사 는-동 안 주 님-
E/B B7 E
만 섬 기-리 라

327. 지존하신 하나님
Your Name Is Holy

벧전1:18-21
Brian Doerksen
E B C#m A
지 존 - 하 신 하 - 나 님 그 이름거 -룩
전 능 - 하 신 하 - 나 님 그 이름거 -룩
E B C#m A
흠 없 -고 순 결 - 하 신 하 나 님어 -린
예 수 - 는 그 리 - 스 도 하 나 님의 -아
1. E Bsus4 C#m A 2. E
Fine
양 들 양 들
E/G# A B
주 이름 - 안에 죄 사 - 함과 - 참된
E/G# A F#m E/B
구 원 - 있네 - 그 이 름 거룩
B E/G# A B
- 주 이름 - 안에 힘 과-능력 - 우
D.C. al Fine
E/G# A F#m E/B Bsus4 B
릴붙드--시네 - 그 이 름 거룩 -

내가 산을 향하여 눈을 들리라

나의 도움이 어디서 올까

나의 도움은 천지를 지으신

여호와에게서로다

121:1, 2

328. 하늘 소망

민호기

나 지금은- 비록-땅을 벗하며-살지라도-
내 영혼- 저하늘을- 디 디며-사 네-
내주 님계-신 눈 물없-는 곳-
저하늘 에-숨 겨둔 내소 망-있네-
보고픈 얼굴들 그리운이름들 -
많 이생-각 나- 때론 가 슴-터지도록- 기
다 려지-는 곳- 내아 버지- 너
른품날-맞으-시 는- 저하늘 에-쌓 아둔
내 소 망-있 네- 주 님
그 나라에 이 를 때 까지- 순 례
의 걸음-멈 추 지않-으 며 - 어떤
시 련이-와 도- 나 두렵지-않 네- 주와
함 께걷-는 이 길에-

329. 광야에서

SFC 주!앙모

광 야에-서 내가주를 찾-네- 빈 들에-서 내가주
를 부-르네 내 영혼-이 주를갈 망하-네- 내
육 체가- 주를앙모하 네 주 의 권-능 영광을
보 려-하여 성 소-에서 주를바 라-보네 내
영 혼-이 주를갈 망 하-네- 내 육체가- 주를앙모하
네 - 주의 인 자-가생명보다 나으므로 내
입 술 이 주를찬 양하리라 주의 앙하-리-라-
광 야에서찬 - 양 하리 - 성소에서 처 럼
주 는나의피
- 내평생에 - 두손- 들-어 -
- 난 처 - 주 는나의 - 능 력 - 나의승리
- 나의- 기-쁨 - 영 원히고백-하 리 -

330. 내 마음을 가득 채운

Here I Am Again

Tommy Walker

내마음을가득채운 주향한찬양과사랑 어떻게표현할수
수많은멜로디와 찬양들을드렸지만 다시고백하기원
있나 수많은찬양들로 그맘표현할길없어
하네 주님은나의사랑 삶의중심되시오니
다시고백합니다 - 주 사
주를찬양합니다 - 주 사
랑 해요 온맘다하여 말로다-할수-없어-
오---주 사 랑해요 찬양받아주 소서
1.A/C# B/D# 2.E B C#m7
Fine
주님사랑다시고백
하는새날주심감사 해--요-
하는찬양주심감사 해--요-
D.S al Fine

332. 아버지 사랑합니다

Father I Love You

Scott Brenner

아 버지- 사 랑합 니다-
예 수님- 사 랑합 니다-
성 령님- 사 랑합 니다-
아 버지- 경 배합니다- 아 버지-
예 수님- 경 배합니다- 예 수님-
성 령님- 경 배합니다- 성 령님-
채 워주소서- 당신의 - 사 랑-으로 -
채 워주소서- 당신의 - 사 랑-으로 -
채 워주소서- 당신의 - 사 랑-으로 -

331. 예수님을 따라가세요

이진선&유효림,김지홍

아 파 도 아 프 다 - 는 말 못 하 고- 뒤 를 돌 아
봐도누구하나없을때 - - - - 외로워눈물이-나고
더이상버틸수-가없 -을때- 이노 랠 들어요-
그모-든의미가 - 사 라지고- 버 려지고
찢겨포기만이남을때 - - - - 울다가울다가-지쳐
더이상슬퍼할-힘없 -을때- 이노 랠 들어요-
예 수님-을따- 라 가-세요 - 그 대-가
전부이-신유-일한사랑 - - - - 당신을위
-해 죽었고- 당신을위 -해 사신분--
1.Fm Bbsus4 Bb7
예 수님- 을따- 라가-세 요 -
2.Fm Bb7 Eb
예 수님- 을따- 라 가 세요 - - - - -

333. 영광의 길 너 걷기 전에

윤종하
영광의 길 - 너걷기 전에 - 갈보리 길 - 너걸으
길헤메 는 - 영혼을 위 해 - 십자가 의 - 길이있
고난의 길 - 앞서가신 주 - 가시관 에 - 머리찔렸
라 - 네모든 것 - 주께맡긴 후 - 하늘문
네 - 죄에빠 진 - 영혼을 위 해 - 주님께
네 - 그십자 가 - 날마다 보 네 - 내모든
을 - 바라보 라 - 하늘가 는 - 다른길
서 - 피흘렸 네 - 하늘가 는 - 다른길
죄 - 다씻겼 네 - 하늘가 는 - 다른길
없 네 - 오직예 수 - 오직한 길 - 영광의
길 - 너걷기 전에 - 갈보리 길 - 너걸으 라 -

334. 예수님 예수님

장동주
예 수 님 예수님 - 나와 함께계 시네 - 어느
예 수 님 예수님 - 나와 함께계 시네 - 변함
예 수 님 예수님 - 나의 구주예 수님 - 예수
곳 에 가 든지 - 나를 지켜 주시고 - 십자
없 는 그 사랑 - 항상 보여 주시고 - 십자
님 - 예 수 님 - 나의 전부예 수님 - 예수
가 의은 혜로 - 나를 살게 하시네 - 예 수
가 사 랑으로 - 내게 힘을 주시네 - 예예 수
님 - 예 수 님 - 나의 사랑 예 수님 - 예예 수
님 나 의왕 - 예 수 님
님 나 의왕 - 예 수 님
님 나 의왕 - 예 수 님

335. 주 알기 원해

양희삼 & 이현주
입으로는 주 를부-르네 그러나내맘 멀 리있-네-
그래도주님 날 사랑-하네 측량할수없 -는-주-의사랑
나 주를알기 -원해 주께서날알 -듯이
주 사랑하기 -원해 주께서날 - 사랑하듯 --이
--이 주알기원해 -

336. 온 맘 다해

With All My Heart

Babbie Mason
주 님과함께하는 이 고요한-시-간 주 님의보좌앞에 내
나 염려하잖아도 내 쓸것아-시-니 나 오직주의얼굴 구
마음을-쏟-네 모든것아시는주님 께 감출것없 네 내
하게하-소-서 다 이해할수없을때라 도 -감사하 며 날
맘 과정성다 해 주 바라나-이- 다 온 맘 다
마 다순종하 며 주 따르오리- 다 온 맘 다
해 사랑합 니 다 - 온맘다 해 주알기 원하네 내모든
삶 당신것 이니 주만섬 기 리 온맘다 해

337. 나의 모습 나의 소유
I Offer My Life

롬12:1

Claire Cloninger & Don Moen

나의모습- 나의소유- 주님앞에-모두드
어제일과- 내일일도- 꿈과희망-모두드
-립니다- 모든아픔- 모든기쁨- 내
-립니다- 모든소망- 모든계획- 내
모든눈물- 받아 -주소서 -
손과마음- 받아 -주소서 -
나의생명을드 -리니 주영광위 -하여-
사용하옵소서 내가사는날동 -안에 주를찬양
-하며 기쁨의제물 되리 -
나를받아주소 -서
Fine
서 우리가진- 이모든것들-을다
주께서우-리에게 주시었네- 몸밖에드-릴것이
-없으니 내삶을받아-주소 서
D.S al Fine

338. 사랑으로

장진숙

나에게-주어진 - -수많은책임 에 나를부인-하
고 희생이필요할때 나는빈우물-처럼 - 마른마음을-
주님앞에 가져갑-니다 사랑으로 - 주의사랑으로
- 메마른 나의영혼채워주-소 서 십자가의
- -흘리신피가 - 나의삶에 - 사랑으로
- -흐르게하소 서 어떤귀한 말 도-어떤귀한
일도- 사랑없이- 는 아무것-도 아님을- 사랑없는
열정은-사랑없는 지식은- 우리삶에 어떤꽃도- 피우지
못하네- 사랑으로 - 주의사랑으로 - 메마른
우리영혼채워주-소 서 십자가의 - -흘리신피가
- 우리삶에 - 사랑으로 - -흐르게하소 서

339. 소원

한웅재

F C²/E Dm F/C
삶 의작－은일－에도 － 그맘을알－기원－하네

B♭² F/A Gm B♭/C
－ 그길－ 그 좁은길－로가 － 기원 － 해

F C²/E Dm F/C
나 의작－음을－알고 － 그분의크－심을－알며

B♭² F/A Gm B♭/C
－ 소망 － 그 깊은길－로가 － 기원 － 하네

F B♭m⁷/C C⁷ Dm
－ 저 높이솟－은산 － 이되－기보

Am⁷ Dm
－다 여기 오름직 － 한동 － 산이 － 되길

Am⁷ Dm
－ 내 가 는길 － 만비 － 추기 － 보다

Am⁷ B♭² G
－는 누군 가의길 － 을비 － 춰준 － 다면

B♭/C C⁷ F C²/E
－ 내 가 노 － 래하 － 듯 이

Dm F/C B♭² F/A
－ 또내 가얘 － 기하 － 듯이 － 살길 － 난

Gm B♭²/C F C²/E
그렇게 － 죽기 － 원하 네 삶 의한 － 절이 － 라도

Dm F/C B♭² F/A
－ 그분 을닮 － 기원 － 하네 － 사랑 － 그

Gm B♭²/C 1.2.F 3.F
높은길 － 로가 － 기원 － 하네 － 그
좁은길 － 로가 － 기원 － 하네 － 그
깊은길 － 로가 － 기원 － 하네

340. 전심으로

With All I Am

Reuben Morgan

F Am/E C/E
주님 손에 － － 맡 겨드 － 리리
주와 함께 － － 걸 어가리 － － 라

Dm Am/C B♭ Csus4 C F
－ 나의 삶 － 주님께 － － 주님손이
－ 모든길 － 을 － 주신뢰 － 해 주뜻안에

Am/E C/E Dm Am/C
－ 나의삶 붙드 － 네 － 나 주 의 － 것은
－ 나 － 살아가 － 리 － 주의약 속 － 은

B♭ Csus4 C Gm C
－ 영원 히 － － 내가믿 － 는분
－ 영원 해 － － 내가믿 － 는분

F C/E B♭/D F/A C/A
－ 예 수 － 내 가속 － 한분 － 예 수

B♭ Gm Last time to Coda
－ 삶 의이 유되 － 시 네 － － 내 노 래되 － 시 네

1.Csus4 C F Fsus4
－ － 전심 － 으로

2.Csus4 C 3.Csus4 C
－ 내 가믿 － 는 분 － 전심 － 으

Fsus4 F F² Gm⁹ Csus4 C
로 경 배하

Fsus4 F F² Gm Csus4 C
－ 리 － 경배하 － 리 라 － 경배하

Fsus4 F F² Gm Csus4 C D.S al Coda
－ 리 － － 경배하 － 리 라 － 내가믿 － 는분

Csus4 C F
－ － 전심 － 으 로

341. 약할 때 강함 되시네

Dennis Jernigan
요1:29
약할때 강함 되시 네 나의보 배 가 되신
십자가 죄 사 하셨 네 주님의 이름 찬 양
주 주나의모 든 것 ― ― ― ― 주 안에 있는보물
해 주나의모 든 것 ― ― ― ― 쓰러진나를세우
을 나는포 기 할수없 네 주나의모 든 것
고 나의빈잔을 채우 네 주나의모 든 것
예 수 어린양 존귀한이 름 ― ― ― ―
예 수 어린양 존귀한이 름

342. 주님을 사랑하리라

이연옥 & 김석균
세상은 날유혹하지 만 ― 나는주 님을사랑하리 라 ― 고난의
십자가생각하 면서 ― 주님만 을 사랑하리 라 ― 갈대같
은나의마음 이 ― 세상풍 파에흔들리지않 게 ― 주님의
능력을입혀주 소서 ― 주안에 서 승리하리 라 ― 많고많
은 ― 사람중에 ― 너는내 것이라 ― ― ― 인쳐주
신 ― 하나님을 ― 따르리 라 ― ― ― 구원의
주님 ― 생명의 주님 ― 능력의 주님을 ― ― ― 찬양하
며 ― 감사하 며 ― 섬기리 라 ― ―

343. 이 땅에 오직 주 밖에 없네

정종원
이땅에 ― 오직 ― 주밖에 ― 없네 ― 그무엇도
― 나를 ― 채울수 ― 없네 ― 주님의 ― 평안 ― 내안에
― 있네 ― 그누구도 ― 빼앗을수없네
Last time Fine
세상은변 ― 해가 ― 고 소망은힘 ― 을 잃 ― 어도 ― 변
폭풍이몰 ― 려와 ― 도 두려움물 ― 러 가 ― ― 네우
이세상어 ― 디에 ― 서 평안을찾을수 있 ― ― 나목
우리가바 ― 래왔 ― 고 꿈꾸어왔 ― 던 미 ― 래가 ― 그

1.3 Gm7
함없이 ― 붙드 ― 시는 ― 그 구원의 ― 손길 ―
릴위해 ― 싸우 ― 시는 ― 그
숨까지 ― 내어 ― 주신 ― 그 깊은사 ― 랑을 ―
한없는 ― 사랑 ― 안에 ― 서
2.4 Gm
손 을 의 지해 ― 이 땅에
열 리 고 있네 ― 이 땅에
D.S. al Fine

344. 오직 믿음으로

고형원

세상흔들리고- 사람들은변하-여 도나는주를신-뢰
믿음흔들리고- 사람들주를떠-나 도나는주를섬-기

해 주님의사랑은- 영원히변하지- 않
리 주님의나라는- 영원히쇠하지- 않

네 나는주를신뢰해 오 직 믿
네 나는주를신뢰해

음으로- 믿음으로내가 살 리 라

오 직 믿 음 으 로- 믿음으로내가 살 리

라- - 오 직 의 인 은-

믿음으로말미암아살 리 라 오 직

의인은- 믿음으로말미암아살 리 라- -

345. 온 맘 다해 주 사랑하라
You Shall Love The Lord

Jimmy Owen

온 맘 다 해 주 사 랑 하 - 라 -

생 명 다 해 주 사 랑 하 - 라 -

뜻 을 다 하 여 - 사 랑 - 하 라 - 온 맘 다

해 생 명 다 해 주 사 랑 해 -

- 사 랑 해 - - 요 존 귀 하 신 주

- 사 랑 해 - 요 큰 일 행 하 셨 네

- 사 랑 해 - - 요 더 욱 사 랑 해

- 온 맘 다 해 생 명 다 해 주 사 랑 해

346. 주의 인자는 끝이 없고
The Steadfast Of The Lord

Edith McNeill

주 의 인 자 는 - 끝 이 - 없

고 그 의 자 비 는 - 무 궁 하 며

- 아 침 마 다 새 롭 고 늘 새 로 우 니

주 의 성 실 이 크 이 라

성 실 하 신 주 님 -

347. 예수로 사네

정하나
알수없는- 보이지않-는 끝도없는- 막 막함-
디딜곳도- 머물곳도- 쉴-곳도- 없는 -삶-
이어둠속- 암흑 한가운데를- 홀로-바라보시-는 -분-
아무도없-는이 곳으로- 다가오시는- 그 한사람-
예 수- 예 수- 예 수- 살리시는분-
예 수- 예 수- 예 수로- 사 네 - 예수로
사 네-그힘으로 서네 예수와 가 네 -그의길로
걷 네 -그안에서보 네 -그영광을보 네 예수로
- 예수의- 삶 으로사 네 예 수 로
사 네 예수- 예수- 예수- 살리시는분-예수로
사 네 예수로 -예수로- 예수로사네-예수로
- 예수로- 예수로사네-예수로 - 예수로-예수의
-삶으로-예수로 -예수의-삶으로 -그삶으로

- 사 네 -

348. 나 기뻐하리
I Will Rejoice

합3:13-15

Brent Sinclair Chambers

나 기뻐하리 - 나 기뻐하리 -
나 기뻐하리 -나주안-에 서 -기뻐하-리-라
- -기뻐하-리-라 - 원
- -기뻐하-리-라 - 환
수가나를-무너뜨 -리려고 내 마음에속-삭였-
경에지배-를받지 -않고 - 내 팔의힘과-목소-
네 내 영이깨어-넘어 지지않고 나의
리 느 끼는감정-과상 관없이 - 내마
믿음의고 - 백이 원수를-묶 네 -
음 기뻐하 - 기로 결심을-했 네 -
나 기뻐하리 - 나 기뻐하리 -
나기뻐하리 -나주안-에 서 -기뻐하-리-라 -

349. 모든 상황 속에서

김영민
모든상황속-에 서   주를찬양할-지 라
주는너의큰-상 급   큰도-움이-시라 -
주의얼굴구-할 때   주의영을부-으 사
크신사랑안-에 서   주를보게하-소서 -
내 영혼이-확정되고-확 정되었-사오-니-믿
음의눈들-어---주를 바라봅--니다- 내
영혼이-확정되고-확 정되었-사 오 니 믿
음의눈들-어---주를 바라봅-니 다   Fine
주를   찬양할-때 주의나-라
이 미임-했 네   그 영원한-나-라
보 게하--소 서   - -내
D.S. al Fine

350. 목마른 사슴이

천관웅
Doo______   Doo______
Doo
목마른 - 사슴이 - 시냇물 - 찾아
말보다 - 일보다 - 중심을 - 원하
헤매듯 내영혼 - 주님을 -간절히알 -기원 -하네
시는주 나이제 - 주님만 - -사랑하 -게하 -소서
- 구름이 - 걷히면 - 희망의 - 태양
- 먼훗날 - 주앞에 - 서는날 - 주께
떠오듯 주사랑 - 내삶을 -환하게비 -춰주 -시네
말하리 사는날 - 동안에 -주님만사 -랑했-다고
- 주님의사 - 랑-날 -찾아와 -어둔내 - 눈- 밝
- 세상이줄 - 수 -없 는사랑 -내맘고 - 동치
-히시네 내영혼기 -뻐 -노 -래하네 주-볼 때
-게하네 -주곁에 - 날 -이 -끄소서 오-주 님
- 안전한곳 - 에 -날세 -우시네 -사슴처 -럼 --뛰
- 주님보기 - 를 -만져 -보기를 -주님품 - 에 -안겨
-게하네무엇을하 - 든 -어 -딜가든   주-사 랑
-보기를나이제평 -생 -사 -는동안   주님 만
나를인도하네 -   주-님 만
- 주-님 만   사랑하며살리 -

351. 내 손을 주께 높이 듭니다

사61:10

박미래&이정승

내 손을주께높이 듭니다내 찬양받으실주 님 내
맘을주께활짝 엽니다내 찬양받으실주 님
슬픔 대신희락 을 ―재 대신화 관을
근심 대신찬송 을 ―찬 송의옷을주셨 네 라
라라― ― ― ― ― ― ― ― ― ― ― ― 라
라라― ― ― ― ― ― ― ― ― ― ―

352. 내가 주인 삼은

전승연

내가 주인삼은―모든것 내려놓고―내 주 되 신주앞
에 나가― 내가 사랑했던―모든것 내려놓고― 주
님만사랑해 ― 내가 ― 주사 랑 거친
풍랑에도―깊은 바다처럼―나를 잠잠케해― 주사
랑 내영 혼의반석― 그 사랑위에―서리 ―

353. 더욱 주님을 알수록

The More I Get To Know You

엡 3:17-19

Hanneke Jacob

더 욱 주님을 알 수록 나 더 욱사랑 해 더
욱 귀기울일 수록 나 더 욱사랑 해 오――
예 ―수주 예 ―수 나 더 욱사랑 해 나―의
예 ―수주 예 ―수 나 더 욱사랑 해 나의주 를

354. 저 멀리 뵈는 나의 시온성

저 멀리뵈는나 의 시온성오 거 룩한곳아버지
아 득한나의갈 길 다 가고저 동 산에서편히쉴
집 ― 내 사 모하는집 에 가 고자 한
때 ― 내 고 생하는모 든 일 들을 주
밤 을 세 웠 네 ― 저 망망한바 다
께 서아 시 리 ― 빈 들이나사 막
위 에 이 몸이상할지라 도 ― 오
에 서 이 몸이곤할지라 도 ― 오
늘은이곳내일은 저 ―곳주 복 음전하 라
내 주예수날사랑 하 ―사 날 지켜주시리

355. 내가 살아가는 이유는

정종원

내가살아가는 -이유는- 주님때문이라 -
내가여기있는 -이유도- 주님때문이라 -
- 주 님-언제나 내안에- 내가주님안에 - 온
전 -히하나 되어서- 주의형상되리 - -
내가살아가는 -이유는- 주님때문이라 -
내가여기있는 -이유도- 주님때문이라 -
내가살아가는 -이유는- 주님-주님- -
내가여기있는 -이유도- 주님때문이라 -

356. 은밀한 곳 조용한 곳에
I Want To Know You (In The Secret)

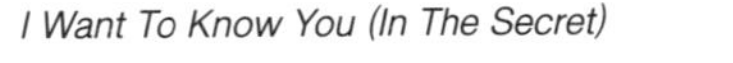

막 1:35
Andy Park

은밀한-곳 조용한-곳에 -
주께받-을 상을바-라며 -
주님그-곳 에 계 시 네
저높은-곳 에 올 라 가
은밀하-게 조용하-게주 -님만을- 기 -다리리
어려움-과 모 든장- 애물 -리치고 달 -려가리
주를더-알 기 원 하 네 -
주 알 기 원 -해 그 음성 듣 기--를
간 절 히 원 -하 네
주 보 기 원 -해 주님을 만 나--길
간 절 히 원 -하 네

357. 사랑스런 주님 음성

Ronaldo Bezerra

사 랑스런-주님음성 - 당신 곁에가-까이-이-
끄시네 - 주님 사랑을나- 누리며 - 그 -
아 름다우-심 - 나 누기원-하네- - 예-

수 내 선하신-목자- 나의앞길- 아시네
- - - 예- 수 신 실하신- 주께
내삶을- 드립-니다 - 예-

358. 이 세상의 부요함보다

Better Than Life

시 5:11-12

Marry Sampson

이세상의부요함 -보다- 이세상의좋은친 -구보 -다
나의꿈을이루는 -것보다 더 귀 -한 -분
필요한모든것을다얻고- 내가원한 -삶을사 -는것보다
어느누구의그사랑보다- 귀한 -분 - 붙 드 -소서 -주님나
- -를놓 -지마 -소서 - - - -
내영혼 -비추시 -고 내게생 -명 주신주 -님
주의사 -랑너 -무커 - 나의맘드려 -주께 - 주님만
영원히사 -랑해 - 나의사랑 멈추 -지않 -으리
- 주님만 영원히사 -랑해 - 나의사랑
멈추 -지않 -으리 -
붙 드 -소서- 주님나 - -를놓 -지마 -소서
- - 붙 드 -소서- 주님나
- -를놓 -지마 -소서 -

Fine
D.S al Fine

Words and Music by Marty Sampson
© 2003 Hillsong Music Publishing Australia (admin in Korea by Universal Music Publishing/ CAIOS)

359. 주님의 그 모든 것이

Enough

Chris Tomlin & Louie Giglio

주님의 - 그 모 -든것 -이 내삶을 - 가 -득채우
-네 내모든 - 갈 -증과필 -요 주사랑
- 으로만족시 -키니 - 부족함없네 -
나의공 -급 자
내죄위 -하 여
- 또내 -생명 - 놀라우 -신하나님-
- 대속 -하신 - 놀라우 -신하나님-
주나의 -상급 -삶 -의 -이유 - 놀라우
다시오 -실왕 - 나의모 -든 것 - 놀라우
- 신 하나님 - -주님의 - 신 하나님 -
내가원 -하 는 모든것 -보다 - - -부족함
내가말 -하 고 아는것 -보다 - - -더욱더
- 없 는 나 -의주님 - 놀라우 -신 주님의

Fine
1.Am7 Dsus4 2.Am7 Dsus4
1.Dsus4 C 2.Dsus4 D.S. al Fine

O.T. : Enough / O.W. : Chris Tomlin, Louie Giglio
O.P. : worshiptogether.com Songs, sixsteps Music, Vamos Publishing / S.P. : Universal Music Publishing Korea, CAIOS
Adm. : Capitol CMG Publishing / All rights reserved. Used by permission.

G 차양하며 경배

360. 보라 하나님은

성명회
보 라 하나님- 은 - 나 의 구원 이시라 - 내
가 의뢰하고 - 두 려- 움없으리니 - 주
여 호 와 는 - 나의힘 이 시 며 - 나의
노 래 시 며 - - 나- 의 구원 이 라 -
그 러 므 로 - 너희가 기쁨 으- 로 - 구
원 의샘 에 서 - 물 을-- 길을리라 - 구
원 의샘 에 서 - 물 을 길으리라

362. 하나님께로 더 가까이

Stephen Hah
하 나 님 께 로 더 가 까 이 갑 니 다
고 통 가 운 데 계 신 주 님 - 변 함
없 는 주 님 의 크 신 사 랑 - 영 원
히 주 님 만 을 섬 기 리 -

361. 아침에 주의 인자하심을

이유정
아 침 에 주의인자 하 심 -을 나-타-내시
-며 밤 마 다 주의성실 하 심 -을
베 풂 이좋으나이 -다- 여 - 호와께감 사하-며
주 의 이름을 찬 양 여 - 호 와 께 감
사 하 며 주 의 이름을 찬 양
여 호 와 여 주 의 행사가- 어찌 그리
크 신 지 요 주 의 생 각 이- 심히
깊 으 시 나 이 다 - 아 침
베 풂 이 좋 으 나 이 다 -

363. 오직 주님만
Only You

요7:37-39
Andy Park
G D⁷/F# Am/E D⁷
오직- 주 님만- 나 의맘의-갈급- 함채-우네
G C/D G D⁷/F# Am/E C/D D
- 오직- 주 님만- 더 가까이-가기를원-하
G D/F# Em⁷ C D G D/F#
네 주님 만 내갈급함-채우 -네- 주만
Em⁷ C D G D/F# Em⁷ C
내 게새생명-주네 - 주만 기 쁨내맘에-주시
D G D/F# Em⁷ C D G
-네- 나의기 도응답하-시 네

365. 주님과 같이
There Is None Like You

대상17:20
Lenny LeBlance
G D/F# C/E G/D C G/B
주님과 같- -이- 내마음-만지는
Am⁷ Am⁷/D D⁷ G D/F# Dm⁷/F C/E
분은없네- 오랜세-월찾아 난알았네-내겐
1.G/D Dsus4 G CM⁷ C/D
주밖에 없-- -네 주 자비 강 -같이흐
G Em Am⁷ D/F# G G/B
-르고 주 손길 치 -료하네 -
CM⁷ C/D G Em Am C/G
고통받는 -자녀품 -으 시-니 주밖에 없
D/F# C/E D/F# 2.G/D Dsus4 G
네 주밖에 없-- -네

364. 낮엔 해처럼 밤엔 달처럼

최용덕
G C G
낮 엔해처 럼 밤 엔달처럼 그렇게
예 수님처 럼 바 -울처럼 그렇게
G D D⁷ G G⁷
살 순없을 까 - 욕 심도없 이 어둔
살 순없을 까 - 남 을위하 여 당신
C G D G
세 상비추어 온전히 남을위 해살듯이
들 의온몸을 온전히 버리셨 던것처럼
G C
- 나 의일생에 꿈 이있다 면 이땅
- 주 의사랑은 베 푸는사 랑 값없
G Em D D⁷ G
에 빛과소금되 어 - 가 난한영
이 그저주는사 랑 - 그 러나나
G⁷ C G A
혼 지 친영혼을 주님께 인도 하고픈
는 주 는것보 다 받는것 더욱 좋아하
D D⁷ G G⁷ C
데 - 나 의욕심이 나의못 난자아
니 - 나 의입술은 주님닮 은듯하
C G Em D D⁷
가 언제나 -커 다 란짐되어 -
나 내맘은 -아 직 도추하여 -
G G⁷ C
나 를짓눌 러 맘을곤 고케하 니 예수
받 을사랑만 계수하 고있으 니 예수
G D⁷ G
여 나를도 와주소 서
여 나를도 와주소 서

366. 주 말씀 향하여

I Will Run To You

Dalene Zschech

하늘 -의나-는새 도 주손길 -돌보-시네 - -온땅에
-충만한-주사랑 - 으로- 내마 음을덮으-소서 - 주나
-를부-르셨네 -주의 -영광-위해 - -모든사
- 람 -이끄소 - -서-주의 영-광--으로 -주말씀향
- 하--여 --달려가 - 리 - -라 - 힘도아닌
- 능-도-아 -닌-오-직성 -령-으로 -주얼굴향
- 하--여 --달려가 - 리 - -라 - 오주의영
- 광- 안에 -살게하-소서- - -

367. 십자가 그 사랑

The Love Of The Cross

Stephen Hah

십자가그사랑 멀리떠-나 서
지나간일들을 기억하지않 고
무너진 나의삶 속에 잊혀진주 은 혜
이전에 행한모 든일 생각지않으 리
돌같은 내마 음 어루만 - 지 사
사막에 강물 과 길을내시는 주
다시일 으켜세 우신 주 를 사랑합니 다
내안에 새일 행 하실 주 만 바라보리 라
주 나를보호 하 시고 날 -붙드시
주 너를보호 하 시고 널 -붙드시
리 나는보 -배롭고 존 귀한
리 너는보 -배롭고 존 귀한
주님의자 녀 라 주 -의자녀 라

368. 나를 부르신

SFC 강혜광

나 를-부르신 - 주의- 뜻을-
나 를-부르신 - 주의- 뜻을-
따라-살 -때-감당 할수-없는 삶의-
따라-살 -때- 좌절 -과 절망-
무 게 -와 고통 - 내게다가와 -도-
실 패 -와 두려움 내게다가와

-도 난외-치리 - 주 는살
-아 계 -신전 -능하 -신 만유의-주
-를 주는신 -실하-신자 -비하-신
사랑의-주 -를 주는살 -를난 외-치리

369. 우물가의 여인처럼
Fill My Cup Lord

Richard Blanchard

우물 가의여인처럼나구 했네- 헛
많고 많은사람들이찾았 었네- 헛헛
내친 구여거기서-돌아 오라- 내
되 고헛된것들을 그 때 주님하신
되 고헛된것들을 주 안에감추인
주 의넓은품으로 우 리 주님너를
말씀- -내샘에 와 생수를마셔 라 오-
보배- -세상것 과 난비길수없 네 오-
반겨- -그넓은 품 에안아주시 네 오-
주님- 채우소서- 나의잔을높이듭니 다 하늘
양식 내게채워 주소 서넘치 도록-채워주소 서

370. 그 사랑 얼마나

설경욱

다 표현못해도- 나 표현하리라- 다
고백못해도- 나 고백하리라- 다 알수없어도- 나
알아가리라- 다 닮지못해도- 나 닮아가리라
- 다 닮아가리라 - 그사
랑 얼마나- 아름 다운지- 그사 랑 얼마나- 날
부요케하는지- 그사 랑얼마나- 크고 놀라운지를- 그사
랑 얼마나- 나를 감격하게하는 지

371. 내가 사모할 자

Beracah 최성환

하늘위에- 주외에 누가내게-있으리- 요---
땅에서도- 주밖에 사모할자-없-나 니
하나님을-가까이 함-이- 내게복이라-
내게복이라- 내가 주 여호 와를 나의
피난처로-삼아- 주의행사-전파하 리

372 아버지 주 나의 기업되시네
My Delight

Andy Park

아 버지 주나 의기업 되시 네
예 -수 내삶 의보배 되시 네
주 님은 내- 소 망내 기 쁨
주 님은 온유 하 고순결 해
사 랑 합니다 사 랑 합니다
나의 기 -쁨 주 님을 -

373. 나의 삶이 변했네

백승남
나 의삶- 이변 -했 네 -예수십 - 자가 -의보
-혈로 죄 로더 - 럽혀 -진내몸 -과맘새
-롭게하 -셨네 - 내 가아 -직어
-려 서 -넘어 질 때도 -있 겠 -지만 --
주저앉 -지않 -고일어 -나난주 -님의자 -녀야
- 어떠한상 -황가운 -데 도 - - 이제는
-정 직 -하리 - 나의생명 -다 할 때 -까 지
-진 실 -하리 - 나의생명 -다 할 때 -까 지
-더이상 -내몸더 -럽히지 -않으리 - 어떠한상 -
-나이제 -주말씀 -따라살 -아가리 -

375. 크신 사랑

Beracah 배한진
저 높고 - 크 신사랑 -내영 - 이 - 찬
양 하네 -내일생 - 주만 섬 기며 - 주
찬 양하 리라 - 저 찬 양하 리라 -
Fine
그 사랑 내맘에 -넘쳐 흐르네 - -내가

374. 주의 손에 나의 손을 포개고

주영광
주보 혈 날정결케하 - 고 주보
혈 날자유케하 니 주앞 에 나예배하는
이 시 간 나의 모든것을주께드리 네 주의
손 날위해찢기 셨고 주의 발 날위해박히
셨으니 이제 는 내가사는것이 아 니 요 오직
주 를위해사 는 것 이 라
주의손에나의손을 포개고 또 주의발에나의발을 포개어 나
주와함께죽고또 주와함께살리라 - 영 원토록 - 주위해살리
- 라 - - 라 주위해살리 - 라 -

살 아가 - 는 이유 - 나의 존재하 - 는 목적 -
그 사 랑 날 자유 -케 하 네 - - 예
D.S. al Fine
수의사 - 랑이 그 죄짐씻 -겠네 - - - - 저

376. 이것이 영원한 삶

김재우 & 전은주
영 원한 사-귐에- 날 초대하-시네- 주님
을 누리며 사-는것 - 날 지으신-대로- 날
부르신-대로- 주님과 함께 걷는 삶
- 이것 이영 -원 한-삶 이것 이영
-원 한-삶 참하나 -님과- 그아들아-는삶
- 이것 이영 -원 한-삶 이것 이영
-원 한-삶 내 가주 -안에- 주는내-안에
- 늘거 하는-삶-

378. 사랑합니다

Lord I Love You

Eddie Espinosa
사 랑 합 니 다 - 나의기도 들 으사
- 주 님 만 이상 한 맘 고치 시 -네
사 랑 합 니 다 - 진심 삶 -로
주님 내맘 깊이 만 지 셨 네 -

377. 주님을 바라보는 자

손성락
주님을- 바라보는자 - 넘 -치는
온세상- 지 으신창조주 - 그 -분은
- 새 힘을 얻으리 -
- 능 력의 하나님 -
독수리- 날 개쳐오르듯 - 일 -어나
약한자- 들어쓰시며 - 넘 -치는
- 주를 노래-하리 -
- 새 힘을주-시리 -
내소망 - 나의힘 - 나의구 -원되-신주
내생명 - 나의꿈 - 나의전 -부되-신주
- 주님같 -은분없네 - -주님같 -은분없네
1.F
2.F
- 은 분없네 -
나의모든것 은주 -의손에속 했 네 -
나의모든길 을주 -가인도하시 네 - 난
일 -어서리 - 난 달 -려가리 - 주
능 -력으로 - 난일 -어서--리라 -
D.S. al Coda
-

379. 주를 찬양

최덕신

세 상의유혹시험이 – 내게 몰려올때–에 나
거 짓과속임수로 – – 가득 찬세상에–서 어
주 위를둘러보면 – – 아 – 무도없는 – 듯 믿

의힘으로그것들 – 모두 이길수없네 – 거
디로갈지몰라 – – 머뭇 거리고 있네 – 공
음의눈을들면 – – 보이는분계시네 – 지

대 한폭풍가운데 – 위축 된나의영 – 혼 어
중 의권세잡은자 – 지금 도우리들 – 을 실
금 도내안에서 – – 역사 하고계시 – 는 사

찌 할바를몰라 헤매 이고있을 때 – – 주를
패 와절망으로 넘어 뜨리려하네 – – 주를
망 과어둠권세 물리 치신예수님 – – 주를

찬 양 손 을들고찬 – 양 전 쟁은 나에게 속 –

한것아니니 – 주를찬 양 손 을들고찬 – 양 전

쟁은 하나님께 – 속 한 – 것 이니

380. 주님 한 분만으로

고후3:5-6　　　　박철순

주님 한분만으로 – 나는 만 족 – 해 – 나의모든것되신 – 주님

찬 양 – 해 – 나의영원한생명 – 되신 예 수 – 님 – 목

소 리높 – 여찬 양 해 주 님 의 크신 사랑찬 – 양해 – 나의

힘 과 능력 – 이 되 신 – 주 – 나의모 든삶 – 변화

되 었 – 네 – 크신 주의사랑 찬 양 해

381. 세상의 빛으로 오신 주

Scott Brenner

세 상의 – 빛으로 – 오신주 예 수님 –

정죄하 – 지 아니하 – 시고 구원을 – 주 셨네 –

쓰 러진 – 나를 – 세 우신 – 주님은 –

연약한 – 나를 – 강하게 – 하시는 – 분입 – 니다

약 – 한 – 나 – 를 – 온 전케 – 하 시 는 –

주님은 – 부족한 – 나 – 를 – 채 우십 – 니다 –

382. 오직 주만이

시편62:1-2, 6-7 · 이유정

나의영혼이- 잠잠히 하나님만바람이여 -
나의영혼이- 간절히 여호와를갈망하며 -
나의구원이- 그에게-서- 나-는도 다
나의입술이- 여호와-를- 찬-양하 리
나의영혼아- 잠잠히 하나님만-바라라 -
나의영혼이- 즐거이 여호와를따르리니 -
나의소망이- 저에게-서- 나-는도 다 오직
나의평생에- 여호와-를- 송-축하 리 오직
주만이- 나의 반-석- 나의 구-원- 이시
니 오직 주만이- 나의산 - 성 내가
요동치아니 하 리 리
나 의구원나의 영 광 하나님께있으
니 내 힘의- -반 석과- 피난처되시
네 - 오 직

383. 신실하신 하나님

What A Faithful God Lord I Come Before Your..

계7:15-17, 시66:16-20 · Robert Critchley & Dawn Critchley

주 님보좌앞-에 나아가 참된 안식과기쁨 -나
기 도들으시-는 하나님 폭풍 속에내등불 -내
누리-겠네 경 배하-며주의얼-굴 구할 때신실
노래-시라 주의 날개 -아래서내-맘 쉬리 니신실
하신주-님찬 양 해 신실하-신 하 나님-
- 신실하-신 -주 - 나의주-하
나 님은- 신실-하신주 님 님
평 화내려주-신 하 나 님 나로
고통받-는자-를 위로 하게하-소서 -나의
평생에-주의 사랑 을 전하 리 신실
하신주-님찬 양 해 신실하-신 하 나님-
- 신실하-신 -주 - 나의주-하
나 님은- 신실-하신주 님 -

384. 내가 영으로

최덕신 / 시편 73:25

내가 영으로 노래하리니 주님내찬송들으
내가 영으로 간구하리니 주님내기도들으
내가 영으로 경배하리니 주님내예배받으
- 시네 온 - 맘 다해 온 - 맘 다해
- 시네 온 - 맘 다해 온 - 몸 다해
- 시네 온 - 맘 다해 온 - 몸 다해
나의주님 찬송하 - 리 - - 하
나의주께 기도하 - 리 - - 하하
나의주님 예배하 - 리 - - 하
나님은 영 - 이 시 - 니 - 내가영으로찬
나님은 영 - 이 시 - 니 - 내가영으로기
나님은 영 - 이 시 - 니 - 내가영으로예
양 하리 - 하 나님은 영 - 이 시 - 니 - 내
도 하리 - 하 나님은 영 - 이 시 - 니 - 내
배 하리 - 하 나님은 영 - 이 시 - 니 - 내
가 영으로찬 양 하 - 리
가 영으로기 도 하 - 리
가 영으로예 배 하 - 리

385. 나의 사랑이

Falling

Paul Baloche & Brenton Brow

나 - 주와함 - 께걷기 - 원 - 해 - 요 -
주님 내곁에 - 머물러주 - 세 - 요 -
주 님곁에 - 날품어 - 주 - 세 - 요 -
주 얼굴볼 - 때커지 - 는 - 사 - 랑 -
언 제나주 - 의진리 - 날 - 감 동 - 해 -
주 앞에나 - 의모든 - 것 - 버 리 - 고 -
내 영혼오 - 직주님 - 만 - 갈 망 하
내 사랑주 - 님따르 - 기 - 갈 망 하
네 - 나의 - 사 랑이 -
더욱 - 커 - 져 - 가네 - 주를 - 향한내 - 사랑
- 더욱 - 깊어져만가네 깊어져만가네 - - - -
- 주 님 깊 어 져 만 가 네 - - - - -

나팔 소리로 찬양하며

비파와 수금으로 찬양할지어다

소고 치며 춤 추어 찬양하며

현악과 퉁소로 찬양할지어다

시편 150:3, 4

386. 내 주님 살아 계시기에
My Redeemer Lives

살후4:16-18

John Wilison

내주님살아계-시가 에 -다시오 실주님나알-가
에 내주님 살아계- 시기-에 -영원하
신 통치나 믿-기-에 내육 신 후패- 하-나
--내눈은 주를바라보리 - 내주님 -살아-계시
-기에 -그날에 주와함께-서리 - -내주님
-살아-계시 -기에 -그날에 주님곁에-서리 -

387. 믿음 따라
I Walk By Faith

Chris Falson

믿 음 따 -라 - 걸 음 마 -다
- 말 씀 따-라 - 주 님 만
따 르-리- 믿 나의가는 길
-- 믿음따라갈 -때 군 대가날에워 싸
-도 겁 없네- 또 내입술의 기
-도 믿음의선포 - 주 님날위하시
-면 누 가날대 적하 -리 믿

388. 주가 보이신 생명의 길

박정은

주가 보 이 신- 생 명의 -길- 나
주 님과 -함 께 - 상 한
마음드-리며- 주님-앞에 - 나아가리- 나의
의 로움-이 되신주- 그 이름-예수- 나의

길이되-신이름- 예 ---- 수 - 나의
길 오직그-가 아 -시나니- 나
를 단련하신-후-에 - 내 가 -정금
같 이 나-아오리 라

389. 예수가 좋다오

김석균
많은 사람 들 - 참 된 진 리를 모른 채
무 거운 짐진 자 - 다 - 내게-로오 라
그 대 가 만 일 - 참 된 행 복을찾거 든
- 주 님곁은 떠 나 갔 지만 - -
- 내 가 너를 쉬 게 하 리라 - -
- 예 수 님을 만 나 보세요 - -
내 가 만 난 주 님 은 - 참 사 랑 이 었 고 -
이 길 만 이 생 명 의 길 - 참 복 된 길 이 라 -
그 분 으 로 인 하 여 - 참 평 안 을얻 으 면 -
진 리 였 고 소 망 이 었 소 - - -
항 상 내 게 들 려 주 셨 소 - - -
나 와 같 이 고 백 할 거 요 - - -
난 예 수 가 좋 다 오 - -
난 - - 예 수 가좋 다 오 - - 주 를
사 랑 한 다 던 - 베 드 로고백처 럼 -
난 예 수 를사랑 한 다 오 -

390. 십자가의 길 순교자의 삶

The Way Of Cross, The Life Of Maytr

Stephen Ha
내마음에주를향한 사랑이- 나의말엔주가주신
내입술에찬 - 양의 향기가- 두손에는주를닮은
진 리 로- 나 의눈에주의눈물 채 워 주소
섬 김 이- 나 의삶에주의흔적 남 게 하 소
서
서   하니

님의사랑이- 영원 히함께하리- 십자 가의길을걷는자에

게   순 교 자의삶을사 는 이 에 게   조
하는소리와- 세상 유혹속에도- 주의순결한신부가되리
라 내 생 명 주 님 께 드 리 리

391. 나의 삶에 예수의 흔적 있으니

설경욱
나 의삶-에 예 수 의 흔 적있으 니
내 영혼-에 예 수 의 생 명있으 니
나 는오-직 주 님만 자 랑 하 리 라
나 는오-직 주 님만 증 거 하 리 라
주 만 섬 기 리 가 장 낮 은 자 리 에-서
주 만 높 이 리 내 생 명 다 하 여

392. 오직 예수

One Way

Joes Houston & Jonathan Douglass

주 발 앞에 나 엎드려   주 만 간절 히 원해
언제나 어 디서나   크고 깊은 은혜로

주 계신 곳 나 바라봅-니 다 - -
주님 항상 내 안에게-시 네 - -

근심 속에 주 찾을 때 -모든 필요 내 려 놓고
변함없으 신 주님 - -어제 오늘 영원히

겸손하게 모두 - 드-리 리 -
한결같이 함께 - 하-시 네 -

오 직   예수 주님만 이 나의 삶의 이유

오 직   예수 주님만 이 나의 삶의 이유

오 직   예수 주님만 이 나의 삶의 이유

오 직   예수 주님만 이 나의 삶의 이유 -

주님 은길 과진 -리 생명 나는 -오직 믿음

-으로 -살리 -주만 -위해 -살리 - -

393. 나의 맘 주님께 바칩니다

SFC 주!앙모

하나님 아 시 - 네   내가 무 얼 원하 - 는 지

내가 무 얼 생각하는-지 - - - 그러나

하나님 원 하 - 시 네   나의 삶 드 리 - 기를

당신의 뜻 을 -따라 - 나의 삶

-받으 소 서 - 주님께 -드립 니-다 - - - 기

꺼이 - 진 심-으로 - 나의 맘

-받으 소 서 - 주님께 -바칩 니-다 - - - -기

꺼이- 그리고 -진 심으-로 -

내가 원 -하 는 -것 만 고 집 했었 네 -

내가 바 -라 는-것 만 고 집 했었 네 -

그러나 이제 주가 원 하는 데-로 -

나의맘 따 르 기원-해 -   나의 삶

394. 예수보다

심형진

주 예 - 수보다 -귀한 것은 -없네 - -주
예수 - 보다더 -값진 것은 -없네 - -날
위해죽으신 주 -바꿀 수 - -없네 - -세
상자랑- 즐거움 -비길 수 - -없네 예
수 - 보다더 -귀한 것은 -없네 - -세
수 - 보다더 -귀한 것은 -없네 - -내
상의 - 무 - 엇도 -바꿀 수 - -없 - 네 - 예
삶의 - 모 든것 - 되신 - 예 - 수 -

396. 주 보혈 날 씻었네

It's Your Blood

시 133:1

Michal Christ

주보혈 날씻 었- 네 내게 생명을주 - 셨-
네 주보혈 나의죄를 구속하신어린
양- - - 날 썼었 네 - 흰눈보다 더 희-게하셨
네 예 수님 귀 하신 어린 양

395. 나 가진 재물 없으나

송명희&최덕신

나 가진재물 없으나- 나 남이가진지식
없으나- 나 남에게있는 건강있지
않으나- 나 남이없는것 있으니
나 남이못 본것을 보았고- 나
남이 듣지못 한음- 성 들었고-
나 남이받지못 -한사랑 받았고- 나
남이모르는- 것 깨 달았네 - - 공
평하신- 하 나님이- 나남이가진것나
없지만- 공 평하신- 하 나님이- 나
남이없는것 갖게 하셨네

397. 비추소서

Shine, Jesus Shine

Graham Kendrick

주님당신은 사랑의빛 – 어둠가운데 비추소 – 서
세상의빛예수 우리를비추사 당신의진리로 우리를자유케
비 추 소 서 우 리 위 에
비 추 소 서 – 주 님 의 영 광 온 땅 위 에
부 으 소 서 – 내 게 성 령 의 불 을
넘 치 소 서 – 은 혜 와 긍휼 을 열 방 중 에
전 하 소 서 – 빛 되 신 주 의 말 씀

398. 주님은 아시네

King Of Majesty

Marty Sampson

주 님 은 아 시 네 주 사 랑 하 는 맘
이 전 보 – 다 더 – 주 님 – 알 기 원 – 해 –
내 마 음 다 하 여 주 님 께 고 백 해
주 님 만 – 위 해 – 내 삶 – 드 리 기 – 원 해
위 대 하 – 신 왕 – 내 맘 – 의
– – 한 – 소 망 언 제 – 나 – 주 와 – 함 – 께
– 언 제 – 나 – 주 와 – 함 – 께 –
예 수 나 의 영 혼 의 구 세 – 주 영 원
무 궁 히 주 님 만 을 나 찬 양 – 하 리

Words and Music by Marty Sampson
© 2001 Hillsong Music Publishing Australia (admin in Korea by Universal Music Publishing/ CAIOS)

399. 하나님은 우리의 피난처가 되시며

Psalm 46

시 46:1, 10

Stephen Hah

하 – 나 님 은 우 리 의 – 피 – 난 처 가 되 시 며 –
환 – 란 중 에 우 리 의 – 힘 – 과 도 움 이 시 라 –
너 희 는 가 만 히 있 – 어 – 주 가 하 나 님 – 됨 알 찌 – 어 다
사 랑 합 니 다 내 아 버 지 – 찬 양 합 니 다 – 내 온 맘 다 하 여
열 방 과 세 계 가 운 – 데 – 주 가 높 임 을 – – 받 으 리 라
선 포 합 니 다 예 수 그 리 스 도 – 주 님 오 심 을 – – 기 다 리 며

400. 하늘 위에 주님밖에

God Is The Strength Of My Heart

시 73:26

Eugene Greco

하늘위에주 - 님 밖에 - 내가
사모할자 이세상 - 에 없 - 네 -
내맘과힘 은 믿 을 수 - 없 네 -
오직한가 지 그 진리를 - 믿네 주는나의
- - 힘이요 - 주는나의 - - 힘이요
- 주는나의 - - 힘이요 - 영원히 - 주를
의 지 - 하 리 - 주는나의 - 영원 - - 히

401. Love Never Fails

김준영&주민정

내백성이 나 를떠나 - 돌아 - 섰지만 -
내사랑이 내 백성을 - 포기 - 못하니 - 내
모든것 - 내어주 고 나그들 을 얻으리라 - 여호와
께돌아 - 가자 - 우린돌 - 아서도 - 그는변 - 치않네 여호와
께 돌아 - 가자 - 우린 넘어져도 - 그사랑 - 영원하
네
네 사랑 - 은 - 오래 - 참고 - 자산을
- 내어 - 주네 - 서로사 - 랑할때 - 세상은
- 주보네 사랑은 - 절대지 - 지않네 - 사랑 - 은
- 여 호 와 - 네

402. 이제 내가 살아도

최배송

이 제내가 살 아도 주 위해 살 고
이 제내가 죽 어도 주 위해 죽 네
하 늘영광 보여 주며 날 오라 하 네
할 렐루 야 찬 송 하며 주 께 갑 니
다 그러므로 나는 사 나 죽으나
주 님것이 요 사 나 죽으
나 사 나 죽으 나
날 위해피흘리 신 내 주 님의것이요

403. 예배의 회복

이지은

이세상 살다가 보니 하나 님그림자 잃어버 린채
어 두운 그림자 만이 나 를따 라오네
주향한 나의마 음과 예배 의그열정 잃어버 린채
날 향한 그크신 사랑 깨닫지못 했네
하나 님임 재가운데 기쁨 으로주 께나 아가그
를 경배 해 우리가 예 배할때에 임하
시는주 님바 라봐 우 리사랑하 사
Fine
날부르 시는 주님 계 시네
우리사랑하 사 날품으 시는 주님 계시네
D.S. al Fine

A
회개와 눈물

여호와여 시온이

주의 심판을 듣고 기뻐하며

유다의 딸들이 즐거워하였나이다

여호와여 주는 온 땅 위에 지존하시고

모든 신들보다 위에 계시니이다

시편 97:9

404. 복음에 빚진 자

전영훈

세상에 값진 - 그 - 무엇으로도 살수
없는 - 것이었기에 자신의 모든것 아낌
없이내어주신-그놀라운-주님의은혜 -그크신
사랑- 세상 무엇으로도 다갚 을수가- 없어
서 나 는 언제나 주님 의 은혜에
복음에빛진 자 내게 주신이복음 부끄
러워않으-리세상 모든사람-들부끄 럽다하여도나는
감당치못-할 복음 의 빚 진자 땅끝
까 지 그 사 랑 전 하 리

psalms
시와 찬미 ⑪
hymns

기도와 간구
Prayer & Petition

405. 나 같은 사람도

민호기

나같은 사람도 사랑하시나요 너무
크고아름다운그사랑 - 그 사랑내맘
넘치니 나더욱 주사랑하 리 나의
하 나님 살아 계신하나님 당신의뜻이루 어주옵소
서 나의하 나님 살아 계신하나 - 님 당신
의길가게 하 소 서 - - 당신 의길가게 하 소 서 - -

406. 우리 모두 양과 같이
All We Like Sheep

사53:6

Don Moen

우리모두 - 양 과같이 - 길을잃고 - 제갈길 - 로갔네 -
멸시받고 - 거 절당하신 죽임당하 - 신어린 - 양예수 -
범죄하여 - 주 영광을 - 잃어버 - 렸네 - 주의영
우리고통 - 우 리의죄 악가져가 - 셨네 - 아들예
- 광을다 - 시보게 - 하소서 주의임 재가운데 - 살게
- 수의피 - 로정결 - 케하사 아버지 앞에경배 - 하게
- 하소 서 오 주 여 - 은혜와자 - 비베푸소서
이땅을고 - 치소서 - 우리죄를 - 사하소서
- 주의영광 - 다시 보 - 게하소서 -

407. 거룩하신 성령이여

요14:17, 행2:2-3

Chris Bowater

거 룩하 신 - 성 령이여 - -
우 리 에 게 - 임 하 소서 - -
성 령의 - 불 로 오 셔서 -
세 상 헛된마 - 음 태 우소서 -

손 들고 - 주를바 랄때 - 성령
이 여 - - 성령이 여 - - 성령
이 여 - - 임하소 서

408. 예수, 늘 함께 하시네

Jesus, always with me

소진영

고단한인생길- 힘겨운오늘도-- 예 수 내마음아시
하루를살아도- 기쁨으로가리-- 예 수 늘함께하시
네 지나간아픔도- 마주할세상도-- 예
네 후회도염려도- 온전히맡기리-- 예
수 내마음아시네 네 믿음의
수 늘함께하시
눈들어주를보리이또한지나가리라- 주어진
내삶의시간속에 주의뜻알게하소서

410. 주님의 시간에

In His Time

Daine Ball

주 님 의 - 시 간 에
기 다 려 - 그 때 를
- 그의뜻이뤄지기 기다려
- 그의뜻이뤄지기 기다려
- 하루하루살동안 주님인도하시
- 주의뜻이뤄질때 우리들의모든
니 주뜻이룰때까지 기다려 -
것 아름답게변하리 기다려 -

409. 우릴 사용하소서

김영표

우리 에겐소원이- 하나있네 주님
다시오-실-그날까지 우리가슴에-새긴주의
십자가-사랑 나의교회를- 사랑케-하네 주의
교회를향한-우리마음 희생과포기-와 가난과고
-난- 하물며죽음조-차-우릴막을수없네 우리
교회는- 이땅의-희망 교회를 교회되-게- 예배
예배되-게- 우릴사용하-소-서- 진정한
부흥의-날-오늘 임하도-록- 우릴사용하-소
-서- Fine 성령안-에예배 하 리라-
자유의-마음으로 사랑으-로사역
하 리라- 교회는-생명이니- 교회를

411. 한라에서 백두까지

고형원

C G/B Am C/G F G C
이땅의동과서 남과북 - 가 득한죄악용서 하소서 - 모
한라에서 - 백 두까지 - 백 두 - 에서땅의 끝까지 - 주

E^SUS4 E Am F Dm⁷ F/G G
든 우상들은무 너지고주님 만높이는나라 되게하 - 소서
님 오실길을예 비하며주님 만섬기는나라 되게하 - 소서

C G/B Am C/G F G C
이땅의지친모 든영혼 - 주 예수사랑알게 하소서 - 저
이땅의주님교 회위에 - 하 늘의생기부어 주소서 - 열

E^SUS4 E Am F Am C
들 의 아픔과눈 물씻는주님 의보혈이땅치유 하소서 -
방 을 치유하는 주백성주님 의군대를일으켜 주소서 -

C G/B Am C/G F G F/G
성령의 - 새바람 - 이 땅에불어오 - 소 서

C G/B Am C/G F D⁷/F♯
주의영 - 그생기로 - 우 리 를다시살 - 리

F/G G C E⁷ Am C/G
사 이땅 에 하나님영광 거 하 - 는 그

F G C F/G C E⁷
런 나라가 - 되게 하 소서 - 열방 에 하나님영광

Am C/G Dm⁷ G C
비 추 - 는 그 런 나라가 - 되게 하소서 -

412. 하나님 아버지의 마음

설경욱

C G/B Am
아버지 당신의 - 마음이 있는곳에 - 나의마음이 - 있기를

G F G Em A
원해요 - 아 버지 - 당신의눈물 이고인곳에 - 나의

Dm Dm⁷ G G⁷ C
눈물이 - 고이길원해 요 아버지 당신이 - 바라보는

G/B Am G
영혼에게 - 나의두눈이 - 향하길 원해요 - 아

F G Em Am F D⁷
버지 - 당신이울고 있는어두운땅에 - 나의두발이 - 향하길원해

G^SUS4 G C² E Am C/G
요 나의 마 음이아버지 의마음알아 - 내

F C/E Dm G C² E
모든뜻 - 아버지의 뜻이될수있기를 - 나의온몸이아버지

Am C/G F Fm C
의마음알아 - 내 모든삶 - 당신의삶 되기를 -

주의 인자하심이

하늘보다 높으시며

주의 진실은

궁창에까지 이르나이다

시편 108:4

413. 예수님 내게 다시

SFC 주!앙모

예수님내-게다 -시 그영광 -주 -소서 -
예수님우-리다 -시 그영광 -원합니다
예수님내-게다 -시 그사랑 -부으-소서 -
예수님우-리다 -시 그사랑 -원합-니다
잊혀져가는내 -맘에- 그 영원한-사랑
- 언제나변함없 -는그 -사랑 갈망합-니다
나의 가 는이-길 에
우리 가 는이-길 에
- 그 영광주-소서 - 나의 가 는이-길에
- 그 영광주-소서 - 우리 가 는이-길에
- 그 사 랑주-소서

414. 오셔서 다스리소서
Lord Reign In Me

Brenton Brown

산과시내-와 - 붉은노을-과 - 땅의모든-것
- 주다스리-네 - 내안에갈-망 - 유일한소-망
- 주님날 다 스 리 는것 - 주 오 셔 서
- 통치하소-서 - 헛된나 의-꿈 - 어둠거두-사
- 내모든-것 - 다드리-리 - 오셔서 다스리소서
Fine
- 생각을 넘-어 - 모든말 보-다
- 나의생 활-이 - 말하게하 소-서 -세상그 어-떤
-것보다소 중-한 - 내주님 날 이 끄 심을
D.S. al FIne

415. 항상 진실케
Change My Heart, Oh God

Eddie Espinosa

항상진실 케 - 내맘바꾸 사 -
하나님닮 게 - 하여주소 서 -
주는토 기 장이 나 는 진 흙

날빛으 소 -서 기도 하오 니
항상진실 케 - 내맘바꾸 사 -
하나님닮 게 - 하여주소 서 -

416. 나의 갈망은
This Is My Desire
Scott Brenner

나의갈망 -은--주께서날알 -듯---나도주님
-은---내모든삶 -을--사랑의제사
-을--온전히아는 -것--나의갈망 -은--주날사랑하
-로--주께드리는 -것--내사랑주 -의---기쁨이되
-듯--나도주님 -을--사랑하는 -것-주얼굴보
-리--주의사랑 -의--빛을비추 -리-주얼굴보
-게하-소서-주더욱알 -게하-소서- -주님
-의눈-에비-춰진-아름 -다움-보리- 주모든것
-주셨-으니-주형상닮 -기위-하여-나의-모든
-것을-주님-께드-립니다 - 나의갈망
-나의갈--망은-
나의갈--망은- - - 주얼굴보
-은--주께서날알 -듯---나도주님 -을- -온전히아는
-것--나의갈망 -은--주날사랑하 -듯--나도주님
-을--사랑하는 -것- 나의갈망 -은-

417. 나의 맘 받으소서
My Heart Your Home
Nathan Nockels & Christy Nockels

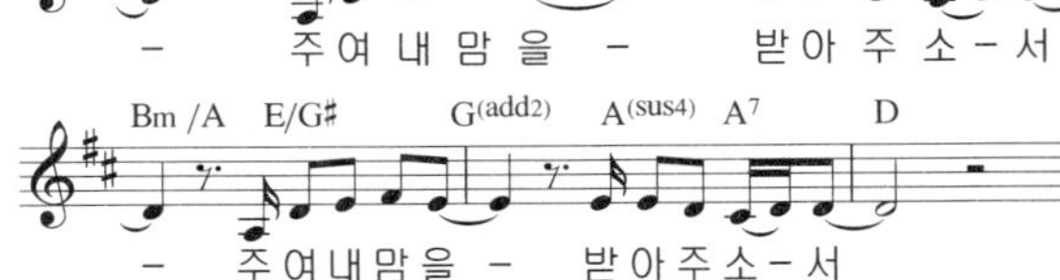

나의맘 받으- 소- 서--- 오셔서
주님의-처소삼으-소서 - 나의-전부이
-신 주여내맘을 - 받아주소-서 - 나의맘
- 오나의맘을 - - - 주님께열었
- 으니- 주 여내게-오
-셔서- 내맘에-거하 -여주-옵소-서 주가
기뻐하는 - 주 의성전되게하소서 나의맘
- 주여내맘을 - 받아 주소-서
- 주여내맘을 - 받아주소-서

418. 신실하게 진실하게
Let Me Be Faithful

Stephen Hah

신실하게 - 진실하게 - 거룩하게살게하소서
신실하게 - 진실하게 - 거룩하게살게하소서
하 나 님 - - 나의마음 - 만져 주소서 -
하 나 님 - - 나의기도 - 들어 주소서 -
하 나 님 - - 나의영혼 새롭게하소서
하 나 님 - - 주의길로인도 - 하소서

420. 성령이여

이천

성령이여 - 내 영혼을 - 충만케 하 - 소서
내 속에 강물 - 이 넘쳐나 - 게 -
오 - 성령하나 - 님 - 나 - 다시새롭
- 게 - 하 - 소 서
채우 - - 소서 - 내영혼이 세상 - - 유혹 - 다 이기고
다 시 - - 주를 - 닮아가도 록 -
오 직 - - 주만 - 나타내도 록 -

419. 삶의 예배

이종윤

내게 임하산 - 주의성 령 날새 롭게하사 다스리시네
- 오직 주 만이나의생명 - 참소망 - 오주
여 날인도하소서 - 주를 예배함 - 이 나의힘되고
- 주와 동행함 - 이 내기쁨되니 - - - 오직
주 님만바라보며 - 살리라 - 오직 주만위해 내가살리라
- 내삶으로 - 주를예배 합니다 - 온맘으로
- 주만 경배 합니다 - 이제 내 안에 내가
사는것아니나 삶으로 주를 예배하게하 - 소서 - 나 의삶
이 예배가 - 되고 - 예배가 곧 내삶 이 - 되는
- 우리 주 님이원하 시는예배가 - 내안에
이뤄지 - 게 하 소 - 서

421. 채우소서

Marcel Compan&David Cerqueira&
Luiz Arcanjo e Davi Sacer

422. 부흥 2000

고형원

함3:2

내영-이주-를구하-고 내맘-이주-를향하-네
주님-만 나-기 원-하 네 - - -
내 마-음열-어놓-고 주의임재기-다리-며
오 직-주 만-경 배-하 네 - - -
주 없-는 나-의삶-은 메마-른 사 막 과 같-네
주 품-에 날 안 아 주-소 서 -
주의-그사-랑 없-이 내영-혼살-수 없-네
갈급-한 내 맘 드립-니 다 - -채 우-소 서-주 님
채 우-소 서-채 우-소 서 - - - 주 의-사 랑
-에 목 마-르 니 - - - - 채 우-소 서-채 우-소 서
- - - 주 의-임 재 -를 기 다-리 니 -

오 소 서 진 리 의 성 령 님- 이 땅 흔 들 며 임
하 소 서- 거 짓 과 탐 욕 죄 악 에 무 너 진-
우 리 가 슴 정 케 하 소 서 오 소 서 은 혜 의
성 령 님- 하 늘 가 르 고 임 하 소 서-
거 룩 한 불 꽃 - 하 늘 로 서 임 하 사- 타 오
르 게 하 소 서 주 영 광 위 해
부 흥 의 불 길- 타 오 르 게 하 소 서 - - 진 리
의 말 씀- 이 땅 새 롭 게 하 소 서
은 혜 의 강 물-흐 르 게 하 소 서- - 성 령
의 바 람- 이 땅 가 득 불 어 와
흰 옷 입-은 주 의 순 결 한 백 성 -주 의
영 광 위 해 이 제 일 어 나 열 방 을- 치 유 하
며 행 진 하 는 영 광 의 그 날 을 주- 소 서

423. 나를 받으옵소서

사6:8

최덕신

주님 내 가여기있 사오니 나를보 내 소-
서 나의맘 나의몸 주께드 리오-니 주
받으옵 소서 주님내 가여 기있
사오니 나를써 주소-서 가진
것 모두다 주께드리오-니 주 받으옵소
서 할렐루-야 할--
렐-루-야 할렐루-
야---- 할-렐루야 주님
야 나를받으옵소서 나를받으
옵소서-

424. 내 모습 이대로

Just As I Am

김지은

내 모 습
이대로- 사랑 하 시네 연약함 그대로- 사랑
하 시네- 나의모든발-걸-음- 주가 아시-나니-
날인도하소서 - 내모습 날인도하소서 - 주의
날 개-아래-거하-는것 - 주의 임 재-안에-거하-는것
--- 나의 가장큰-소망- 나의 가장큰-은-혜-
주와함께동행하-는- 일 주의 날 개-아래-거하-는것
- 주의 임재-안 에-거하-는것 --- 나의
가장큰- 소망- 나의 가장큰-은-혜-
주와함께동 행하-는일 -

D 기도와 간구

내가 내 음성으로

하나님께 부르짖으리니

내 음성으로 하나님께 부르짖으면

내게 귀를 기울이시리로다

시편 77:1

425. 나의 마음을
Refiner's Fire

욥 23:10

Brian Doerksen

나의마-음을 - 정금과같 이 정결 케 하소서
나의마-음을 - 정금과같 이 하 소서
내 영혼에- 한소망있 으니 - 주님
과 같-이 거룩하게-하소 -서- 나의삶
을 드리니 거룩하게-하소서 --오주님
나를받으-소서 - 나를받으-소서 - -

426. 두 손 들고 찬양합니다
I Lift My Hands

계 22:3-4

Andre Kempen

두 손들고 찬양 합니다 다시 오실왕 여
호와께 오직 주만이 나 를 다스리 네
- 나주님만을 섬 기리 - 헛된마음 버 리고
- 성령이여 내 영혼 - 충만하게 하 소서
- 주님앞 에 내생 명 드리리 라 -

427. 예수 사랑 내 맘에

SFC 주!앙모

예 수사랑 내맘에넘 쳐 이
땅 흐르도 록 주여부 으소서
예 수사-랑 내맘에넘 쳐 이
땅 적시도록 주여부 어주 소서

428. 주님 한 분만을 위하여

설경옥

주님한분만을위하 여 주님한분만을향하 여
주님한분만을바라 며 내영 혼 이찬양드려 요
그무엇이- 나를향한- 주님사랑- 빼앗으리요-
그무엇이- 주님향한- 나의사랑빼앗으리 요

429. 우리는 기대하고 기도하며

김영범
우리-는 기대-하고 기도-하
며 기다-리 네- 주께서--이
땅 고치실-것을 - 우리-
주예수-의이름 높이서-리라
- 담대-하라 감사-하라 기뻐-하
라 송축-하라 만유-보다 크신하-나님
- 그약속 능히 지키시리 -라- 그약속
능히 지키시리 -라- 우리--

431. 마른 땅

Beracah 최성환
내영혼이 마른땅 같-이- 주의은혜 사모
내영혼이 마른땅 같-이- 주의은혜 사모
하오니-하늘 의문열어주 소서- 크신 은혜 내리소서
하오니-하늘 의문열어주 소서- 넘치 도록 채우소서

430. 성령의 불로
Fire Of The Holy Spirit

Scott Brenner
예수님목 -마릅-니다 - -
오시어기 -름부으소서 - -
주님을사 -모합-니다 - -
오셔서채 -워주-소서 - -
성령의-불로 - 성령의-불로 -
임 하--소서 - 임 하--소서 -
성령의-불로 - 성령의-불로 -
기름부-으소서 - 기름부-으소서 -
불같은사 -랑드립니다 - -
나의간구 -를들으소서 - -
이세상어 -느것-보다 - -
주님을의 -지합-니다 - -

432. 예수 피를 힘입어

양재훈
주의보좌로 나아갈때에 어 떻게나아가야할 까
주의보좌로 나아갈때에 나 여전히 부족하나
나를구원한 주의십자가 그 것을믿으며가네 -
나를품으신 주의그사랑 그 것을믿으며가네 -
자격없는내힘이아 닌 오직예수님의보혈로
자격없는내힘이아 닌 오직예수님의보혈로
- 십자가의보혈 - 완전하신사랑 힘입어
나아갑니 다 십자가의보혈 - 완전하신사
랑 힘입어나아갑니다

433. 아버지 내 아버지
Father Me

Brian Doerksen & Paul Jan
아 버지- 내 아 버지- -
주의-사랑 - 필요-해요 -
나의-이름 - 부르-소서 -
아 버지- 내 아 버지-
고아와 -같이 - 두지마-소서 - 나의
아버지 -집에 - 날 받아주-소서 - 나의
위로 피-난 -처 내영혼의치--료자
- 두려움 에서건지 -사 아버
-지- 집으 -로- 이 끄소서-
아 버지- 이 끄 소서-

434. 주님 내 아버지
Father, O My Father

Stephen Hah
주님-내아 버지 --사 랑하며 -감 사하리 온
맘 다 해 -주 섬기리 나 를 -받으소 서
주님 -내아 버지 --주께 가오니-임 하소서 온
맘 다 해 -주 섬기리 내 -생명다 해

435. 빛으로 부르신

심형진
주님이우 -리를- 빛으로부 -르셨-으니
- 부르심따 -라서- 나살기원해 -
거룩한나 -라요- 주께서택 -한백 -성이니
- 주를의지 -하여- 담대함으로 -
주님의빛 - 비추-게하 -소서
어둔 세상가-운-데 - 거룩함-으로
- 주님의빛 - 비추-게하 -소서 예수
의이름-으-로- 일어서-도록 -

436. 아버지여 구하오니
One Voice

엡4:1,3
Robert Gay
아 버지여 구 하오니- 이제 이 땅고쳐주-소
함 께주를 찬 양하며- 이제우 리마음합-치
서 우리 맘엮으 사주의 영광나-타-내소서-
세 주예 수 그이 름온땅 위에높-이-들리리-
만유의-주님 온 세상알도록 - 목소리
만유의-주님 온 세상보도록 - 목소리
합 쳐- 주께 영광돌-리며- 주님의
통 치- 선포 하게하소서- 목소리합 쳐 주
님을찬-양하며 이제 하나가되게하소 서

437. 나 주님의 기쁨 되기 원하네
To Be Pleasing You

잠24:25, 습3:17
Teresa E. Muller
나주님 -의기쁨 되-기원 -하네- 내
겸손히- 내마음드-립니 --다-
마 음을-새롭-게하소-서-
나 의모- 든것- 받으소-서 --
새 부대 -가되-게하-여주 --사- 주
나 의맘- 깨끗-케씻-어주 --사- 주

님의빛 - 비추-게 하소- 서 -- 내 가
의길 로- 행하-게 하소- 서 -- 내 가
원 --하는- 한 --가지 -
주님의-기쁨이되는것 - 내가 원--하는-
한 가 -지 -- 주님의-기 쁨 이되는것 -

438. 오소서 성령이여
Spirit Come

Jamie Burgess

우리-함께 - 일어나 - 부흥위해 - 기도
하 네분열 - 의담 - 다허물고 - 성령 일 -에나도록
- 성령 이여임하 소 -서 우리 에게임하
- 성령 이여임하 소 -서 이땅 위에임하
- 성령 이여임하 소 -서 다시 한번부으
소 -서 주를 떠난우리 에게 오소 서 -성령이-
여 주가 다시세운 나 -라 주만 위해사는
나 -라 부흥 의불타는 나라 오소 서 성령-
님 우리-함께 님 성령님

439. 아버지 날 붙들어 주소서
Father I Want You To Hole Me

사40:21,27:31

Brian Doerksen

아 버지 날붙들-어 주 소서 - 주품안
아 버지 날붙들-어 주 시리 - 나주의
에 쉽게하 소 - -서 -
것 그분의 자 - -녀 -
아 버지 날깨달-게 하 소서 - 주언제
아 버지 날깨달-게 하 시려 - 주나를
나 나 -를 돌 -보심을
붙 드시니 두 -렴없네
내 모든 -걱정 - 주의 발앞에놓으리
내 모든 -염려 - 주의 발앞에놓으리
주 거기-계셔 - 나의모 습 이 대
주 여기-계셔 - 나의모 습 이 대
로 - 나를사 -랑-- 하 시네

440. 이런 교회 되게 하소서

김인식

진정 한 예배가 숨쉬는교회 주님 이 주 인 되시
는교회-믿음 의기도가 쌓이는교회최고의찬양을드리
는교회- 말씀 이살-아움 직이는교회 성도의사랑이넘치
는교회-섬김과헌신이 기쁨이되어열매 맺는아름다운교

회 주님의 마음닮아서 이웃을 사랑하는교
회 주님의 영광을위해 서 빛되신 주 님 전하는교
회 사랑 의불꽃이 활짝피어나 날마 다사랑에빠지
는교회-주께서사-랑하는 우리교회가이런 교회되게하소서

441. 우리는 주의 백성이오니

We Are Your People

벧전 2:9-10

David Fellingham

우리는 주 의 －백성이－오니 － －주의그
큰 이름 －선포합－니다 － －이곳어두운
세 상에 －빛으로부르셨 네 －주의얼굴
구 할때 －역사하소 서 － 교 회
를 세 우 시 고 － 이 땅 고쳐주소
서 － 주 님 나 라 임 －하
시 고 주 뜻 이뤄지이 다 －

443. 나 기다립니다

Esperar en Ti

Jesus Adrian Romero

나 기다립－니다－ 내 영혼지－치고－ 더
이상견－뎌낼－ 힘조차 없 어도－ 그 러나내－맘은－ 주
신뢰합－니다－ 주 님만내－삶에－ 주인되시 니주를
기 다려 내영잠 잠 －하 의심의 파도덮－쳐와도 흔들

442. 마음이 상한 자를

He Binds The Broken-Hearted

시 147:3

Stacy Swalley

마 음이상－한자－ 를고 치시는－주님－
성 령으로－채우－ 사 주 보게하－소서－
하늘의－아버－지 날 주관하－소서－ － 주
주의임－재속－에 은혜 알게하－소서 － 주
의길로－인도－하사 자 유케하－소서－
뜻 대로－살아－가리 세 상끝날－까지－
새일을행하－사 부흥 케－하－소서－ 의에
나를빛으시－고 새날 열어주－소서－ 의에
주 리고－ 목이마 르니
성 령의－ 기름－부으－소 서 의 에
주 리고－ 목이마 르니－
내 잔을－채워－ 주소 서

리지않－고서－서 주만 바라보－리라－ 주를
기 다려 폭풍속 에 －도－ 주음 성내거－멀어도 주날
인도하－시리－니 주만 의지합－니다 －

444. 소원

전은주

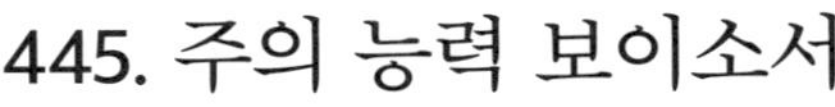

445. 주의 능력 보이소서
Show Your Power

Kevin Prosch

주님 내가주-의장-막을- 사모합-니다-
오직주-의임-재를- 갈망합-니다- 주의
집에서-의하-루가- 다른 곳의천-날보-다좋으니
- -주사랑안에머-물며- 사랑노래합-니다- 나의
평 -생에- 단 한가지-소원---주의
아름다우심보며-사랑 노래 하는것-- 나의
왕 -되신 - 주님 의-얼굴--구하며
- -그사랑안에머-물러 - 사랑노래합-니다 -

모든-만물 다 스리-시는 예 수는주 -
어둠-에서빛-을 창조-하신 예 수는주 -
영원-히우리-와 거하-시는 예 수는주 - 그
자가-볼-때-만 족주-시는 예 수는주 - 우
이름-부를때-능 력주-시는 예 수는주 - 주의
리를-주의자-녀 삼으-시는 예 수는주 - 주의
능 - -력 보 이 소 서 주의능 - -
력 보 이 소 서 오하나 님 -
열방-의소망-이 되시-는주님 예 수는주 - 우릴
구원-하신 능 력의-하나님 예 수는주 - 십

446. 오늘 이 예배가

윤영준

오늘이예-배가 - 주를향 한사랑의표현이-기 를
오늘이섬-김이 -
주를향한 내 사랑이-나의 예배에-나타나기 를
섬 김에- 나타나기 를 너는나

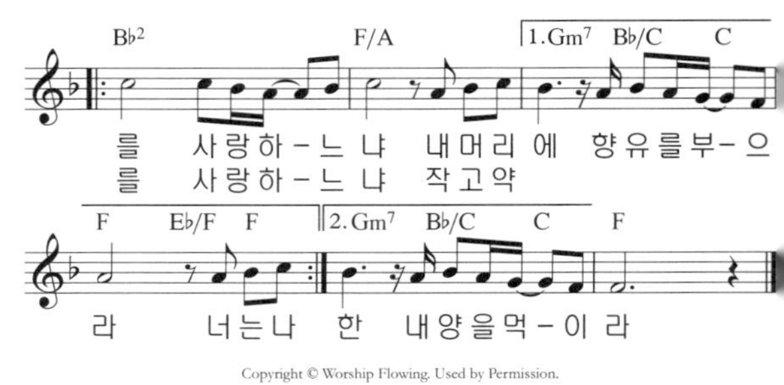

를 사랑하-느 냐 내머리 에 향유를부-으
를 사랑하-느 냐 작고약
라 너는나 한 내양을먹-이 라

447. 밀알

천관웅

세상을 - 구 원하기위 - 해 - 흘려야 - 할피가필
길잃어 - 지 친양을찾 - 아 - 마음상 - 해이리저
- 요하 - - 다 - 면 - 죄인을 - 대 신하기위 - 해 -
- 리헤 - 메이 - 는 - 한영혼 - 찾 아아파하 - 는 -
희생의 - 제물 - 필요하 - 시다면 내생명 -
예수님 - 마음 - 내게주 - 옵소서 십자가 - 온
제단위에드 - 리니 주영 - 광위해 살게하 - 소 -
세상위한그 - 희생 눈물 - 로그길 가게하 - 소 -
서 생 명이 또 다른 - 생 - 명 - 낳 고
주님볼 - 수 - 있 - 다 면 나 의삶 - 과 - 죽 - 음 - 도
아 낌없 - 이 드 리 리 죽 어야 - 다 - 시 - 사 는
주 의말 - 씀 - 믿 - 으 며 한 알 의밀 - 알 되 - 어
썩어지 - 리니 - 예수님 - 처럼 - 살아가 - 게하소 서

448. 여호와의 유월절

조영준

지극히높은 주님의 - 나지성소로 들어갑 - 니다
- 세상의신을 벗고서 - 주보좌앞에 엎드리리
내주를향한 사랑과 - 그신뢰가사 그려져 - 갈때
- 하늘로부터 이곳에 - 장 막이덮 - 이네 -
이곳을덮으 소서 - 이곳을비추 소서 -
이곳을덮으 소서 - 이곳을덮으
내안에무너 졌던모 - 든소 - 망다회복하리 - 니 -
소서 -
이곳을지나 소서 - 이곳을만지 소서 -
이곳을지나 소서 - 이곳을만지
내안에죽어 가는모 - 든예 - 배다살아나리 - 라 -
소서 -

F 기도와 간구

449. 정결한 맘 주시옵소서

Create In Me A Clean Heart

Keith Green

정 결한맘주시 옵소서- 오 -주님 -
정직한영을 새 롭게하소 서 - 정
- 나를 주 님앞-에 서 멀리 하지 마시
고 주의 성 령을 거 두지마옵소 서
- 그 구 원의 기쁨- 다시 회 복시 키
시 -고 변치않는맘 내안에주소 서

450. 깨끗한 손 주옵소서

약4:8

Give Us Clean Hands

Charlie Hall

무릎꿇고 엎드리니 우릴겸손케하소
서 악한데서 눈을돌려
모든우상버리오니 깨끗한-손 - 주옵소-서
- 주님 만 높여드-리기 원-해- 정결한-맘
- 주옵소-서 - 주님 만 높여드-리기
원해 우리세대로 - 주의얼굴찾게 - 하옵소서
- 오-야곱의하나 -님우리세대로 -주의얼굴찾게
- 하옵소서 - 오-야곱의하나 -님 -

451. 누군가 널 위하여 기도하네

Someone is Praying for you

Lanny Wolfe

당신 이 지쳐서 -기도할수없 고 눈물
당신 이 외로이 -홀로남았을 때 당신
이 빗물 처럼- 흘 러내릴때 주님
은 누구 에게- 위 로를얻나 주님
은 우리 연약 함을 아시 고 사랑으
은 우리 상한 맘을 아시 고 사랑으
로 인 도 하 시 네 -

누 군 가널 -위 하 여 -
누 군 가기 -도 하 네 - 네가홀
로 외로워 서- 마음 이 무너질 때 누군가
널위- 해 기 도 하 네 -

452. 창조의 아버지
Let Your Glory Fall

David Ruis

1.창 조-의아버 -지   그섭리보-이사 -
주 의-크신능 -력   만물이사모하니 -
2.열 방-의통치 -자   세상이보-리라 -
우 릴-돌아보 -사   강건케하-소서 -

택하신세대일으키 ---어-   이땅을고치소서 -
성령의기름부어주 ---사-   이시간임하소서 -
신실한주의약속으 ---로-   교회는승리하리 -
연약함모두벗어지 ---고-   승리케하옵소서 -

- 주영 광 여기-임하사 -   열방향
-해그빛- 비추소서   주의 얼굴구--할때
- 주의 향기 머무 소 --서
Fine
-서   주의나-라가   임하옵-시며
(형제)   (자매)
주님의-뜻이   이뤄지-이다   이땅가-운데
(형제)
하나님-아들   영광보이-소서 -   주영
(자매)   (함께)
D.S. al Fine

453. 주님 마음 내게 주소서

Ana Paula Valadao

보 --소서 -주님- -   나의마음을
- -선-한것하 -나 -없습니다 -   그
러 나내-모든-것 -주 께 드립니-다 -   사
랑으로-안으시고   날새롭-게   하소서-
주 님마- 음내- 게주- 소서 -   내아- 버지-
주 님마- 음내- 게주- 소서 -   나를향 하신-주님
의 뜻이 -   이 루 어지- 도록-
주 님마- 음내- 게주- 소서 -   Fine 보 --소서
내 게사랑-을가-르치-소서 -   당신
의 마음- 으로-   용서 하게하- 소서-
주 의성- 령내- 게채-우사   주 의길- 가게
-하소-서- -주 님 당신마 음 주소서-
D.S. al Fine

454. 부어주소서 주님의 성령

고형원
부어주소서 - 주님의 성 령 - -
하 나 님의 영 - 충 - 만 케 -
주 여 우리게 - 기름부으 사 - - 가 난
한 자에게복 - 음전 - 케하 소서 - -
부 어 주소서 - 주님의 성 령 - -
마 음 상한 자 - 고 - 치 며 -
포 로 된자 를 - 자유케 하 며 - - 흑암
에 갇힌영혼 - 구원 - 케하 소서 - - 우리들일어
- 나 - 은혜 의해전파하도 - 록 - - 우리들주님
- 의 - 신원 의날선포하도 - 록 - - 우리들주님
- 의 - 신원 의 날 선포하도 - 록 - - 성령
의 바람 - 불어와 - 우릴 채 우 - 소서 - 주의
- 영광 - 위 해 - - 하 늘
의 불꽃 - 내려와 - 타오 르게하 - 소서 - 주의

- 영광 - 위해 - -

455. 우리의 기도

이길승
오늘이자 - 리에 모인우 - 리 - 어린양예 - - 수
따 라 가 는 - 무 리 - 되 게 - 하 소서 -
성령의충 - 만한 임재안 - 에 - 어둡던우 - 리눈
밝 아 져 서 - 주 를 - 보 게 - 하 소서 -
당신의겸 - 손함 당신의거 - 룩함 당신의정 - 직함우리
에 게 보 - 이 사 - 나 안 에 교 - 만 함 내안 에 천 - 박 함
내안에거 - 짓됨모두 벗어버 - 리고 - 어린양예 - - 수
따 라 가 는 - 무 리 - 되 게 - 하 소서

456. 야베스의 기도

Prayer Of Jabez

이은수

원컨대 주 께서 내게- 복-에 복을 더하사- 나의
지경을- 넓히시고 - 주-의 손으로- 나-를
도우사- 나로 환난 벗어나- 근심 없-게 하소서-
Fine
성령의 충 만을 - 가득히 부 어 주소서
- 오늘 내 삶 속에 - 능력의 주 님 손 길로
- 나 의 사 는 날 그 모든 순 간을
주님의 - 힘으로 - 채우소 서
D.C al Fine

458. 부흥 있으리라

시 85:6

Renee Morris

부흥-있-으리 -라- 이 땅에 ---
부흥-있-으리 -라- 이 땅에 --- 동쪽과
- (동 쪽)서쪽 - (서 쪽)남쪽 - (남 쪽)북쪽에
부흥-있-으리 -라- 이-땅에 - -
이 땅에

457. 주 내 소망은 주 더 알기 원합니다

Changed By Your Love

Scott Brenner & Andre Ashby

주 내 소망은 - 주 더 알기 - 원합니다 - 이전보다
- 더 가까이 --가기 원 합-니 -다 -
오 주의 품에 - 기대기만 - 원합니다 -주의 사랑으로
- 변화시켜 - 주 시 옵-소 --서- 주 사랑
-으로 날-개치며 - 오르게 하소 -서- 은밀한 곳에
영원히 영원히 -거하게 하소 -서- -
오 주의 사랑 - 부끄러워 - 않겠어요 -주의 사랑으로
- 변화시켜 - 주 시 옵-소 --서

459. 보좌 앞으로

민호기

주 님의 보혈 - 의지하는 맘-으로
- 보 좌 앞-에 지금 가 오니-
날 씻 기 소 서 - 사모하 는 영-혼을
- 받 아 주-소 서 -

460. 아버지 기다립니다

주영광
아버지기 다립니다 나에게귀 기울이사
나의깊은 부르짖음 오주여들 어주소서
아버지안 아주소서 아버지품 어주소서
아버지나 를친히만 나주소서 Fine
주의품 의어린양
어리고 약한나를
주의넓 은두팔로
나를안 아주소서 D.C al Fine

461. 날 새롭게하소서

정장철
주 계신곳 나 찾으리
주님앞에 나가 주뵈오리
날새롭게하 소서 날새롭게하 소서
날새롭게하 소서주님 이시간
내모든것 맡기리라
나의연약한모습 주님 고치리 이시간
날새롭게하 소서 날새롭게하 소서
날새롭게하 소서주님 이시간

462. 기도할 수 있는데

고광삼
기도 할 수 있는 데 왜
할 수있 는 데 왜
걱 정하십니 까 기도 하 면서
실 망하십니 까 기도 하 면서
왜 염려 하십 니 까 기도
왜 방황하십 니
까 주님 앞에 무릎 꿇고

간 구해 보세 요 마 음을
정 결 하게 뜻 을다 하여 기도
할 수있 는 데 왜 걱 정하십 니 까 기도
하 면서 왜 염려 하십 니 까

463. 그 날

고형원

사망의그늘에앉 아 죽어가는 나의백성 들 절망
과굶주림에 갇힌저들은 내마음의-오랜슬 픔
고통의멍에에매 여 울고 있는 나의자녀
들 나는 이제일어나-저들의 멍에를꺾고
눈물씻기기-원하는 데 누가내게부르-짖
어 저들을구원케-할 까
누가나를위해-가 서 나의사랑을전-할
까 나는 이제 보기원하 네 나의
자녀들-살아가는-그 날 기쁜 찬송소리하늘
에 웃음 소리온-땅가득한-그 날

464. 부흥

고형원

이땅의황무함을 보소서- -하늘의 하나님--긍휼을
베푸시는주여 우리의죄악용서 하소서- - 이
땅 고쳐주소 서 이제우리모두하 나되어- -이땅의
무너진- -기초를 다시쌓을때 우리의우상들을
태 우실- 성 령의불 - 임하소 서
부흥의불길- 타오르게 하 소서-
진 리의말씀- 이땅새 롭게 하 소서 -
은혜의강물- 흐르게 하소서-
성령의바람- 이제불어 와 오-주의영- 광
가 득한 새 날주소 서 오-
주 님나- 라이 땅에 임 하소 서

A
기도와 간구

465. 주는 완전합니다

함은진 & 소진영

주여-우린연약합-니 다
주여-우린넘어집-니 다
우린 오늘을-힘겨-워-합니
오늘 하루--또실-수-합니
-다 주뜻 이루며-살기-엔 부족합-니 다우린
-다 주의 긍휼을-구하-는 죄인입-니 다우린
- 우린연약합-니 다 다 한
- 주만바라봅-니
없 는주님의-은혜 - 온세상-위에-넘칩-니다
- 가 릴 수없 는주-영 - 광 -
온땅위에충-만합 - --니다 주 님 만이길아-오니
- 우린그-길따-라갑-니다 - 그
날 에우릴이-루 - 실- 주는완-전합니 -다-

466. 너무 멀리 왔나요

고형원

너무멀리왔 나 - 요 주님께돌-아가-기-엔
너무늦은건 가 - 요 내영혼회-복하-기-엔
- 사 랑의주님그품 을 떠-나--
- 수많은죄악속에 갇 혀-서--
내영혼잃어버린 지금- 지금- 하지
주님을잃어버린
만 내영혼주 님기다려요- 변함없는 주님의사 랑-을
- 내모습 이대로주 께돌아가요-
나의손-을잡-아주 -소 서 다시 주님의얼굴- 내영혼
볼수있도록- 나 를구원하-소 서 다시
주의임재가운 데 내 영혼 - 살수있도록

467. 주님 곁으로 날 이끄소서
DRAW ME CLOSE

Kelly Carpenter

주님곁 -으로 - 날이끄-소서 -
나의참 소망 - 그무엇 -과도 -
내 모든것-다드 -리며 - 주 음성듣-기원 -해네
바 꿀수없-는주 -사랑- 그 품안에-나안 -기리-

주님의-길로 - 인도하-소서 -
주님-만이 - 내모-든것 - 되시-니
주님-만을 - 더알게하소서 -

468. 예수님 주 당신이
SFC 백민수
A   E/A   A   /C#   D   A/C#   Bm7
예 수 님 - 주 당 신 이 -
믿음의 주요 - 온전케 하신 -
E(sus4)   E   /G#   A   D/F#   E/G#
나의 생명입 - 니 다 - 지금
주를 바라봅 - 니 다 - 주의
A   E/A   A   /C#   D   A/C#   Bm7
이 시 간 - 주 당 신 을 -
말 씀 과 - 어린양 의 피로 -
E(sus4)   E   /G#   A   A7   /C#
내 가 구 - 하 오 리 -
우리 승리하 - 리 라 -
D   Amaj7   /C#
생 명 의 - 말 씀 으 로 - -
어 린 양 - 주 의 보 혈 - -
Bm7   /A   G   /F#   E(sus4)   E
먹 이 어 - 주 소 - 서 -
자 유 케 - 하 소 - 서 -
D   Amaj7   /C#
마 음 이 - 빈 자 에 게 - -
십 자 가 - 주 의 영 광 - -
Bm7   A/C#   D   E7/D   A
내 리 어 - 주 소 - 서 -
내 안 에 - 주 소 - 서 -
469. 그런 사랑
조은혜
A   A/C#   D   A/C#
나 - 지금 - 껏 - 어린아 이처 럼 - 말
D   A/C#   Bm7   E
하 고 - 깨 닫 고 - 생 각 - 해 왔 어
A   A/C#   D   A/C#
주 - 나에 게 - 가르 쳐준 - 것처 럼 - 성
D   A/C#   Bm7   E
장한 - 사람 - 의 - - 사 랑 을 - 하고 파 - 시 기
A   E/G#   F#m7   A7/E   A
하지 - 않으 며 - 자랑 하지 - 않으 며 - 오
D   A/C#   Bm7
래참고온유하며내 유익을구하지않 - 는 - - 그 런 사
E   A   E/G#   F#m
랑 - - - 교만 하 지 - 않으 며 - 무례 하 지 - 않으
A7/E   A   D   A/C#
며 - - - - - 불의를미워하고진 리만을즐거워하 -
Bm7   E   A   E
는 - - 그런사랑 하고 - 파 모든
A   E/G#   F#m7   A7/E   A
것을 - 참으 며 - 믿음 잃지 - 않으 며 - 희
D   A/C#   Bm7
망으로가득차모 든것을견디어내 - 는 - - 그 런 사
E   A   E/G#   F#m
랑 - - - 예 언 도 - 방언 도 - 지 식 도 사 - 라 질
A7/E   A   D   A/C#
때 - - - - - 언 제까지나영원한변 하지않 는온전한 -
Bm7   E   A
것 - - 그건바 로 사 - - 랑

470. 주께 가까이

주 께 가까이- 날 이 끄소서-- 간
절 히주- 님만- 을 원합니- -다 - 채
워 주소서- 주 의 사랑을-- 진
정한찬- 양드- 릴수있도- -록- 주
-록- 목마- 른 나의영혼- 주 를부르니---
나의맘- 만져--주-소서 - -주님만을 원합니다- 더
원합니다- - - 나의맘- 만져--주소- -서-

471. 나의 기도하는 것보다

나의기도하-는 것 보다 - 더욱응답하실
하 나님 나의생각하-는 것보다-
더욱이루시는 하 나님 우리가운데
역 사하신 능력대로 우 리들의
간 구함을 넘 치도록 능히하실
주 님께 모든 영광과 존귀 찬양과 경배를
돌 릴지 어 다 모든 영광과 존귀
찬 양과 경배를돌 릴지 어 다

472. 임재

하늘의문을여 소서- 이곳을 주목하소서- 주를
향한노래가-꺼지 지 않으니 - 하늘을열고보
소서- 이 곳 에임재하 소서- 주님을
기다립니다- 기도 의 향기가-하늘 에닿으니-

주여임재하여 주 소서 - 이 곳에오셔
서-이곳에앉으 소서-이곳에서드 리는-예배를받으
서 주님의이름 이-주님의이름 만이-오직주의이
름만- 이곳 에있습니 다 이곳에오셔 다

473. 전능하신 나의 주 하나님은

Alda Celia

전능 하신나-의주-하나--님은 - 능치
못하실-일전혀- 없-네- 우리 의모든-간구--도 우리
의모든-생각--도 우리 의모든-꿈과-모든-소망
--도- 신실 하신나-의주-하나--님은 - 우리의
모든과-로움-바꿀-수- 있-네- 불가
능 한일 - 행하 - 시고 죽은
자 를일 - 으키 - 시니 그 를
이 길자-아무-도 없--네 - 주의말씀
의 지 하 여 - 깊은곳에 그물던져 - 오늘
그가놀-라운-일을-이루 -시는-것보라- 주의말씀
의 지 하 여 - 믿음으로 그물던져 - 믿 는
자 에겐 - 능치 - 못함 - 없네

474. 나의 백성이

Heal Our Land

Tom Brooks & Robin Brooks

나 일 백 성-이 다 겸비하여
무릎꿇 --고 다 겸비하여
내 게기 도 하 며 나 의 얼 굴-을
주 께기 도 하 리 주 의 얼 굴-을
구 하 여 서 그 악한길떠 나 면
구 하 여 서 그 악한길떠 나 리
하 늘 에 서 듣 -고- 죄를 사 하 며
주 님 의 자 비 -로- 죄를 사 하 며
그 -들의땅 -을 고 치 리 라 아
주 님 의 자 비 -로 임 하 소 서 아
버 지 여 - 고 쳐 주 소 서 -
이 나라 주 의것 되게 하 소 - 서 주
하 나 님 간절 히 기 도 하 오 니 - 상
한 이 땅 새 롭 게 하 - 소 - 서 -

475. 주께 가오니
The Power Of Your Love

골3:10

Geoff Bullock

주께가오니 - 날새롭게 하 시고 - 주의은혜
나의눈열어 - 주를보게 하 시고 - 주의사랑

를 부어주 - 소 서
을 알게하 - 소 서

내안에발견한 - 나의연약 함 모두 - 벗어지리
매일나의삶에 - 주뜻이뤄 지 도록 - 새 롭게하소

라 - 주의사랑으로 - - -
서 - 주의사랑으로 - - -

주 사랑 - 나를붙드 시 - - 고

주 곁에 - 날이끄소 - 서 - -

독 수리 - 날개쳐올라 가 - - 듯 나주님과함

께 일어나걸으 리 주의사랑안에 - - - -

476. 나는 믿네

Ana e Edson Feitosa

내게 허락하 - 신 - 시 련 을통해 - 나의

믿음더 - 욱강 - 하게 - 자 라나고 - 험한 산과골짜 - 기지

나는동안 - - - 주께 더가까이 - 나를이 - 끄시네 - 내가

겪는사 - 험아 - 어렵고 힘겨워도 - 내 - 주님보 - 다 - 크자 - 않너

- - - 내앞 의바다가 - 갈라 지지않으 - 면 - 주가

나로바 - 다위 - 걷게 - 하리 - - - 나는믿네 - 주의

능력으 - 로내 - 삶새 - 롭 게되리 - 나 는 믿 네
능력으 - 로담 - 대히 - 나아

가 리라 - 주 와 함 께 싸 워 - 승 리

하 - 리라 - 날마다 믿음으 - 로나 - 살아 - 가리 -

여호와는 나의 힘과

나의 방패이시니

내 마음이 그를 의지하여

도움을 얻었도다

그러므로 내 마음이

크게 기뻐하며

내 노래로 그를 찬송하리로다

시편 28:7

477. 주의 옷자락 만지며

Saul Morales
주발앞에- 무릎꿇고- 그사랑에 - 나안기네-
어떤말도-그 어떤소리-도그 발앞에서- 잠 잠해지네 -
주나의사 -랑- 그발 앞 에 -앉아 ---
내모든기도 -는- 사랑의 노 래가 되네 -
주 의 옷자락만지 며 주의 두 발을씻기며
- 주님 -그발에입맞 -추며 -나의 왕관을놓으리
- 주의 옷 자락만지며 - 주의 두 발을씻기리
- 주님 - 그발에입맞 -추 며 -나의
왕 관 -을 놓 으 리

478. 빈들에 마른 풀 같이

한은택
빈들에마른풀 같 이시든 내영에주여임 하 소서 오
반가운빗소리 들 려봄- 내리듯주여임 하 소서 오
철따라우로를 내 려시든 내영을소생시 키 소서 오
참되신사랑의 언 약봄- 내리듯주여임 하 소서 오
이곳에-마른 내안에-성령 하나님임하소 서
내안에-
이땅에-
이땅에-
가 문 내 안 에 - 성 령 이
여 은혜의 비 단비를 내 리 소 서
메 마 른 땅 에 - 성 령 이
여 은 혜 의 빛 생 명 의 빛 비
추 사 추 - 소 서

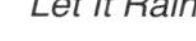

A 기도와 간구

479. 성령의 비가 내리네

Let It Rain

Michael Farren
성 령 -의- - 비가 내 리 네 -
하늘의문 -을여소 -서- 성 령 -의- -
- 비가 내 리 네 - 하 늘의문 -을여소 -서-

480. 부흥의 세대

Scott Brenner
우리 가 약한-길에 --서-떠나-
거룩함으로-부르-심에-답해-
주여 세월을-아끼-겠나-이다-
스스 로겸비-하고 - 기도하며 -
우리 가-성-회로-모--여-
지 금의-때가 - 악-하니 -
주얼 굴 구하-오니 -
울며 기 -도-하고 -
아멘 주 -예-수여 -
이 땅 고치-소서 -
금 식하-오니 -
오 시옵-소서 -
주-여들 -으--소서 - 주이-름으
-로- 일컫 는 백성-에게 - 부
흥 을주-소서 -
하나님얼굴 -구하-는세 -대되-게하
-소서-- 온땅덮 는주 -의영-광보
--게 하 -소서- 모든나 라족
-속가-운데 -부흥--임 -하기까-지
밤낮을부르짖 -는부-흥의 -세대-로세

-우 소 서 - -

481. 예배자의 기도

양승찬&지혜민
주 님 한분만으로 난 만-족해요 - 내
삶은주-님의 - 것입니다 - 주
님 한분만으-로 난 만-족해요 - 내
삶은- 주님 -것입-니다 - - 주
이 젠 이고백을 - -마음 과 - 말로만아닌
1. - 삶 과 행함으로-드릴-수있 는 - 이
2. - 삶 과 행함으로 -드릴-수있는 -
예 배자 - 예 배자 -
살 아있는-예배 - 겸손한-예배
- 원 하시는-예배 -되게하소서 -

482. 주는 사랑이십니다

김지은
나의-지친삶의순간 마-다 말씀으로내게찾아
흔들-리는삶의순간 마-다 말씀으로내게찾아
오셔서 나의-마음감싸안으 시-는 내
오셔서 넘어-지는날일으키 시-는 내
주님께 - 간절히-원 하 네 주님께 - 간절히-원
하-네나의모든생-각 과 나의모든것-드 려 내주님께
과 나의짐내려-놓 고 내주님께
나 아가길-원하네 - 그때나의삶은 변하고- 온
전케되리-주만 바라봅--니다 - 세상모든유-혹
사 랑 이 - 십 니 다 -

483. 심령이 가난한 자는

여명현
심 령 이 -가난한자 는 천국이 -저희것이
한 자복이있나 니 땅을 기 업으로받겠
요 애통 하 - 는자는복있 네 위로를 -받을것이
네 의에 주리고목마른자 는 저희배 -부를것이
요 온유 요 긍휼 히 여기는자 는 긍휼
히 여김받겠 네 마음 이 청결한자 는 하나
님 을볼것이요 화평 케 -하는자- 는 하나
님의아들이라일컫 네 의를 위하여핍박받는 자 천국
이 -저희것이 라 내게 도 주 소 서 내가
복 을받기원하 네 오 내 -주 - - 여
주 소 - 서 아 - - - 멘

484. 주님께로 나가며

이동호 & 김인
절망- 속에주를-보네 내 주님-께서
나를-정금같 이-하 시 리니- 나
피 로-울때 더욱 주 께-로갑 니

다 주님께로나 가 - 며 - 주님께만
내 맘드-리니 - 성령으로나를다- 시일
-으키시고 주의 길 에서게하 소 서

485. 예수 닮기를

심형진
B E/B B E/B
내삶에 소망 - 내가바라는-한 분
온유하시고 - 겸손하신 - -성품
C#m7 E(add2)
예 수 - 닮 기 -를 - 내 가-원하네 -
예 수 닮 기 -를 - 내 가-원하네 -
B E/B B E/B
한없는 사랑 - 풍성한 긍휼
자비하 시고 - 위로자되 시 는
C#m7 E F#sus4 F#
예 수 - 닮 기 -를 - 내가-원하 -네-
B E B/D#
예 수 - 닮 기 -를 - 예 수 - 보 기 -를 -예
C#m7 B/D# E F#
수만 - 높 이 - 길 - 내 가-원하네 -
B E B/D# C#m7 B/D#
내평-생소-원 - 예수-닮기 -를-예 수만 -닮기-를-내
1. E B E6
가 원 - 하 - - 네 -
2. E B C#m7 F#7
가 원 - 하 - 네 - Fine 완전하신 예 -수-
C#m7 F#7 C#m7
새롭게하 시 - 네 - 연약한내 영
D#m7 E(add2) F#sus4 F#
- 혼 - 온 전 하 게 되 -리- D.S al Fine

486. 주의 나라 오리라
Oceans Will Part

Ben Fielding
B Bsus4 B Bsus4
무너 진내맘-에- 주사 랑임하-네- 나의
지나가-고 자비 영원하-네- 나의
G#m7 D#m7 E F# B Bsus4
눈을열-어-주보게 -하시네-길잃 은날위-해-성령
눈을열-어-주보게 -하시네-주를 찬양하-며-기쁨
B Bsus4 G#m7 D#m7 E F#
간구하-사- 나의 눈을열-어-주보게 -하시네-나의
의길가-리- 나의 눈을열-어-주보게 -하시네-나의
G#m7 D#m7 E F#sus4 B
눈을열-어-주보게 -하시-네 주의나 라 오리라
F#sus4 F# E F# B F#sus4
- 주께서 - 부르-실 때 - 소망과
B F#sus4 F# E F#sus4
- 영광의 - 주의-뜻 -이루-소--서
1. G#m7 D#m7 E 2. B F#sus4 D.S al Coda B
- 고난 - 주의나 -

psalms 시와 찬미 Ⅱ hymns

축복과 교제
Blessing & Fellowship

487. 하나님의 약속

김석균

여호 와는 - 너에게 복을 주시기를원하며 - 너를
지키시기를 - 원하 시 - 며여호와는 - 그얼굴을 - 너를
향하여드 - 사 - 은혜와평강주시기원하노 라 너를
보 배롭고 - 존 귀하게 - 여기시는하 나님이
- 네삶속에서 - 이약속을 - 신실하게 - 이루시리
- 땅의 기름진것으로 - 하늘의 신령한것으로 - 너를
복주시 - 고지키실 - 하 나님이 - 너의 영혼잘되도록 -
은혜베푸시며 - 평 강으로 - 인도하시리 -

488. 야곱의 축복

김인식

너 는 담장너머로뻗은 - 나무 - 가 지
는 어떤시련이와도 - 능히 - 이 겨
에 푸른 - 열매처럼 - 하나님의
낼 강한 - 팔이있어 - 전능하신
- 귀한축 - 복 - 이 - 삶에 - 가득히
- 하 나님 - 께서 - 너와 - 언제나
- 넘 쳐날 - 거 야 - 너
함 께하 - 시 - 니 - 너 는하 나님 의
- 사 람 - 아 름다운하나 - 님의 - 사 람 - 나는널위
- 해 - 기 - 도하 며 - 네길을 - 축 복할 - 거야
너 는하나님의 - 선 - 물 - 사랑스런하나 - 님의 - 열 매
- 주의품 에 - 꽃피운 - 나 무가 되어 줘 -

489. 평안을 너에게 주노라

My Peace I Give Unto You

Keith Routlege

평안을 너에게 주노라 - 세상
이 줄 - 수 없 - 는 - 세상
이 알수도 없는 평 - 안

평 - 안 평 축 안 평안
을 네 게 주노 라

490. 당신을 향한 노래

천태혁 & 진경

아주먼옛날- 하늘에서-는 당신을향한-
계획있었죠- 하나님께서- 바라보시고-
좋았더라고- 말씀하셨네- 이세상그무엇-보
다 귀하게- 나의손으로 -창조하였-노 라
내가너로인하여-기 뻐하노라- 내가 너를사랑하 노
라 사 랑해요 축 복해요
당신의마 음에 우리의- 사랑을드 려요

Copyright © 전태혁&진경. Administered by KCMCA. All rights reserved. Used by permission.

491. 주님 손잡고 일어서세요

김석균

왜 나만겪는 고난이냐고 불평 하지마세
요 고난의뒤 편에 있는 주님이주실축복 미리
당신은잃 은것 보다 주님께받은은혜 더욱
보 면서감사하세 요 너무 견 디 기 힘드는
많 음에감사하세요 너무 견 디 기 힘든
지금이순간에도 주님이 일하고계시 잖 아요 남들
은 지쳐 앉아 있을지라도 당신만은 일어서세
요 힘을 내 세요힘을 내 세요 주님이
손 잡고계시잖아 요 주님 이 나와함께함을
믿 는다면- 어떤 역경도 이길수있잖아 요
믿 는다면- 어떤 고난도 견딜수있잖아 요

Copyright © 김석균. Administered by CAIOS. All rights reserved. Used by permission.

492. 이렇게 좋은 날

최택헌

이렇게좋- 은날- 아름다운- 우리의
만남을기뻐합-니다 - 하나님의-사랑-
가득한오-늘이시간 - 우리의만-남을-기뻐 해요-
Fine

때론 슬 플때- 도있 --고- 견디기
힘들때도있-겠 지-만- 우리예수님-
당신과함-께-늘 동 행하셔- -요-
D.C al Fine

Copyright © 1992 최택헌. Administered by KwangsooMedia. All rights reserved. Used by permission.

493. 당신은 사랑받기 위해

요일4:9-11
이민섭

당신은 - 사랑받기위 - 해 태어난사람 - 당신
의삶속에서 - 그사랑 받고있지요 - 당신
받고있 - 지요 태초부터 - 시작된
하나님의사랑은 - 우리의만남 - 을통해
열매를맺고 - 당신이이세상 - 에존
재함으로인 - 해 - 우리에게얼마나 - 큰기
쁨이되는지 - 당신은사랑받 - 기위해
태어난사람 - 지금도그사랑 -
받고있지요 - 받고있지요

494. 또 하나의 열매를 바라시며

설경욱

감사해요깨닫지못했 었는데 - 내가얼마나 - 소중한존재
라는걸 - 태초부터지금까 - 지 하나님의사랑은 - 항
상날향하고있었 다는걸 - 고마워요 - 그사랑을가르
쳐준당신께 - 주께서허 - 락하신당신께 그리스
도의사랑으 - 로더욱섬기며 - 이제나도세상에 - 전하리
라 당신은 사랑받기 - 위해 그리고
그사랑 - 전하기 - 위해 주께서택하시고 - 이땅에
심으셨네 또하나의 - 열매를바라시며

495. 너는 그리스도의 향기라

구현화&이사우

너는 그리스도의 - 향기라 - 너는
그리스도의 - 편지라 하나님 - 앞에서그리

스도의 - 향기니 - 너를통해생명이 - 흘러가
리 너를통해생명이 - 흘러가리

496. 축복의 사람

설경옥
주께 힘을얻고그 마음에 - 시온
의대로가있는그대는 - 하 나님의 - 축복
항상찬송하는그대는 - 하 나님의 - 축복
의사람이죠 - 주님 그대를 - 너무기뻐하시죠
- 주의 집에거하기를사모 하 - 고 - 주를
그 대를 - 너무사랑하시죠 - 그대
섬 김은 - 아 름 다 운 찬 송 그 대
헌신은 - 향기로운기 도 그대 가 밟 는땅어디
에서라도 - 주님 의이름높아질거예 요

497. 당신의 모습 속에

이민섭
당신의 모습속 - 에 주님의 형상있 - 네
표 현 할 수 없 - 이 아 름 다 운 -
당신의 모습속 - 에 주님의 향 기있 - 네
사 랑 의 향 기 - 가 온 땅 에 - 퍼 지 네 -
온 땅 에 - 퍼 지 네 - 주 님 당
신 을통 - 하 여 - 위 로 받 으 - 시 네
- 주 님 당 신을통 - 하 여 -
기 쁨 을 - 얻 으 - 시 네 -

498. 여호와는 네게 복을 주시고

나강후
여호와는네게복을 주 시 - 고 너 를 지키시기를 - 원
하 며 - 여호와는그얼굴로 내게비추사 - 은혜
베 푸시기를 - 원하 - 며 - 여 호와는그얼굴 - 을

네 게로 - 향 하 여드사 평 강 - 평 - 강 주
시 기를원하 노 라

499. 당신을 축복합니다

김석균
하나 님앞에- 아름답게 서있는- 당신
님앞에- 겸손하게 서있는- 당신
을 축복합니다 - 하나님만을- 사랑하며
을 축복합니다 - 하나님만을- 바라보며
사 - 는 - 당신을 축복합니다 - 어느
사 - 는 - 당신을 축복합니다 - 어려
때나 하나님-을 감동시키는-당신 을 축복합니다
움을 믿음으-로 이겨나가는-당신 을 축복합니다
- 복의통로은-혜-의 통로가되는 - 당신
- 모든것을 하나님-께 맡기고사는 - 당신
1.D
2.D
을 축복합니다 - 하나 - 어려
워도힘들어-도 감사를하는-당신 을 축복합니다
- 주가 맡긴일-신실하-게 잘감당하는 - 당신
을 축복합니다 - 당신을 축복합니다
- 축복합니-다 -

500. 주가 계획하신 이 날

김수지
주가계획하-신 이날- 사랑과 축 복이가득-하
네 오래전 주 께서계획하신 모습대로- 아름
답고-순-결한-시 간 우리 의기쁨가득모-아
서 이날을 진심으로기뻐-해 요 앞으
로두분에게사랑 과평안 -만이 가 득하길-축 복 해
요 보 세 요우리얼굴에비 친 이행복은두사
Fine
람 사랑때문이죠 - 오 늘 약 속한그사랑으
로 앞으로도 영원 하 기-를-
D.S al Fine
간 절 히 - 기 도해요-우 리

501. 축복의 통로

이민섭
당신은- 하나님-의 언약
안에- 있는축복의-통로 당신을-통하여-
서 열방이- 주께- 돌아오게 되 리
서 열방이- 주께- 돌아오게 되 리

502. 나의 사랑 나의 어여쁜 자야

이길로
나의 사랑하는자의목소—리 듣기원—하—네 나
의 사 랑 나의 어여쁜—자—야 바위
틈은밀—한곳에——서 듣기원—하—네 부드
러운 주님의—음 성 나의
성 나의 사랑 — 나의사랑 — 나의
어여쁜—자—야 일 어 나 — 함 께 가—
자 나의 사랑 — 나의사랑 — 나의
어여쁜—자—야 일—어나 — 함 께 가 자

503. 하나님의 걸작품

설경욱
그대는하나님의걸 작품— 주님 께서만드신 —
최고의작품 예수안에서—선 한일을위해 —
지으심을받았 죠 그대는하나님의걸
작품— 주님 께서만드신— 최고의작품
예비하셨죠— 주뜻안에서—그 분의영광을위해
— 세상그무엇과도— 바꿀순없죠
그대라는소중한사 람 세상그무엇과도—비
교할순없죠 그대라는소중한존 재

504. 너는 시냇가에 심은 나무라

박윤호
너 — 는시냇가에 심—은 —나무 라 하나
주의 시 절을좇아 구원열 매맺으면 주의
님 의사랑안 에믿음뿌 리내리 고 주의
영 화로운빛 —너를보 호하리 니 주의
뜻 대 로주의 뜻 대 로항—상 살 리 라
뜻 대 로주의 뜻 대 로항—상 살 리 라

505. 우리에게 향하신

김진호
우 리에게향하 신 여 호와의인자 하심이
우 리에게향하 신 여 호와의진실 하심이
크 고 크 도다 크 — —시 도 다 — —
영 원 영 —원 영원하시도 다 — —
크 고 크 도다 크 — —시 도 다
영 원 영 —원 영원하시도 다

506. 주님은 너를 사랑해

조환곤

주님은 너를사랑해- 주님은 너를사랑해- 우리를
사랑하신주- 널사랑 해 주님은 너를사랑해- 주님은
너를사랑해- 우리를 사랑하신주- 널사랑 해

508. 좋은 일이 있으리라

오관식 & 한태근

하나님을 아버지- 라 부르는- 자 는 -
예수님을 구- 주- 라 부르는- 자 는 -
성령님의 인- 도- 를 구하는- 자 는 -
좋은일이 있으리라 많이 있으리- 라 -
우리서로뜨- 겁게 사랑하- 면 은 - - -
좋은일이 있으리라 크게있으리- 라

510. 형제의 모습 속에

박정관

형제의모습속에 보 이는 하나님형상아름 다 워-라
우리의모임중에 임 하신 하나님영광아름 다 워-라
존귀한주의자녀 됐 으니사랑 하며 섬 기 리
존귀한와이여기 계 시니사랑 하며 섬 기 리

507. 주는 평화

He Is Our Peace

Kandela Groves

주 는 평 화 막힌 담을모두허 셨 네
- 주 는 평 화 - 우리의평 화
화 - 염려다 맡 기라 - 주가돌보시
니 - 주는평화 - 우리의평
화 - 염려다 화 -

509. 당신의 하나님이

SFC 백민수&박민지

당 신의하나님- 이 - 나의 하나님- 되고 당
신의백성이-나의백 성이니- -당 신을-사랑- -사
랑합니다- 당 신을-축복축복 합니다

511. 사랑의 나눔 있는 곳에

Taize

사 랑 의나 눔 있 는 곳 에
하 나 님 께 서 계 시 도- - 다

512. 축복송

설경욱

그 대를만난건- 주님 의축복이죠- 그대의
사 랑의- 섬김이- 날 감동케하죠- 그
대 를만난건- 주님 의큰은혜죠- 그대의
손길을- 통하여- 주 님을느껴요 - 그
- 사랑해요감 사해요 우리함께잡은두-손
을 언제까지나- 놓지말아요-
사 랑해요감 사해요 우리함께했던그- 약
속 영원토록- 지켜나가요

513. 낮은 곳으로

김강현

우리의섬김이- 더낮은곳으로- 우리의고백이-
더낮은곳으로- 쓰러져있는 - 그들을향해
당신이그랬듯- 더 낮은곳으로- 낮은곳으로
- 우릴초대-하네 - 함께 하자고-말씀하시네
- 우리도-예수 - 그길을-따라 - 함께
가 길원-하네 - 주님이우-리와 - 함께하-시네
- 십자 가피흘-린예수의손-으로- 모든아-픔을
- 위로하시네 - 우리 에게보-여-주-셨네 -

514. 위로송

오세광

당신 이힘들다는것 알아요 아픔
이너무많다는 것 도 위로하길원- 해 - 요7
감 싸주고싶어-요 당신은 -하나님의-
사 람인-것을 내가 알수없는그대 깊은

마 음속 까지- 당신 을지으신하나 님은-
알 고계-셔요 위 로하길원- 해 - 요
감 싸주고싶-어-요 당신은-하나님의-사 람

515. 주의 말씀 앞에 선

Break Dividing Walls

강명식, 김한규 & 강명식

주의 말씀앞 -에선- 당신 은참된-예배-자 그토
주의 부르심-따라- 당신 의삶을-드릴 때 세상
록찾으-시던- 하- 나님의-기쁨 - 이이
은당신 안에서- 주의 영광보-리라 - 이이
세 상을-향 한- 거룩한 생 명빛-되어 이-
세 상을-이 길- 주님의 군-사-되어 이-
세 상을-위 한- 구원의 소-망-되어- 영 원
세 상을-섬 길- 주님의 손 과발-되어- 영 원
한 하나님의나라 - 함께세 워-가 리

517. 축복송

송정미

때 -로 는 너의앞 에 어려 움과아픔있지 만 담대하
너는택 한 족속이요 왕같은 - 제사장이 라 거룩한
게 - 주를바 라보는 너 의영혼 - 너의영
나 라 하나님 의소유 - 된백성 - 너의영
혼 우리볼 때 얼마 나아름 다 운 -지
혼 우리볼 때 얼마 나사랑 스 러 운지
너의영혼 통 해 큰영광받 으 실
하나님을 찬 양 오할렐루 야

516. 사랑과 평강의 하나님

Beracah 안성봉

사 랑과평강의하나님 이 당신과 함께- 영원토 록 사
랑과평강의-하나님 이 당신과 함께-하시리 라
당신과함께함 이기쁨 주안에-예배하 며
당신과함께함 이 영광 주내게-베푸셨 네

518. 아름다운 사랑을 나눠요

아름다운사랑을나 - 눠 요- 주 님의사-랑을 -
우리모두사랑을나 - 눠요 내맘 에 기쁨 이넘-치게
- 사-랑을 - - 심-어요 - - 온 세
상에 주님 사 랑넘 치 도 록 - 사-랑을
- - 나-눠요 - - 우 리
이사랑을모두- 모두에 게전해- 요 -
아름다운사랑을나 - 눠 요- 주 님의사-랑을 -
우리모두사랑을나 -눠요 내맘에 기쁨 이넘-치게

519. 세상이 당신을 모른다 하여도

윤주형

세상이--당신 을모른-다하여도-주 님은-그이름-마
음에새겼네 세상이--주이 름모른-다하기에-오
늘 도 그이름 열 방에새 기 리
Fine
땅 의모든끝- 이 주께- 돌 아오게되 -리
- 잃어 버린영-혼 들향한- 아버지-의꿈---당신
의삶을- 통해- 이뤄-지 리 -
D.C al Fine

521. 하나님께서 당신을 통해

김영범

하나님께서 당신을통해 메마른땅에샘물 나게하시 기를
가난한영혼 목마른영혼 당신을통해주사 랑알기원하네

522. 힘을 내세요

SFC 백민수 & 박민지

힘 을내세요용 기내세 -요우 리안에착한일을 행하신-이가당
신께 약속했죠 후-후-나 는 너의 하나님 -이라

520. 사랑은 주께 속한 것

장진숙

사랑은주님께-로 말미암고 - 우리는그사랑-
배워가 네- 우리를죽기까-지 사랑하신-
그사랑닮아가-리 - 주님의사랑으-로묶
여진우리- 서로의아픔도- 나눠안-고-
주님이보이산-그 사랑의길- 함께걸어가리 -
사랑이 없는 모 든것 - 울리는꽹과리
같으니 - 사랑은허다한 죄를 덮네 -
그 중제 일은- 사 랑이-라 -
사랑은주님께-로 말미암고 - 우리는그사랑-
배워가 네- 우리를죽기까 -지 사랑하신 -
그 사랑닮 아가 - 리 -
우리를죽기까-지 사랑하신 -주님의 - 사랑닮아가 -리
- 사랑은 주 께 속한 것

523. 너는 축복의 씨앗

정래욱

너는 축복의 씨앗 하나님께서만
드 셨죠 너는 축복의 씨앗
하나님께서 심으셨죠 너는 으셨죠 너로인
해 주님의 사랑이 싹 틔우고
아름다운 믿음 나무자라며
너로인해 주님의 축복 열매맺으며
아름다운 향기를 나누리

524. 동역자의 노래

SFC 백민수

사랑 하는 내형제여 하나님 마음으로 우리
세 상 바라보자 주님 마음 간절하다 사랑
하 는 내자매여 예수님 마음으로 우리
삶 을 살아가자 주님 마음 간절하다 우리
서 로사랑 하며 우리 서 로기도 하며 주님
안 에하나 되어 함 께걸어가자
우 릴통해 하 나님 의뜻이 이 루어 지 도록
우 릴통해 하 나님 의나라 이 땅에 임하도록
하 나님의 이 름이 거룩히 여 김을 받 도록
하 나님의 영 광이 온땅에 충 만히 임하도록

525. 날 사랑하신

박철순

날사랑하신 주님의그큰사랑으로
내안에계신 예수님의그사랑으로
당신을 사랑합니다
당신을 축복합니다
나의힘으로 당신을 사랑할수없 네

나의가진모 든것으로 당신을축복할 수 없 지만
주님이주 신 크고도 놀라우신 그사 랑으로
당신을 사랑합니다
당신을 축복합니다

526. 믿음의 가정

Household Of Faith

John Rosaco & Brent Lamb

우리를- 죽기까지 - 사랑한그사랑
으로 당신을- 사랑하 -리-
약속하신- 축복의 - 말씀굳게 -믿으
며 믿음의가정세우리 - 우리함
께 섬기며- 믿음의가정-세우리 -
거친세-파가- 몰아칠 때 세상사-람들- 모두
알게-되리 믿음위에선-우리가정 -
우리의- 가정은 - 생명으로충만
하리은혜와- 사랑으 -로 -
우리의- 사랑은 - 희생하며섬-기는
- 것 주님보이신-대 -로 - 우리함
께 섬기며- 주님모습닮- 아가리 -
주님께 - 까지- 자라가리
생명의- 빛-을 세상에 전-하리

믿음위에선- 우리가정

527. 하나님은 당신을 통해

김석균

당신은 - 복음의편 -지 -당신은 섬김의향
- 주님의기 -쁨 -당신은은 사랑의샘
- 복음의편 -지 -당신은 섬김의향
-유물유 - 당신은- 그리스도의 향 -기 당신신
-유물유 - 당신은 - 그리스도의증-인 당당신신
-유 - 당신은 - 그리스도의향 -기 당당신
이이이은 축복의의섬혜김의의통향통 -로로로유 -
하나님은- 당신을 통 -해 -
일하시고- 영광을 -받으시며-
하나님이- 당신을 통 -해 -
새일을- 행하시 -리 - 당신은
- 리 - 하나님이- 당신을 통 -해-
새일을- 행하시 -리 -

528. 천년이 두 번 지나도

조효성 & 전종혁

천년 이두번-지나도-변하지 않는것- 당신
을향한-하나님의- 사랑이에요- 천년 이두번-지나도-바꿀
수 없는건 - 당신 을향한-하나님의- 마음이에요
- 당신 의삶을-통해-하나 님영광받으시고-우리
가하나-될때주님나라 이뤄지죠-당신을 향한하나님의-
선하신계획- 우리의 섬김과-나눔으로-아름 답게열매맺어
요 하나 님은당-신을-통해- 그의마-음을 - 그의
사 랑과- 그의용 서를- 나 타 내 기원 해요 - 천년
이 두 번 지나 도- 당신 은하나 님의 사랑- 이죠
- - 천년 이가도- 영 원 히 -

529. 해 같이 빛나리

김석균

당신 의 -그섬김 이천국 에서해같이빛나 리 당신
당신 의 -그순종 이천국 에서해같이빛나 리 당신
의 -그겸손이 천국 에서해같이빛나 리 당신
의 -그사랑이 천국 에서해같이빛나 리 당신
의 -그믿음이 천국 에서해같이빛나 리 당신
의 -그찬송이 천국 에서해같이빛나 리 당신
의 -그믿음이 천국 에서 해같이 빛나 리
의 -그찬송이 천국 에서 해같이 빛나 리
주님이기억하시면 족하리 예수님사랑으로가득한모습
주님이기억하시면 족하리 불타는사명으로가득한모습
천사도흠모하는 아름다운그모습-천국에서해같이빛나리
천사도흠모하는 아름다운그모습-천국에서해같이빛나리

530. 우리는 사랑의 띠로

The Bond Of Love

Otis Skillings

우리 는사랑의띠 로 하나 가되었습니 다 하나
님을사랑하고 예수님의사랑 을널리전하 세 모두
찬 양하 며 주의 사 랑을전하 세 모두
함 께 예 수님의 사 랑 - 을 세 상 에널리전하 세

531. 이 시간 너의 맘 속에

김수지
이 시간 너의 맘속 에 하나님 사랑이가득하기
를 진심으로 기도해 간절히 소망해 하나
님 사랑가 득하기 를 하나님은너를사랑
해 얼마나 너를사랑하시는 지 너를위
해저별을만들 고세상을만들 고아들을보냈 네 오래
전부터널위해 준비된 하 나님의크신 사 --랑
너의가는길- 주의사랑 가 득하기를축복
-해 - 힘든일도 있 겠지만 나
그때마다늘함께할 게 하나님보이신-큰
사랑으로- 나 또한너-를사랑 -해 오래

532. 하연이에게

한웅재
우리가-간직 -해야할- 소 중한것있-다면
- 내 삶을- 누군 -가에게- 나
뉘줄수있-는 것 - 약 하고- 어리
--석은- 나 자신을본-다해도 -
그 모습-그대 --로를- 사 랑할수있-으며
- - 비 교하기보-다는 - 나
내 안에-숨-겨진 - 큰
자신을가-꿔가고 - 우 리를사랑-하신그
비밀을발-견하고 - 그 소중한꿈-안에내
-분을믿-으며 - - 외
-삶을이-루며 - - 삶에
로운사-람들 - 품에안아줄수-있도록
지친사-람들 - 찾-아와쉬어-가도록
- 우리맘속-에 소중한것-을간
- 우리맘속-에누 군가의자-리남
직하며살-아요 - 겨두며살-아요
- 사 랑하며살-아요 -

533. 모든 삶의 순간

장진숙

534. 기대

천강수

이 생명 다하는 날 안개 같이 사라 질 때 나는
한 없는 영광 주께 돌리리 - 아름 다운 만물
을 날 위 해 지으 시 고 새로 운 날 들로
내 삶 가득 채 우 심 을 - 때론
봄 처럼 꽃 피 우시고 때론 겨울 처럼 매서 운 날 도 때론
뜨 거 운 감격 속 에 때론 아픔 으로 눈물 짓게 - 내
모 든 삶 의 순간 주 께 서 주 신 선 물
나 에게 가장 선하게 아름 답게 물들 여 가시네
아 름 답 게 물 들 여 가 시 네

주 안에 우린 하 나 모습은 달라 도 예 수님 한
분 만 바라 네 사랑 과 선행 으로 서로 격려
해 따스 함-으로 보듬 어-가리- 주님 우 리안 에
함 께 하시 니- 형 제 자-매 의- 기
쁨 과 슬-픔 넘-치 네- 네 안 에 있 는 주님
모 습 보 네 그 분 기 뻐 하 시 네
주 님우릴 통-해 계획 하-신 일-
부 족 한- 입 술 로- 찬 양 하 게 하-신 일-
주 님 우 리릴 통-해 계획 하-신 일- 너
를 통 해 하 실 일 기 대 -해- -

psalms
시와 찬미 ⑪
hymns

선교와 승리
Mission & Victory

535. 평화 그 사랑의 물결이

전영훈

거 센 풍랑을－넘어－ 주 가 걸어오－시－네
의 파도를－넘어－ 주 가 찾아오－시－네

－ 내 눈 주 를 볼 때 상 황 을 넘
－ 내 눈 주 를 볼 때 생 각 을 넘

－어 평화가내－게 임하네 － 삶 － 평
－어 평화가내－게 임하네

화 평 화 그 사 랑 의 물 결－이 내－안－에

－ 주 님 내 삶 의 주 인－되 시 －니－ 오

늘 도 난 이 풍 랑 위 걸 네

536. 부르심

김도훈

주 향한나의 －사랑－ 주 향한나의 －열정－

그 완전치못 －함을－ 모 두 －내려놓 고

날 향한주의 －사랑－ 날 향한주의 －열정－

날 완전케하 －시는－ 그 손 －의지하 네 내 손

을 붙잡고계 －시네－결코나 를 놓치않으 －시네 나를

향한사랑－ 그 신실하심－지금 날 붙드시네 － 주님

은 잘알고계 － 시네－나의모 든 연약한눈 －물도 나를

향한사랑－ 그 신실하심－ 나를붙드－시네 －

537. 주의 길을 가리

김석균

비바람이갈길을 막 아도 나는 가리－ 주의길을가 리
험한파도앞길을 막 아도 나는 가리－ 주의길을가 리

눈보라가앞길을 가 려도 나는 가리－ 주의길을가 리
모진바람앞길을 가 려도 나는 가리－ 주의길을가 리

이 길 은 영 광 의 길 이 길 은 승 리 의 길
이 길 은 고 난 의 길 이 길 은 생 명 의 길

나 를 구 원 하 신 주 님 이 십 자 가 지 고 가 신 길

나 는 가 리 라 주 의 길 을 가 리 라

주 님 발 자 취 따 라 나 는 가 리 라

나 는 가 리 라 주 의 길 을 가 리 라

주 님 발 자 취 따 라 나 는 가 리 라

538. 나로부터 시작되리

이천
저높은하늘위 -로-밝은태양 --떠오르듯이 -
나주저앉지 - 않으리 - -
어떤어려움에 -도-주의길을 -선택하리 -
빛가운데로 - 걸으리 - -
주님을- 크게보는 - 믿음가-지-고 -
세상에--나 타내리라 - 놀라운- 주의사랑을
- - 주의꿈을안고 - 일어-나리라
- 선한능력으로 - 일어-나리라 - 이땅의부
- 흥 과-회복은 - 바로- 나로부터시작되리 -

539. 사랑의 기 높이 들고
Lift High Banners Of Love

Richard Gillard

사 랑의기높 이-들 고할렐루야 나 팔을울려
라 주가주신승 리 찬 양할 렐루야
여 리고무 너지 리 사 리 우
리 는강한주의 군 - 대 싸 움을이-기 고
선 포하라주의 십자가 죽 음을이-기 고
갇 -힌자자유케 하 -네주예 수의이름-으로 사
부활하신영광의 주예수어둠 권세이 기 -셨 네 사
여리고무너지 리 여리고 무너지 리

540. 온 땅과 만민들아
King Of Glory

Graham Kendrick

온땅과만민들 아 주의음성듣 고모두기뻐하 라
산들과바다들 도 즐겁게춤추 며함께손뼉쳐 라
사랑과정의를 주시는주 영 원한그의나 라 -
좌우에날이선 검과같은 진리의그분말 씀
- 승 리 해 - -

541. 불을 내려 주소서

천관웅

1.나 작 는은 발 앞으 아 불 네이 내가살아 가는이유 큰 산을 모 두 태우 듯이
2.주 성 령으 로 신연을 벗고 기도 하 니 불의 사 람

불 이 되 는 것
불 을 주 소 서

나 를 쓰 소 서
되 게 하 소 서
불을-

내 려주-소서 - 내게 - 성령의-불을 -

죽 어진-영혼 - 살 릴수있-도록 - 나를 -

태 워주-소서 - 제단 - 위에나-를드 -리니-

열 방의 -불로 - 세우-소 서 - -

태 -우 소 -서 부 -으 소 -서

성 령 의 -불 을 불을 -

내 려주-소서 - 내게- 성령의-불을 -

죽 어진-영혼 - 살 릴수있-도록 - 나를 -

태 워주-소서 - 제단 - 위에나-를드 -리니-

열 방의 -불로 -세우-소서 - -

542. 사랑은 여기 있으니

방민우, 김지은, 전원, LAB&방민우

사랑은-여기있 -으니- 내게찾-아오셨 -네-
사랑은-여기있 -으니- 예수내-안에있 -네-
그가먼-저날사 -랑하사 아들 - 보내주셨네 -
완전한-그의사 -랑안에 함께 - 살게하셨네 -
오 위대하신 - 주의이름 - 높이리라 - 사
랑 그사랑 온 세상을-비추 -시네-사
랑 그사랑 승 리하리-영원까 지
지
오 위대하신 - 영광의왕 -
오 위대하신 - 영광의왕 -
- 높이리라 - 사 지

543. 매일 스치는 사람들

People Need The Lord

Phil McHugh & Greg Nelson

매일스치는 사람들- 내게무얼- 원하나-
캄캄한-세 상에서- 빛으로-부 름받아-
공허한그 눈빛은 무엇으로채우 나
잃어버린 자 들과 나누라고하시 네
모두자기 고통과- 두려움-가 득
주의사랑 으로만- 사랑할수있 네
감춰진울 음소리- 주님들으시 네 --
우리가나 눌때에- 그들알-겠 네 --
그들은 모 두 주가필 요 해
깨지고상 한마음 주가여시 네 --
그들은 모 두 주가필 요 해
모 두 알 게 되리 사랑의 주 님

544. 그렇게 살아가리

이권희

나의일 생사는동안 -주 예수만따라가 리 -주
님이보여주신 삶 -나 그렇게만살으 리
환란이닥쳐와 도 -내 목숨을빼앗으 려해도
내 주님 바라보며 그렇게살아가 리
내 게주신사 명 -모두 마치는그날까 지
멈추지않으리 쉬지도않으리 내생명도아 끼 지-않으
리 - - - 이 땅에사는내 소 망 주위해사는 것
오직예수만 오직예수만 내삶에드러 나 --길
하늘의크신 능 력이 나를이끄시 네
그이름만 그이름만 외치며-살 리

545. 너 어디 가든지 순종하라

Wherever You May Go

Stephen Hah

너 어디 가 든지 순 종 하 라
너 어디 있 든지 충 성 하 라
주 너 의 하 나 님 왕 되 신 주
영 원 히 주 님 만 사 랑 하 라

546. 우리는 주님이 흘리신 피로
Go Forth In His Name

Graham Kendrick

우리는 주님이 흘리신피로 친백성되었으니
하늘과땅 - 의 모든권세가 주앞에무너지 는
주의권세와 그 큰능력으로 주의군대 삼으소
승리의그날 곧 다가오리니 주예수여 임하소
서 - - 가 라 주님과 온
세 상 향하여 주님의백 - 성 들
모두다외치세 예수그리스도 권세와능 - 력의
주 - - - 주 - - 예수그리
스도 - - 권능의주 - - 예수그리
스도 - - - 만왕의 왕

547. 밤이나 낮이나

레베카황

나의소망되 - 신주 - 주를바라봅 - 니다 -
다시오실나 - 의왕 - 예 - - 수 주를기다립 - 니다
- 밤이나 낮이나 - 어제나 오늘도 - 영원히
주만찬 양 해 괴롭고 슬플때 - 낙망하여
넘 어져도 - 언제나 주만찬양하 겠 네

548. 나를 세상의 빛으로
Light Of The World

Scott Brenner

나 를세 - 상의빛 - 으 - 로 - 부 르신 - 주님
- 비추소서 - 나도주님의 - 빛을비추리라
- - - - 어
둠 을밝 - 히는빛 - 온 세상 - 을비
- 추는빛 - 산 위의 - 마 - 을이숨 - 기 - 지 - 못 하 -
- 네 - - 어

549. 말씀 앞에서

윤석주

말씀앞에서 경외함으로 주께홀로섭니다
생명의말씀 읽고순종해 주를예배합니다
기록된말씀 힘이있어서 진리로우릴 거룩케하며
거룩한말씀 세세영원히 복음이되어 말씀하시네
하나님 말씀에 두려워떠는 자 그말씀
에 생명을거는 자 한사람 찾으시는 주님의
약속을 믿어 하나님 말씀에 운명을거는
자 순종하며 주따라가는자 영원한 하나님나라
이뤄갈 주의교회여 일어나라 주
말씀은 우리를 구원에 이르는
지혜이니 목숨과 네뜻다해 그
말씀에 복종하라 하나님

550. 예수 이름이 온 땅에

김화랑

예수이름이 온땅에 온땅에 퍼져가네
예수이름이 온땅에 온땅에 선포되네
잃어버린영혼 예수이름 그 이름듣고 돌아오네 예수
하나님의나라 열방중에 열방중에 임하시네 하나
님 기뻐 노래하시리 잃어버린영혼 돌아올때 예수
님 기뻐 노래하시리 열방이 주께 돌아올때 하나
님기뻐 춤추시리잃어버린영혼 돌아올때
님기뻐 춤추시리열방이 주께 돌아올때

551. 주께서 전진해 온다

For The Lord Is Marching On

Bonnie Low

주께서 전진해온다 그의강한 승리
의군대 그의영광찬란하게 비치네
찬양하세 승리의노래 주찬양 승리
의찬양 누가당할손가 주님의군대
우리대장되신구주예수 나주님의뒤따
르면 누가당할손가주님의군대

552. 저 성벽을 향해

Blow the Trumpet in Zion

Craig Terndrup

저 성벽을향해 전진하라 주님이우리 대장되신다 저
성벽을향해 전진하라 주님이우리 대장되신다 주
가 명령하네 강한 군사들아 주
가 명령하네 강한 군사들아
나 팔소리 시온성에 크게울려 거룩한성에
나 팔소리 시온성에 울－려 라

553. 주님과 담대히 나아가

The Victory Song

Dale Garratt

주님 과 －담대히 나 아가－원수 를 －완전히
밟 아이－겨승리 를 －외치며 찬양하세－
그리스도－ 나의왕 승 리 －를주신 하나님－밟
성 －구원했네 말 씀 －으로무찌르니－온
세 상 일어나 보 리 주 님 왕
그리스도 － 나의왕 그리스도 － 나의왕

554. 강한 용사 무장하신

Mighty Warrior

출 15:3

Debbye Grafsma

강한용－사 무장하신 거룩한만군의
주 대장되신주 － 우리들을모아
출정케하시네 원 수무찌－르러 － 이젠
원수는힘없네 이곳에서아 무힘과권세없 네 여
주님만힘있네 이곳에서모 든힘과권세있 네 여
긴주 님께서계 시는곳이니이젠 아무권세없 네
긴주 님께서계 시는곳이니이젠 모든권세있 네

555. 하늘 아리랑

고형원

하늘 의 사랑으로 우리 는 나아간
다 주예 수 심장으로 열방을 축복하
리 하늘 이 춤을추며 주님을 따라간
다 십자 가 사랑으로 열방을 섬기리
라 열 방의발 을 씻어종 되신주볼수있
게 열방의눈 물씻어왕 되신주볼수있 게

556. 사랑 그 좁은 길

장진숙
사랑 그 좁은 길- 누가 그 길을 가려나-
겸손 그 이름 없는 길 누가 그 길을 가려나-
누가 주-의 마음 알-아 자매의-눈물 닦아-주며
누가 주-의 마음 알-아 절망에-잠긴 사람-찾아
누가 형-제의 허물-사랑 으로 덮으려나-
위로의-손 내밀어-사랑 으로 안으려나-
사랑 그 좁은 길- 누가 그 길을 가려나-
겸손 그 이름 없는 길 누가 그 길을 가려나-
누가 주-영광 위해-스스로 낮아지-며-
누가 주-영광 위해-내 자유를 내려-놓고
세상의-자랑도-즐거이 포기하려-나-
십자가-사랑 안에 즐거이-매이려-나-
사랑 그 좁은 길- 누가 그 길을 가려나-
겸손 그 이름 없는 길 누가 그 길을 가려나-

557. 하나님의 꿈을 꾸는 교회

오세민, 이상민
이 땅을 향한-하나님 -의 선포-와 우 리를 위한-예수님
-의 사랑과 교 회를 세우-신 성령 님의 역사하심아-세상
에널리-전파되기를 - 교회 를 통해-나타나기를
- 기도합-니다 - 빛으로 - 소금으-로-이
땅을 살며-- 온 세대가-주께 경배하-는 꿈을
꾸게 하소서- 우리 안에 심으신- 하나 님의 소망아- 교회
를 통해-꽃이 피고--열매 맺게 하소서 - 창
조에서 재-림까지 - 우리를 기-다리는 - 주의
놀라운 사 - 랑이 - 교회
를 통해- 나타나게 하-소서 - 빛으로

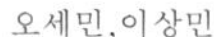

558. 우린 쉬지 않으리
Knocking On The Door Of Heaven

Matt Redman & Steve Cantellow

559. 나의 모든 삶이
All Of My Life

박지영

우린쉬지않 -으리 - 천국임할때 -까지 -
우리는성벽 -의파 -수꾼 -
주가주신맘 -으로 - 무릎꿇고엎 -드려-
하늘의주-께 -기도-하라 - 주
의 - 능력- 곧 나타내소-서 - 흐
르는 눈 물의 기 도들으소-서--
우린 두드 리리천국 문-을향-해우린
간구 하리이세 대-를위-해주 님의이 -름선
-포 되 -리 온세계-위 에- 우린
보게 되리주님 의-얼굴- 을우린 기다 리리주님
오-실그-날주 님의말 -씀이 -뤄지 -리
온세계-위에- 온세계-위에

나의 모든삶이-주님의 것이니- 나는
주만따라-가겠네 - 나의모든소유-주님의
것이니- 나는주만위해-드리네 - 나의
맘을다해- 주 찬양하며- 기쁨 으로걷겠-네
- 나의힘을다해- 주 사랑하며- 믿음
으로살겠-네 - 연약한나 -의손-붙드사
- 주의길로 - 인도-하소서 - 믿음의눈
- 들어-주-따 -르-며 주만 의지하게-하소서
- 나의 -

560. 내 삶의 이유라

이권희

예수는내 힘 이요 나의기쁨 내 참소망
내가사나 죽 으나 그이름을 - 위하여
그이름의 생 명 - 이 내삶의이 유 라
내모든것 다 드리니 나를받으 소 서
오 직주만 따 라갑니다- 오 직주만 높
임 받으소서 - - 내 평 생 에 그
이 름 - 을 - 그의선 하심 - 을 세상에노래
합니 - 다 그 이름의 크 신 능 - 력 - 영원
한 생 명 - 이 내삶 - 의 - 이유 라

561. 예수를 깊이 생각하자

정종원

구름같이허다 - 한예수의 - 증인들 있으
우리앞에펼쳐 - 진삶들은 - 믿음의 경주
니 모든무거운짐 얽매이기쉬운죄를
니 인내로써모든 경주들을힘써싸워
벗 어 버 리 라
승 리 하 여 라
Fine
믿음의 본되신 예 수 - 십자가지신주
님 - 어려움닥칠때마 다 -
예 수 를 깊 이 생 각 하 자
D.C al Fine

562. 할렐루야

Scott Brenner

무덤이 - 기신 - 예 - 수죽으 시고다 - 시 - 사
보좌에 - 앉으 - 신 - 주영원 토록다 - 스 - 리
- 셨 - 네 죄의저 - 주끊 - 으 - 셨네 예수
- 시 - 네 예수사 - 단정 - 복 - - 하 고 -
승 리 의 - 주 할 렐 루 - 야 예 수 - 만 -
사 망 권 - 세 무 너뜨렸 - 네 예 수 - 만 - -

유 의 - 주 할 렐 루
유 의 - 주
- 야 할 렐 루 - 야 할 렐 루
- 야 영 - 광의찬 양 - 주 께 -
Fine
주 께 영 광 드 리 - 세 주 께 영 광 드 리 - 세
D.S. al Fine

F
찬양의 생명

563. 어린 양을 따르리
I Pledge Allegiance To The Lamb

Ray Boltz

나는 들었네---옛- 성 도들- 폭군 앞에끌려-간 그
이흐른---지금 이 순간- 주를 향한믿음--

이 야 기- 주의이 름을- 부 인 하면-- 살려
변 챦네- 이제주 위해- 세 상버리고- 십자

주 리라 약 속 했 지만 모 든 성도-- 죽
가 들고 나가야 하리 우 리위해-- 십자

음 택 했-네 오 - 하나님아들 부인치 않고- 지금
가지신-- 그분을-위해- 살아야 하리- 마지

도 그 들--목-- 소 리-- 천사 노래처-럼나
막나팔-- 울릴 때까지- 참으며 담대-히선-

들을수-있네 나 는 어린양을 따 르 리 온-
포 - - -하리

힘 다 해 온 맘 다-해 그의 명 령에순

종 하 리 나는어 린양을- 따 르
리 세월 따 르리 나를

대 신해 고 통당하시고 수 치 지신-- 주

어 린-양 - 그의명 령-에--

순종하리- 나는어 린-양-- 따 르 리

564. 성령의 불길

김용기

참 참 참 피 -흘리신 예 수의사랑안에 서
참 참 참 들 -려오는 구 원의큰종소리 에

주 님의 십자가따라 생 명을바치겠느 냐
복 음을 전파히려면 희 생을각오하느 냐

복 음 의 불 길오른다 다 같 이일어나거 라
구 원 은 성 도들의것 진 리로거두리로 다

영 광의 주님의나라 다 같이참 예하리 라
우 리 는 천국어가서 영 생의꽃 이되리 라

성 령의 성령의불 길 성 령불 이야

성 령의 성령의불 길 성 령불 이야 온 천 하

세 계만 방에 퍼 지 자성 령의 불 길

퍼 지 자성 령의 불 길

565. 여호와의 영광을

정종원
여호와의영광 -을인정하는것이 세상에가득하리 -라-
여호와의영광 -을인정하는것이 세상에가득하리 -라-
물이 -바다를 덮음같이- 가득 -인정되 리라-
물이 -바다를 덮음같이- 가득 -인정되 리라-

567. 일어나라 주의 백성

이천
일어나라주 -의백성- 빛을발-하라-
주가너의영 -광으로- 임하시리라-
온세상이어 -둠 속에헤 -메고있-지만-
주가너와함 -께계셔회 -복을명하리라 -일어나라
- 빛을 발 하라- 만백성이
-너의빛 -을보 -고- 사방에서나아오네 -일어나라
- 빛을 발 하라- 만백성이
- 자유함 -을얻 -어- 기뻐하는도다 -

566. 믿음이 필요해

장진숙
하 루하루 삶 이 -너무 버 거울 때 -
반 복되 는 좌 절 -속에 실망할 때 - 내
생 각과는 다 른 -길이 열 -릴때 - 우
리 에겐 믿음 이 -필요 해
믿 -음이필요해 믿 -음이필요해
주 님사랑의 팔 로우 리를 -안고 계심을
믿 -음이 필요해 믿 -음이필요해
우 리작은삶 하 나도 놓 치 지않으심 을
사 랑하는 사 람들 을 잃 었을 때 -
정 든곳 을 등 지고 부 르 심따 라 갈 때
끝 이없 는 터 널 -같은 어 둠속에 - 우
리 에겐 믿음 이 -필요 해
믿 -음이 이 기네 믿 -음이 이 기네
주 예수를 믿 음이 온 세 상이 기 네

D.S. al Coda

G
쇼파와 이스민

568. 마지막 날에

이천

행 1:8

569. 성령의 불타는 교회
Church On Fire

Russel Fragar

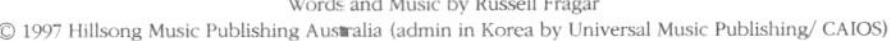

G Em
마 지 막- 날- 에-
C D7
내 가- 나의-영-으로
G Em
모-든- 백성에게-
C D7
부-어- 주리라- -
G Em
자녀들은 예 언할-것이요 청년들은
C Am
환-상-을보고 아비들은 꿈을꾸--리라
DSUS4 1. D7 2. D7
주의영임-하 -면- -면- 성
G Em C
령 - 이 여 임
Am DSUS4 D7 G
- 하 소 서 - 성 령 - 이
Em C D7 G
여 - 우리에게 임하소서 -

G7
성 령 님이임하시면능력 이나타나 - 모
C7 C7 Aaug7
-든것이일어날수 있게되죠- 참 -선한것이선한
D/C G7
것 이여기일어나 -네- 어두움
G7 C7
-을-물리치는 빛이있네- 능 -력힘입어난두
C7 A7 D7 G
렵지않네- 참 - 선한것이선한 것이여기일어나 -네-
G C/G G D/F#
성령의불 타는교 -회-성령의불꽃임-하네
Em C/G G Am7
- 온마음다 하여 -서주이름 높 이세
D7 C9 G/B C9
- 우 리의마 음불 -타네- 그 빛을전-하기
G/B Am7 D7
-위해- 사랑의불꽃-전하 -세-
C D G
주를위한- 성령의불-타는교 -회-

570. 승리하였네
We Have Overcome

계5:13

Daniel Gardner

G D/F# Em Dm11 G7
승 리 하였네 - 어린 양의보혈로 - 우린
C G/B A9 C/D D7
보 혈의-능 력으로 서리 라

G D/F# Em Dm11 G7
승 리 하였네 - 어린 양의보혈교 - 주
Am7 C/D Am/D C/D G
내게승리 주 - 셨네 - -

571. Jesus Generation

천관웅

홍해앞에선모세처럼 골리앗앞의다윗처럼 주이름으로강한세대
기도와금식찬양으로 세상과다른방법으로 세상을변화시킬세대
-
- 산옮길만한믿음갖고 기도로하늘문을여는
- 견디기힘든시련에도 의연히흔들리지않는
믿음으로만사는세대 - 일으키-소서 -
세상이감당못할세대 - 일으키-소서 -
일으키-소서 - the call
- from the - hea-ven 기도로세상을 다
정복할세대 잃 -어버린 -영혼가-슴에안 -고
and shout - for free-dom - 모 든사-람주볼
- 때까지 ---- 주 만위- 해사는 -
We're the Je-su-s Ge - ne-ra-tion - 싸움이
- 치열-해 도 - 물러서 - 지않-으 리
- 승리의 - 그날-까 지 - --the call

572. 메마른 뼈들에 생기를

고형원

저 죽어가는 - 내형제 에게 - 생명 을 주소 서 흑
암의권세 - 에매여 - 내일 을빼앗긴 - 저들에 게 저
소망없는 - 텅빈가 슴에 - 새날 을 주소 서 고
통의멍에 -에매여 - 신음 하고있는 -저들에게 -아버지
여 이백성 - 다시 살게 하소서 묶였
던자 자유케되 는 -영광 의날을주- 소 서 -아버지
여 이나라 -주의 것되게하-소 서 영원
하 신하늘아버지 -다시 섬기게하소서 메
마 른뼈 들에 - 생 기 를 부어주소서-아버지
의 긍휼 - 주의군데로- 서게하 소서
성령 의바람 -이제불어 와 - 아버지
하 신 하늘아버 지 -다시 섬기게하 소서

573. 보라 너희는 두려워 말고

출14:13-14

이연수

보 라 너희는 두려워말고- 보 라 너희를
인도한나를- 보 라 너희는 지치지말고- 보
라 너희를 구원한나를- 너 희를 치던 적은
어디있느냐-너희 를억두르던-원수는 어디있느냐-보
라 하나님 구원을- 보 라 하나님
능력을- 너희를 위해서 싸 우 시는 주의
1.Em A Am Bm C D7   2.Am D7   G
손 을보라 보 손 을보라

574. 보라 새 일을

이길로

보라새일을- 행하시리니-
이 제-곧나 -타내리라- -
주 를위하여- 지으신백성-
주 의-찬송 - 부르게되 -리 - - Fine
광 야의물솟 -아나리라- -
사 막에꽃피 - 어나리 - -
이 전일들을 - 너희는기 억지말며 -
옛 적일들을- 생각지도말 -라- - D.S al Fine

575. 선지자들

윤영준&서동석

주의 마음을알-고 그 부르심 따-라이 땅에서 는자들
- 세상 즐거움보-다 십 자가의진-리
1.G C/G   2.G D/F#
기 뻐 하 는자들 - 형제 - 비록여전히
- 세상거 -짓과 악은변 -하지않-겠 지
A/C#   Am G/B C C/D
-만 반드시 이땅고-치리라 - 주님의약

-속 주의약 - 속 굳게믿 -으며 우린이
-길을 걸으리 - 주님의능력 - 이
항상함 -께 하 -시니 주님의말 - 주님의영광
-이 우리 위에임-하시니 - 두려움없네 -

576. 모든 민족에게

Great Awakening

욜 2:28-30

Ray Goudie & Dave Bankhead & Steve Bassett

모 든민 족 에게 - 주 성령부어주소 서---
모 든열 방 에게 - 주 성령부어주소 서---
하 나님의 백성 - 주 의말씀주시고 -
영 광중에 오사 - 주 경 외하게하시고 -
꿈 과환 상 주사 -주의 비밀알리소 서---
크 신능 력 으로 -땅과 하늘흔드소 서---
우 리믿 사오니 - 하늘이주의날선포 -케하소서-
주 를기 다리니 - 만물이주의날을보 -게하소서-
그날엔주-의영이 임하여 - 큰부흥이-땅위에일
-어나리라 모든영혼-깨어일 어날때 - 주
예 수를- 부 르 는 자는- 구 원되 리---

577. 주님 내가 교사입니다

진명환

주님 내가여기있어요-나는 부족하지만-주님이 - 일하십니다
주님 내가교사입니다-내작 은사랑으로- 아이들
이 자라납-니다 - 때론 힘들어-넘어지고-
쓰러지지만- 주님이 계시니-나일어섭니다 - 능력
주시는- 하나님- 바라볼때에-주님이 하실일기대합-니
다 나의 헌신과- 섬김이 하나님께- 향기
로운 제물되 길 내게 주신 귀한사명을
- 통해 - 하나 님나라-세워 가 리

여호와는 나의 반석이시요

나의 요새시요

나를 건지시는 이시요

나의 하나님이시요

내가 그 안에 피할 나의 바위시요

나의 방패시요

나의 구원의 뿔이시요

나의 산성이시로다

시편 18:2

578. 예수 이름 높이세

최덕신

수 많은무리들－－ 줄 지어 － 그
나 의－계획이－실 패하고 － 나
분을보기위－해따르네 － 평 범한목수이신그
의－소망이－끊어질때 － 삶 의주관자되신그
분 앞에－ 모든무릎이－꿇어경배－하－네 모
분 앞에－ 나의무릎을－꿇어경배－하－네 나
든－문제들－하나하나 － 죽 음－까지도－힘을잃고
의삶을그분－께맡길때 － 비 로소나의마－음평안해
－ 생 명의근원되신예 수이름앞－에 모든
－ 구 원의반석되신예 수의이름－을 소리
권 세들－ 굴 복－하－네 － 예수
높 －여－ 찬 송－하－네 － 예수
이름높－이세능 력의그－이름예수 이름높－이세구
원의그－이름 예수 이름을부－르 는 자 예수
이름을믿－는 자 － 예수 이름앞에－나오는－
자 복이있 － 도 다 －－

579. 물이 바다 덮음 같이

고형원

세상 모든민족이－ 구원 을얻기까지－
모든육 처가－ 주의 영광보도록－
쉬지않으시는－하 나님－ 주의심장가지고－우리
우릴부르시는－하 나님－ 주의손과발되어－세상
1. 이제일어나 － 주따르게하소서 세상
2. 을치유하며 － 주섬기게 하 소 서
물이바다덮음같이 － 여호 와의영광을－
인정하는것 이 온세상가득하리라 － 물이
바다덮음같이물이 바다덮음같이물이 바다덮음같이
1. － 보리 라 그날에 주의 영광가득한－세
상 우리 는 －듣게되 리 온세
상가득한승리의－함 성 －

580. 모든 열방 주 볼 때까지

고형원

내 눈 주의 영광을 보네 우리 가운데 - 계신 주
님 그 빛난 영광 온 하늘 덮고
그 찬송 온 땅 가 - 득 해 내 눈 주의 영광
을 보네 찬송 가운데 - 서신 주 님 - 주
님의 얼굴은 온 세상 향하네 권능의 팔을 드 - 셨
네 주의 영광 이곳에 - 가득 해 우린
서네 주님과 함 께 — 찬양하 며 우리는 전진
하 리 - 모든 열 - 방 주 볼 때까 지 하늘
아버지 - 우릴 새롭게 하사 열방 중에서 - 주를 섬기게
하 소서 - 모든 나라 일어나 -
찬송 부르며 - - 영광의 주님을 - 보게 하 소 서 주의
Fine
D.S. al Fine

581. 예수의 그 이름

나지혜

이 세상이 - 감당 못할 - 사람 - 믿
야 라 도 - 폭풍 중이 - 라도 - 보
음으로 - 영원 - 을 보 - 는 자 - 살 아 계신 - 하나님께 - 이
이잖고 - 들리 - 지 않 - 아도 - 나 는 믿네 - 날 살리신 - 예
세상 모 - 든 것 - - 속 하였음 - 을 알 - 고 가 - 는 자 - 광
수의 십 - 자가 - - 그 은혜로 - 나 승 - 리 하 - 였네
1. D
- 예수 - 의 이 - 름 - 에 - - 큰 능력이 - 있 - 고 - 예수
- 예수 -
2,3 D
의 이 - 름 - 이 - 날 일으키 - 시니 나가 - 는 이 - 길 - 이 - - 낮
선곳이 - 라 도 - 기꺼이 눈 감 - 고 - 도 - 뛰겠네 - 광
D.S. al Coda
- 소 망 없고 - 사 랑 없 는 - 나 - 당신
의 임 재 로 인도하 - 소 서 - 모 든 것을 - 가 능
케 하 - 신 - 그 이 - 름 나 - 이 끄 - 시 네 - 예 수 -
의 이 - 름 - 에 - - 큰 능 력 이 - 있 - 고 - 예수
의 이 - 름 - 이 - 날 일으키 - 시니 나가 - 는 이 - 길 - 이 - - 낮
선곳이 - 라 도 - 기꺼이 눈 감 - 고 - 도 - 뛰겠네 -

582. 보리라

고형원

우 리오늘눈물로-한 알의씨앗을심-는 다
꿈꿀수없어무너진 가 슴 에-저들의푸름꿈-다시돋
아나도록- 우리 함께 땀흘려 -소
망 의길을만-든 다 내일 로가는길을
찾 지못했던 저들 노래하며달려갈 그 길
그날에 -우리보 리라-새벽 이슬-같은저들-일어
나 뜨거운- -가슴사 랑의손으로- -이땅
치유하며-행진할 때 오래 황폐하였던-이땅어
디 서나 순결 한꽃들피 어 나고-푸른
의의나무가-가득 한세상 우리함께보리 라

583. 살아계신 주

Because He Lives

Gloria Gaither, William J. Gaither

주 하 나 님 -독 생 자 예 수
주 안 에 서 -거 듭 난 생 명
그 언 젠 가 -주 뵐 때 까 지
-날 위 하 여 -오 시 었 네
-도 우 시 는 -주 의 사 랑
-주 를 위 해 -싸 우 리 라
-내 모 든 죄 -다 사 하 시 고
-참 기 쁨 과 -확 신 가 지 고
-승 리 의 길 -멀 고 험 해 도
-죽 음 에 서 부 활 하 신 나 의구 세 주
-예 수 님 의 도 우 심 을 믿 으 며 살 리
-주 님 께 서 나 의앞 길 지 켜 주 시 리
-살 아 계 신 주 -나 의참 된 소 망
-걱 정 근 심 -전 혀 없 네
-사 랑 의 주 내 갈 길인 도 하 니
-내 모 든 삶 의기 쁨 늘 충 만 하 네

눈물을 흘리며

씨를 뿌리는 자는

기쁨으로 거두리로다

시편 126:5

584. New Leader

이천
두렵지않 네 이땅가 -운데 어둠이 - 가
네 이땅가 -운데 평화가 - 사
득하다해도 - 전능하 - 신주 우리들 - 에게 - 승
라졌다해도 - 신실하 - 신주 우리들
리를 - 약속하셨 - 으니낙심치않 - 에게 - 회
복을 - 명령하셨 - 으니 - 주가 - 우리와
- 함께 시 작하 셨으니 - 그가
- 또한 - 역사 - 를 - 이 루시 - 리 - 라
- 나두렵지않 네 이땅위 - 에서 어둠을
- 깨고일어나리 - 라 - 여호수아처럼 - 마음을
- 지켜 다시담 - 대함을가지리라 - 난낙심치않
네 이땅위 - 에서 다시복 - 음을외치리라
- 다윗왕 - 처럼보좌앞 - 에 서 새로운소망의노래
- 부르리라 -

585. 모든 민족과 방언들 가운데

Hallelelujah To The Lamb

Debbye C Graafsma, Don Moen

빌 2:11

모든민족과방언들 가운데 수 많은주 - 백성모였 -
어린양피로씻어진 우리들 은 혜로주 - 앞에서있
네 주의 - 보혈과 그사랑 - 으로 친백 - 성
네 주이 - 름으로 자녀된 - 우리 겸손히
삼 - 으셨네 주를향한 감사와 - 찬
구 - 하오니 주의능력 우리게 - 베
양 - 을 말로다 표현할수없네 - - 다만 - 내
푸 - 사 주를더욱닮게하소서 - - 그때 - 에
소리높여 - 온 맘을다해 - 찬 양 - 하리라 -
모든나라 - 주 영광보며 - 경 배 - 하리라 -
할렐루야 할렐루야 할렐루야 어린양 할렐
루야 할렐루야 주의 보혈덮으사 - 모든 족속 모든방언 모든
백성 열방이 모든 영광 모든존귀 모든 찬양주께드 - 리네
- 무릎꿇 - 고서 -
다함께 - 고백해 만유의주님 - 할렐
루야 할렐루야 할렐 루야 어린양 할렐 루야 할렐루야 주의
보혈덮으사 - 모든 족속 모든방언 모든 백성 열방이 모든
영광 모든존귀 모든 찬양주께드 - 리네 -

586. 가서 제자 삼으라

마 28:18-20
최용덕
갈-릴리마을 그 숲속 에서- - 주님
미류나무우거 진 숲속 에서- - 주님
그 열한제자 다시 만나시사 - - 마지
젊은제자들 다시 부르시사 - - 마지
막 그들에게 말씀하시기를 - 너희
막 그들에게 부탁하시기를 - 너희
들은 가라 저 세상으로 - 가서
들은 가라 저 캠퍼스로 - 가서
제 자삼으 라 세상많 은사람 들을 세상
모 든영혼 이 네게 달렸나니 - 가서
제 자삼으 라 나의 길 을가르 치라 내가
너 희와 항상 함께하-리 라

Copyright © 최용덕. Administered by CAIOS. All rights reserved. Used by permission.

587. 보내소서
Send Me

Stephen Hah
주님 나를-택하사 -잃어버린-자에게-
성령 으로 -임하사 -소망없는-자에게-
아버지-의 사랑을-나누게하-시네 어두
생명의-그 말씀을-전하게하-시네 목자
움을-밝 히며-차가운마-음 녹이는-진리
없는-양 같이-방황하는-저 들에게-주의
의 빛전-하 게 하소 서 -
사 랑전-하 게 하소 서 -
보 내-소서 - 시 련이찾아 - 올때도
주 님의눈 -물- 기억 하게하-소서-
보 내-소서 - 주 께-서가 - 신길을나
도 걸어가게 - 하소 서 -

Copyright © 2003 All Nations Ministries. Administered by CopyCare Korea (copycarekorea@gmail.com).
All rights reserved. Used by permission. Athorised Korean Translation approved by CopyCare Korea.

여호와는 나의 사랑이시요

나의 요새이시요

나의 산성이시요

나를 건지시는 이시요

나의 방패이시니

내가 그에게 피하였고

그가 내 백성을

내게 복종하게 하셨나이다

144:1, 2

588. 주님의 마음을 가진 자

김도현
주님의마- 음을- 주님의심-장을-
자신의생-각을 - 자신의유-익을-
주님의시-선을-가진자 - 상한갈-대-와 꺼
자신의고-집을-버린자 - 주님말-씀-에 -
져가는등-불을- 외-면하지 - 않을자-누-구인-
온전한순-종과- 믿 음을 - 보일자-누-구인-
- 가- 주님의눈-물을- 주님의아-픔을-
가 주님의뜻-따라- 주님의의-따라-
주님의애-통을- 가 진자 -
주님기뻐-하는- 그- 뜻따- - 라-
이땅을향-하-신 주님의마-음을- 가 진자
자기부인-하-고 십-자가-지고- 주-님만을
- 누-구인가- 누-구인가
- 따 를자 누-구인가
주님의성-령부--어-주소서
- 굳은마음제--하시 - 고 이땅을향한주-의
애끓는-맘-부으사 - 무너진교-회회회--복시키고
애끓 는 맘 부으사
- 주 오실길 예--비하-는- 하
나님의-사랑- 그 마음가-진-자- 주
예 수님의-마-음-

A2/C# D Bm7 Esus4 A
님의마-음에-합한자 -로- 세워-주소서

589. 세움

김태희&정진수
세상에흔들리-고 넘어져도- 다시 일어--나
내믿음흔들리-고 지쳐가도- 다시 일어--나
걸을수있는건- 하나님우릴위--해 보내신주-
주볼수있는건- 하나님우릴위--해 세워주신-
예수 있-기에 - 부활하신 나의주- 내게
사랑 있-기에 -
성령주-시-고 능 력과힘-을주시 -네 찬양으로
세우고 - 말씀 으로세--우라- 우 리를인-도하시
-네 성령의불-로써-이 땅을깨-우고-
은-혜의진리속 -의생 - 명 을---
모 두 다기 - 도해- 저 열방을-향해-
새롭게세-워가라 -라- - 부활하신
-네 우---- 인도하시 네
D.S. al Coda

590. 일어나 새벽을 깨우리라

조동희

지금 우리는- 마-음을 합하여-
지금 우리가- 하나님의 지 하고-
진정으로 찬양할때니 - 모 이자- 하나되
담-대히 찬양할때니 - 모 이자- 하나되
자 우리가 갈 - 길이라 -
자 주님이 지키 시리라 -
찬 양과- (온맘과 정성을 다해-) 기도와- (주님께서
기도하신것 처럼-) 말씀속에 (권능으로임 하시니-) 사랑으
로 하나 되자 우리의 젊음 모두다
해 주님을 찬 양 하며 온세상
에 주의사 랑 전하리 라 -
일 어나- 새 벽을 깨 우 리라- 지금
너 희가- 하나될때이 니
일 어나- 새 벽을 깨 우 리라- 내가
너 희와- 함께 하 리라 -

591. 이 산지를 내게 주소서

홍진호

주님 이 주신 땅으로- 한걸음씩- 나아
갈 때에 수많은 적들과 견고한성이- 나를
두렵게- 하지만 주님을 신뢰
함으로- 주님을 의지 함으로- 주님
이 주시는 담대함으로- 큰 소리외치며-나아가
네 이산지를 내게주 소 -서- 그날
에 -주께서 말씀-하신 이제내 가 주님의
이름으로- 그땅을 취하리 니 이산지
를 내게주 소 -서- 그날 에 -주께서
말씀-하신 이제내 가 주님의 이름으로- 그땅
을 취하리 라 -

592. 그리스도의 계절

김준곤 & 이성균

민족의- 가 슴 마다 피묻은 그리스도를-심
어 이땅 에 푸르고-푸른-그리 스도의계절-이--
오게하소 -서- 오게하소 -서-
이땅에-하나님 -의나라가- 이뤄지 게하옵-소
서 모든 사람의마-음과-교회와가정-에도- 하나님
나라가- 임하게하 -여주-소-서- 주의청년들이- 예수의
꿈을꾸고-인류 구원의- 환상을보 -게하-소-서- 한손엔
복음들고-한손엔 사랑을들고- 온땅 구석구석누비-는
나라-되게하소 서 이땅 구석구-석에-서-
예수를주로-고백하게하-소-서- 하늘의뜻이땅에
이뤄주-소-서- 주의 나라되게하소- 서-- 주의
청 년 들이- 예수의 꿈 을 꾸고- 인류
구 원의- 환상을 보 게하-소-서- 한 손엔
복 음 들고- 한 손엔 사랑을 들고- 온 땅

구 석 구 석누비-는 나 라 -되게하 소 서

593. 지금은 엘리야 때처럼

Robin Mark

사 40:3

지금-은엘리야때 처럼- 주 말씀-이선-포되고
에스-겔의-환상 처럼- 마 른뼈-가살-아나며
또 주의-종모 세의 때와- 같이-
또 주의-종다 윗의 때와- 같이-
언약 -이성취-되 네 비록 전쟁-과기근-과
예배 -가회복-되 네 추수-할때가-이
핍박- 환 난날-이다가-와 -도 -우
르러- 들 판--은희어-졌 -네 -
리는-광야의외 치는- 소리-주 의길을예--비하라
우리-는추수할 일꾼- 되어-주 말씀을선--포하리
- 보 라 주- 님 구름타시고- 나팔불때에 - 다시오-시
네 모두외 치 -세이는은혜의해니 - 시온에서
구 원이임하 네 또 네

1. A
2. A

594. 예수 예수

김도현

슬픈마음있는자- 몸과영혼병든자-
누구든지부르시오- -예 -수이름부르시오-
그이름을믿는자- 그이름을부르는자-
그가어떤사람이든-그는 구원얻-으리-
예-수- 예-수- 오 능력의-그이름예수- 나
외쳐부-르-네- 예-수- 예-수- 오
구원의-그이름예수- 나 외쳐부-르-네 예수그리스도 -
은과금내게없으나 나 가진것너에게주니- 능
력의이름예수라- -그 -이름을붙드시오-
그이름을믿는자- 그이름을외치는자 그
-가어떤사람이든-그는-주의 영광보--리라-
D.S. al Coda
- 우리게주신영광의이름 나에찌잠잠하리 세상
에크게외쳐부르리 나의주 예수그리스-도
예-수- 예-수- 오 능력의-그이름예수-나

외쳐부-르-네- 예 -수- 예 -수- 오
구원의-그이름예수-나 외쳐부-르-네 예수그리스도

595. 주님 나라 임하시네

고형

주님 나라임하 시네- 주의날은멀지않았
네너는 일어나 주를따-르라 하나님널부르-시
네 세상은아직어둠속에- 빛되신주보기원하
네 너는일 어나 그 빛을발- 하라
주님의영 광 네게임- 했 네 -일어
주 위해서라- 강한용사-여- 주님이너와-너
함께하-시네 주께서다 시오실길- 그길예비하-라
영광의주님-오 만왕의왕 -곧오시네

596. 예수 믿으세요

김석균

당신은 지금-어디로 가나요 발걸음 무겁
은 오늘-누굴 만났나요 위로받았나
를 믿고-새롭게 되니-기쁨이 넘쳐

게 이세상 어디 쉴곳 있나요-머
요 이세상 누가 나를 대신하여 목
요 어둠 걷히고 새날이 되니-행

물 곳있나요 예수 안에는 안식이 있어요
숨 버렸나요 고통의 멍에 벗어버리세요
복 이넘쳐요 이전에 없던 평안을 얻으니

평 안이넘쳐요 십자가 보혈 믿는
예 수이름으로 마음문 열고 주님
찬 송이넘쳐요 샘솟는 기쁨 전해

자 마다 구원을 얻어 요
맞 으세요 기쁨이 넘쳐 요
주 어요 예수 이름으로

예 -수믿으 세요- 예 -수믿으

세요- 예 -수믿으 세요- 예수

믿 으세 요 당신 요 주를

믿 는자 그는 행복해요-영원한 생명얻으

니 하나님 나라 그의 것이라--어서

예수믿 으세 요 주를 요

597. 순종

이권희

빈손으-로왔습니다 - 작은 사랑-가슴에안고

- 순종하며-왔습니다-가슴 이움 직이는대로-

이곳에-왔습니 -다 - 나를버리고- 내려

놓은때 내안 에넘치는사랑을-보았 습니다-

작은순종에- 하늘 문을여-시는 - 그

사랑에- 눈물흘립니다 - 나 이제이곳에- 살아

갑니다 - 당 신의사랑나누며 -한줌의

흙 이되-기를- 이곳 에나를-묻고- 내

생명다할때까지 - 떠나지-않습니다 -사랑

- 꽃을피울때 까 지 떠나지않습-니다

- 순종합-니다 - 이땅에- 하늘

의사랑을심고- 생명의꽃들을-

피울때까지 - 나 -

598. 하늘의 노래

신효선
내 마음다해- 온몸 과영 -으로 내안에계신
주를부-르리 - 당신을향 -한노 -래를 - 내숨소리와
- 영혼의울 -림을-- 귀기울여
듣고계-시죠 - 당신을향 -한노 -래 를 -
주님도나-와함께 - 호흡하며 생명의노-랠불러 -
존귀한숨-결로 부 르--시네- 하늘의노 -래로 - 내
안 에 서- 당신이함-께부 르시네 -
세상이알-수도없 - 는 사 랑의외-침을 - 내
안 에 서- 당신이함-께부 르시네 -
세상을와-로하시 - 는 하 늘의노-래를-

599. 사명

이권희
주님 이 홀로가 신그길 나도 따 라가 오 모든
물 과피를 흘리신 그길 을나 도-가 오 험한
산 도나는 괜찮소 바다 끝 이라도나는 괜찮소 죽어
가 는 -저들 을위해 나를 버 리길바라 오 아
지 나를보내주 오 나는 달 려가 겠 소
이 나를미워해 오 나는 사 랑하 겠 소
을 버리면서까 지 나를 사 랑한 당 신
목 숨 도아끼지 않겠 소 나를보내주 오 세상 오
세 상 을구원할 십자 가 나도따라가 오 생명
이 작 은나를받 아주 오 나도사랑하
1.2.Am 3.Am

600. 아버지의 꿈

최성환
이제일어 나 주말씀들 고 성령을따 라 나아 가
라 아버지의 꿈가슴 에품 고복음전하 라 열방향
해 한사람 한사람--주의말 씀듣고-- 주께돌
아오길--원하 네 우리가 꿈꾸던--하나님
나 라 가 이제곧 임하 리

601. 새로운 계명을

방민우

새로운계-명을 - 우리에 -게- 주셨네
죄인의마-음을 - 돌이키 -신- 그사랑
- 서로사랑-하라 - 발을씻-기라 - 모든사
- 나도사랑-하리 - 끝 까지따-르리 - 모든세
-람이- 주를 보게되리 주의나-라 - 여
-상이- 주를 보게되리
기임 하 네 - 사랑하리 - 주의뜻-을 따
-라 - 그 가하신-모든-일을-따 --라 예배하리
- 그 순종아-길에 -서 - 세 상은주-의영-광을 보
-리 주의뜻 이뤄-지 -리

주는 나의 하나님이시라

내가 주께 감사하리이다

주는 나의 하나님이시라

내가 주를 높이리이다

시편 118:28

602. 오직 예수

In Christ Alone

Andrew Shawn Craig, Don Koch

예수안에 -능력있-네-- 나 힘이없-어-쓰-러-질때
예수안에 -영광있-네-- 주 은혜로--나구-원-얻었

도 넘치 는은 -- 혜 와사랑-- 그
네 나오 직- 주의은혜로-써-- 나

능 력으-로승-리-얻으리
의 부족-함 이- 길-수 있 네

오 나는인생의-성공-을 너무소중히여
난 이제세상명-예보-다 주-님알-기

- 겼네- 세상 영광보다-귀-한 주-
- 원해- 주의 축복감-사하-며 주의
님 -의그--은혜 - 오직-예수 - 나의-믿음
영 -광높-이-리 오직-예수 - 나의-믿음

- 십자 -가 능력속-에 빛나는-영광 - 내모-든승

- 리로-주님께 영 광을- 나의 -힘- 나의

-소 망- 오직- 예 수 -

B

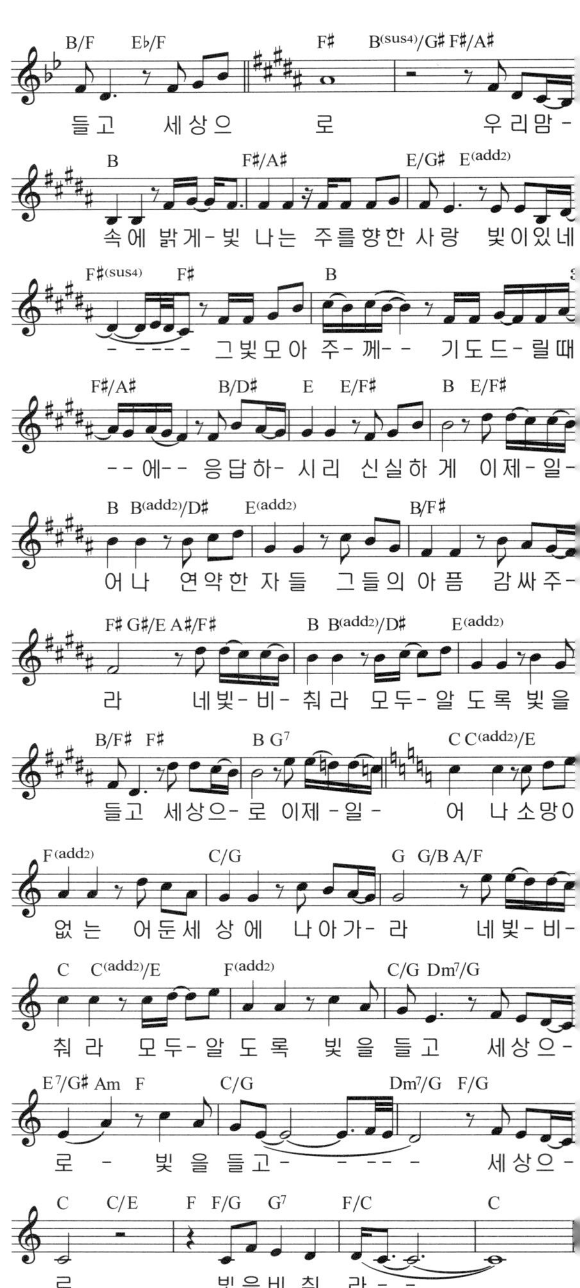

603. 빛을 들고 세상으로

Go Light Your World (Candle Song)

Christopher M. Rice

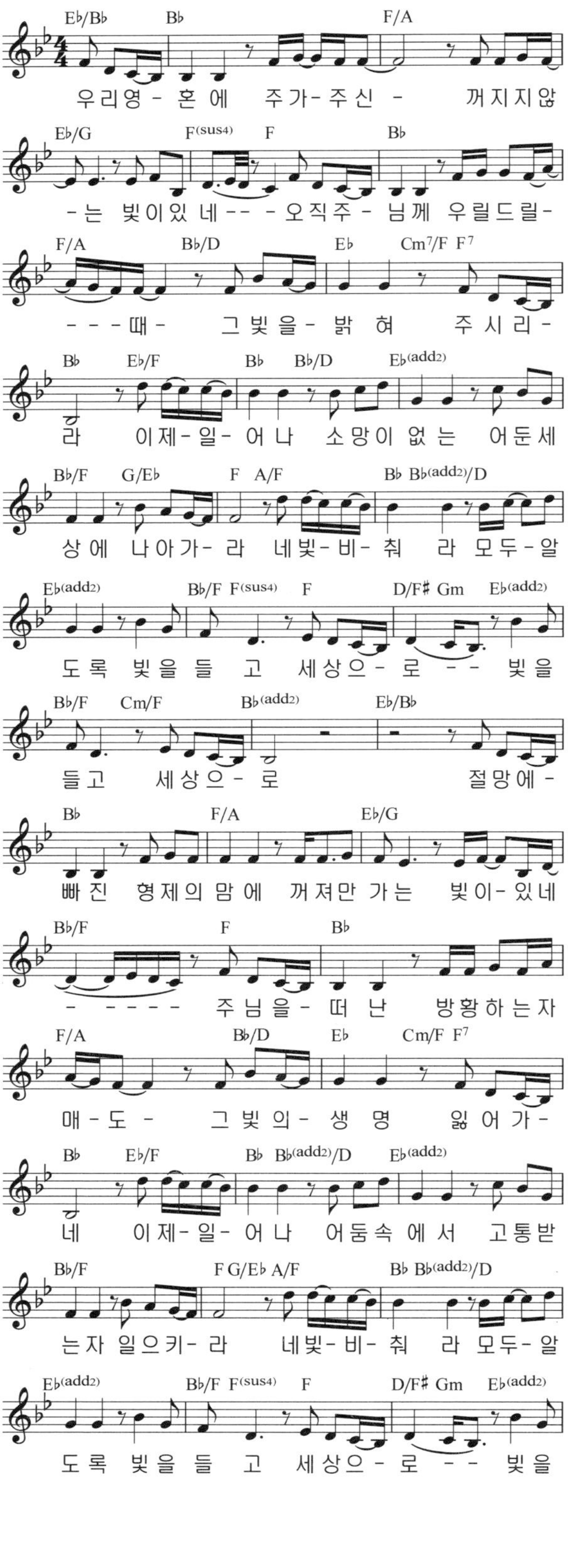

E♭/B♭ B♭ F/A
우리영-혼에 주가-주신- 꺼지지않
E♭/G F(sus4) F B♭
-는 빛이있 네-- -오직주- 님께 우릴드릴-
F/A B♭/D E♭ Cm7/F F7
---때- 그빛을-밝 혀 주시리-
B♭ E♭/F B♭ B♭/D E♭(add2)
라 이제-일-어나 소망이 없는 어둔세
B♭/F G/E♭ F A/F B♭ B♭(add2)/D
상에 나아가-라 네빛-비-춰 라 모두-알
E♭(add2) B♭/F F(sus4) F D/F# Gm E♭(add2)
도록 빛을 들 고 세상으-로 -- 빛을
B♭/F Cm/F B♭(add2) E♭/B♭
들고 세상으-로 절망에-
B♭ F/A E♭/G
빠진 형제의맘에 꺼져만가는 빛이-있네
B♭/F F B♭
- ---- 주님을-떠 난 방황하는자
F/A B♭/D E♭ Cm/F F7
매-도- 그빛의-생 명 잃어가-
B♭ E♭/F B♭ B♭(add2)/D E♭(add2)
네 이제-일-어나 어둠속에서 고통받
B♭/F F G/E♭ A/F B♭ B♭(add2)/D
는자 일으키-라 네빛-비-춰 라 모두-알
E♭(add2) B♭/F F(sus4) F D/F# Gm E♭(add2)
도록 빛을 들 고 세상으-로 -- 빛을

B/F E♭/F F# B(sus4)/G# F#/A#
들고 세상으 로 우리맘-
B F#/A# E/G# E(add2)
속에 밝게-빛 나는 주를향한 사랑 빛이있네
F#(sus4) F# B
- ---- 그빛모아 주-께-- 기도드-릴때
F#/A# B/D# E E/F# B E/F#
--에-- 응답하-시리 신실하게 이제-일-
B B(add2)/D# E(add2) B/F#
어나 연약한자들 그들의아픔 감싸주-
F# G#/E A#/F# B B(add2)/D# E(add2)
라 네빛-비-춰라 모두-알도록 빛을
B/F# F# B G7 C C(add2)/E
들고 세상으-로 이제-일- 어 나소망이
F(add2) C/G G G/B A/F
없는 어둔세상에 나아가-라 네빛-비-
C C(add2)/E F(add2) C/G Dm7/G
춰라 모두-알도록 빛을 들고 세상으-
E7/G# Am F C/G Dm7/G F/G
로 - 빛을 들고- ---- 세상으-
C C/E F F/G G7 F/C C
로 빛을비춰 라--

604. 여호와여 일어나소서
Arise O Lord

David W Morris

여 호 와 여- 일 어 나-소 서 -
내 하 나 님- 날 구 하-소 서 -
내 원 수 들 의 뺨 을 주 가 치 시 고-
악 한 자 의 이 를- 꺾 으 셨 네- 여
구 원 이- 주 께 속- 했 네
- 구 원 이- 주 께 속- 했 네--
- 구 원 이- 주 께 속- 했 네
- 그 백 성-에 게 복- 있 도 다- -

605. 십자가의 전달자

전영훈 & 민호기

난 지 극 히 작 은 자 죄 인 중 에 괴 수 무 익 한 날 부 르 셔
서 간 절 한 기 대 와 소 망 부 끄 럽 지 않 게 십 자
가 전 케 하 셨 네 어 디 든 지 가 리 라 주 위
해 서 라 면 나 는 전 하 리 그 십 자 가 내 몸
에 벤 십 자 가 그 보 혈 의 향 기 온 세 상 채 울 때 까
지 살 아 도 주 를 위 해 죽 어 도 주 를 위 해 사 나
죽 으 나 난 주 의 것 십 자 가 의 능 력 십 자
가 의 소 망 내 안 에 주 만 사 시 는 것
네 내 사 랑 나 의 십 자 가

할렐루야,

여호와의 종들아 찬양하라

여호와의 이름을 찬양하라

이제부터 영원까지

여호와의 이름을 찬송할지로다

시편 113:1, 2

606. 너의 푸른 가슴 속에

고형원

너의푸른가슴-속 에 십자가의 - 흔적있다
면 주위해이제일-어 나 너의
믿음 주께보-이 라
너의뛰는가슴-속 에 하늘의불 -타고있다
면 그나라그영광-위 해 너의
삶을 주께드-려 라
오랫동안-꿈꿔왔 던 그나 라 이제곧오-도
록 우리주의-은혜의강 -이땅
휩쓸며-흐르도록 하나 님의눈물을-가진자
일어나- - 주님을 따르라 - 너의
십자가지고-주님을 따르면- -온세상 주영광보-겠
네 너의삶을불태워 주를섬겨라- 주의
영광 나타나-겠 네 오래황폐한이땅
꽃을피워라- 주의 향기 가득하-겠 네

Fine
D.S al fine

607. 파송의 노래

고형원

너의 가는길-에주의평-강 있으리- 평강
의 왕 함께가-시 니 너의걸음 걸음 주
인도하-시리 주의 강한-손널이끄-시 리 너의
가는길-에주의축-복 있으리 -영광 의주함께가-시
니 네가밟는모든땅- 주 님다스-리리
- 너는 주의-길예비케-되 리 -
주의나라위-하 여 길떠 나는나의형-제 여
주 께서가라-시 니 너는 가라 주의이름으로
- 거칠은광야위에- 꽃은피어나고- 세상
은네안에서- 주님의영광보리라-강하고 -담대하
라 세상 이기신주늘함 -께 너와 동행- 하시
며 네게 새힘늘- 주시 리 -

psalms
시와 찬미 II
hymns

부록

CONTENTS ______________________________

들어가면서

　최근 한국교회에서 많이 불리고 있는 곡들의 특징은 비트가 빠른 모던 락과 같은 장르의 곡들이다. 음악적 다양한 표현에 따라 코드도 복잡할뿐더러 리듬 또한 난해한지라 연주에 어려움을 겪는 경우가 있다. 이는 호주 힐송과 미국의 패션 등과 같이 전 세계적인 예배팀들의 영향으로 한국교회 안의 예배 흐름 또한 많이 바뀌고 있다. 한국교회가 모던 워십을 받아들이면서 찬양팀에서 기타의 역할은 더욱 커지고 있다. 그래서 지금까지의 기본적인 음악이론과 기타 연주법을 이어 보다 실제적인 내용을 담고자 한다.

　기타를 연주한다는 것은 크게 보면 코드와 리듬을 아는 것이라 할 수 있다. 코드를 왼손이라고 한다면, 리듬은 오른손의 주법(스트로크)이라 할 수 있는데, 이러한 코드와 리듬을 이해하는 것은 필수적이다. 그래서 여기서는 코드와 스트로크(리듬)를 중점적으로 정리하였다. 부족하지만 찬양팀에서 오랜 기간 리더 기타를 치며 배우고 알게 된 것을 여기에 담으려고 노력하였다. 이를 통해 모던 워십 연주를 어려워하는 팀이나 개인에게 조금이나마 도움이 되길 기대한다.

1. 코드(Chord)

코드의 개념에 관한 간단한 설명부터 하면, 코드는 보통 3개 또는 그 이상의 음들이 동시에 소리를 내는 것을 말한다. 루트에서 3도 음정으로 계속 쌓아올린 것을 말하는데, 3화음이라고 하면 '루트', '3th', '5th'가 구성음이 된다. 그리고 그 위에 하나 더 쌓아올리면, 그 음은 '7th'이 된다. 이것이 4화음의 기초, '1th', '3th', '5th', '7th'이다. 이렇게 구성된 음정을 우리는 '코드'라고 부른다.

1) 기본 코드

코드는 일반적으로 다이어토닉(diatonic) 스케일 안에서의 음들로 이루어져 있다. 이 음들이 어떻게 구성되어 있느냐에 따라 코드가 결정된다. 예를 들자면, C Major 코드는 C Major 스케일의 C-E-G 음들을 연주하는 것을 말한다. C코드 기타를 연주할 때, 우리가 잘 알고 있는 기본적인 C Major 코드를 잡으면 소리는 6번째 줄부터 G-C-E-G-C-E 순으로 나는 것을 볼 수 있는데, 이것을 정리하면 C-C, E-E, G-G가 한 옥타브 차이로 동시에 연주됨을 알 수 있다. 만약 DMajor 코드를 잡으면 D-F#-A음이 연주될 것이다.

그리고 기본 코드의 구성음에 #이나 b 등과 같이 어떤 기호가 붙느냐에 따라 그 성격과 표기가 달라진다. 이것을 정리하면 아래와 같다.

▶▶▶기본코드

코드종류	코드이름	구성 음
메이저(Major)	C	1th, 3th, 5th
마이너(minor)	Cm	1th, b3th, 5th
디미니시(diminish)	Cdim	1th, b3th, b5th
오그먼트(augment)	Caug	1th, 3th, #5th
메이저7(Major7)	Cmaj7	1th, 3th, 5th, 7th
마이너(minor7)	Cm	1th, b3th, 5th, b7th
도미넌트(dominant)	C7	1th, 3th, 5th, 7th

2) '2코드'와 'add9'

'2코드'와 'add9'코드는 메이저(Major) 코드를 대리하는 기능을 한다. 메이저 코드의 3번째 음을 대신하여 2번째 음을 내는 코드이기에 소리가 매우 풍부하고 고급스러운 울림이라 할 수 있다. 예를 들어 C가 C-E-G음으로 이루어져 있다면, C2는 세 번째 음인 E음이 D음으로 바뀌어 C-D-G음으로 이루어져 있다. 그래서 '2코드'는 우리가 흔히 부르는 모던 워십 곡에 자주 등장하여 아주 효과적으로 쓰이는 코드이다.

'add'는 기본코드에 add음만 더하는 것을 뜻한다. 예를 들어 add9코드는 C2와는 달리 세 번째 음을 그대로 유지하면서 9번째(D)음을 더한 코드이다. 즉 C-E-G-D(9)음으로 구성되는 것이다. C2를 연주할 때는 3번째 음을 구성하고 있는 E음을 생략하여 C-D-G로 구성한다.

3) 'sus' 또는 '4코드'

'sus' 또는 '4코드'는 C코드의 C-E-G음 중 3번째 음을 반음 올린 C-F-G음으로 연주하는 것이다. C코드의 3번째 음 대신 4번째 음을 울리므로 Csus또는 C4라 한다. 반음을 올리기 때문에 안정적인 느낌보다는 해결을 원하는 느낌으로 긴장의 효과를 준다.

4) 텐션코드(Tension Chord)

텐션(Tension Note)은 코드를 구성하고 있는 1th 3th 5th 7th 위의 음에 해당하는 '9th', '11th', '13th'음을 말한다(7th를 텐션이라고 보는 견해도 있다). 기본 코드 위에 '9th'를 쌓아올리면 또 하나의 코드가 만들어지는 것이고, 이렇게 11th, 13th도 쌓으면 역시 또 다른 코드가 되는 것이다. 물론 '15th'는 그 코드의 근음과 같은 음이 되기 때문에 그 이상 음정을 쌓는 것은 의미가 없다. 음정을 쌓을 때는 다른 음정보다 '3th', '7th'음이 중요하다. 왜냐하면 '3th', '7th'음정에 따라 소리와 코드의 표기가 달라지기 때문이다. 예를 들어 7th 코드의 표기는 'C7', 'Cm7', 'CM7', 'CmM7' 이렇게 여러 가지로 표현한다. 각각 코드의 구성음을 정리하면 아래와 같다.

C7: '3th'- 장3도, '7th'- 단7도

Cm7: '3th'- 단3도, '7th'- 단7도

CM7: '3th'- 장3도, '7th'- 장7도

CmM7: '3th'- 단3도, '7th'- 장7도

우리가 텐션이라고 말하는 '9th', '11th', '13th'음은 일반적으로 바뀌지 않는다. 다시 말해서 각각 장9도(=장2도), 완전11도(=완전4도), 장13도(=장6도)이다. '5th'가 항상 완전5도인 것과 마찬가지이다. 만약 그 음정이 바뀔 경우에는 'b9', '#11'과 같이 표기한다. C9코드의 예를 들어서 코드의 구성음을 정리하면 아래와 같다.

C9: '3th'- 장3도, '7th'- 단7도, '9th'- 장9도

Cm9: '3th'- 단3도, '7th'- 단7도, '9th'- 장9도

CM9: '3th'- 장3도, '7th'- 장7도, '9th'- 장9도

CmM9: '3th'- 단3도, '7th'- 장7도, '9th'- 장9도

자세히 보면 위의 '7th 코드'와 비교해 보면 같은 패턴임을 알 수 있다. 단지 7th이 9th로 바뀌었기 때문에 장9도 음정의 '9th'가 첨가되었을 뿐이다. '11th', '13th' 등의 텐션 코드도 이런 식으로 이해하면 된다. 그리고 각 코드에 붙는 'm'나 'M'는 텐션 코드에서도 마찬가지로 각각 '3th'과 '7th'의 음정에 대한 것이다.

텐션의 종류		근음에서부터의 음정	메이저세븐	마이너세븐	도미넌트세븐
9th	9th	장9도(Oct + 장2도)	O	O	O
	b9th	단9도(Oct +단2도)	X	X	O
	#9th	중9도(Oct + 증2도)=단3	X	X	O
11th	11th	완11도(Oct + 완4도)	X	O	X
	#11th	중11도(Oct + 증4도)	O	X	O
13th	13th	장13도(Oct + 장6도)	6도와 같다	6도와같다	O
	b13th	단13도(Oct + 단6도)	X	X	O

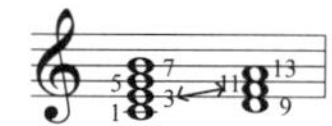

Chord Tension

VOICING을 할 때 주의할 점은 위의 그림처럼 b9화음은 가능한 피하라는 것이다. 예를들어 C코드의 텐션은 7th음을 기본으로 9th, 11th, 13th음이 되는데, C를 루트로 1th, 3th, 5th, 7th, 9th, 11th, 13th음을 쌓아 올라가다 보면 코드 3th(E)음과 텐션의11th(F)음이 b9이 됨으로 11th음은 쓸 수가 없다. 그래서 C Ionian(1도)의 텐션은 9th과 13th이라고 할 수 있다. 더 쉬운 예를 위해 CM텐션코드를 5선지 위에 분해해보면 아래와 같다.

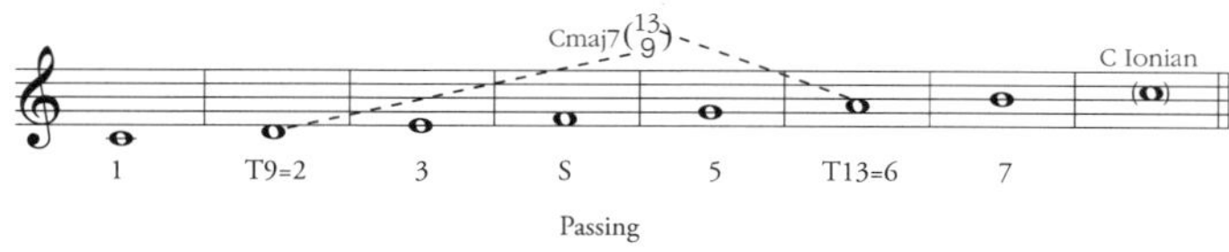

Passing

CM7코드의 기본 코드 음은1th, 3th, 5th, 7th로 구성되고, 텐션은 9th(=2th)음과 텐션 13th(=6th)음이라 할 수 있다. 텐션 11th음은 위에서 설명한대로 3th과 b9이 되므로 쓸 수 없다. 그래서 4th음을 S화음(passing)이라고 부르는데 이 S화음은 VOICING이 어울리지 않으므로 쓰지 않는 것이 좋다. 이런 방식으로 각 코드별로 텐션을 정리하면 다음과 같다.

[Tension]

C	Dm	Em	F	G	Am	Bm
Ionian	Dorian	Phrygian	Lydian	Mixolydian	Aeolian	Locrian
I(13/9)	IIm(11/9)	IIIm(11)	IV(13/#11/9)	V(13/9)	VIm(11/9)	VIIm(b13/11)

텐션을 코드로 표기할 때는 C9, C11, C13 등으로 표기한다. 여기서 우리가 기억해야 할 것은 C9텐션코드 안에는 7th음이 기본적으로 들어가 있다는 것이다. 그래서 C9코드의 구성음을 살펴보면 1th, 3th, 5th, 7th, 9th가 된다. 만약 C13이라면, 그 구성음은 1th, 3th, 5th, 7th, 9th, 11th, 13th 음이 될 것이다. 여기서 텐션코드의 C9과 add9의 다른 의미를 알 수 있다. 즉 텐션코드는 '쌓아올린 코드'라 할 수 있다면, add코드는 '끼어든 코드'라 할 수 있다.

우리가 기타를 연주할 때는 '쌓아 올린' 텐션코드와 '끼어든' 텐션코드를 거의 구분해서 연주하지는 않는다. 특히 코드를 잡고 스트로크로 연주하는 경우에는 대부분 기본적인 3화음에 코드 이름에 붙은 텐션 하나만 첨가해서 연주한다. 그러나 아르페지오로 연주할 때에는 텐션 안에 포함되어 있는 코드(예를 들어 C13의 7th)도 적절히 사용할 수 있다. 이전과 달리 최근 모던 워십 안에서 텐션코드를 자주 볼 수 있다. 이 텐션코드를 잘 활용하면 원곡의 느낌을 좀 더 살릴 수 있을 것이다. 아래의 프렛에 적혀있는 구성음들을 응용하여 텐션코드를 만들어 보자

ex) 6번 줄을 근음으로 하는 텐션 코드 만들기 G7(13)

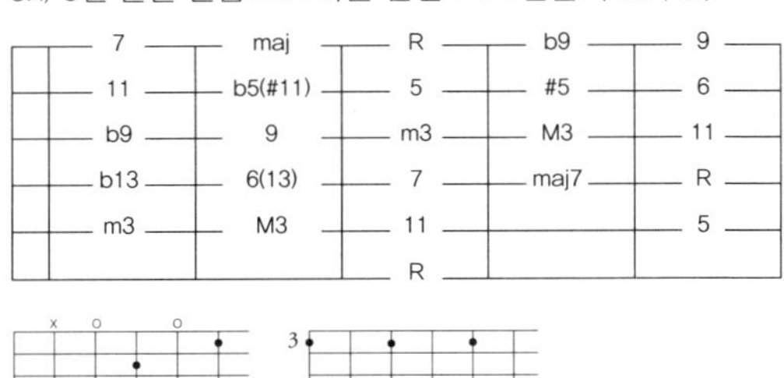

ex) 5번 줄을 근음으로 하는 텐션 코드 만들기 CM7(9)

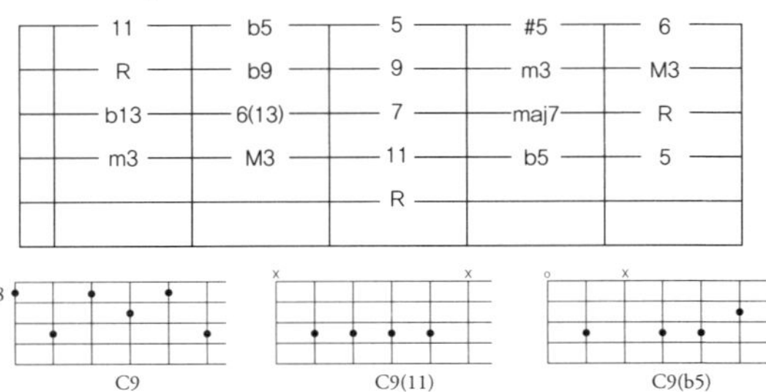

연습곡) 39-2번 〈오직 예수〉

5) 오픈코드(Open Chord)

'오픈코드'란 바레를 이용하지 않는 이름 그대로 개방현이 포함된 코드를 말한다. 1, 2번 줄을 오픈하여 개방현의 울림을 극대화함으로써 어쿠스틱 기타 특유의 풍부한 울림을 더욱 풍부하게 만드는 것이 오픈코드의 특징이라 하겠다. 울림을 가장 효과적으로 사용하는 것이 오픈코드이다. 오픈코드는 몇 개 안 되는데, 이는 코드를 쓰는데 1, 2번째 줄을 개방현으로 지속적으로 울리게 만들어서 새로운 긴장과 이완, 불협화음과 협화음을 만들 수 있기 때문이다. 오픈코드는 모던 워십 연주에서 아주 중요한 역할을 감당하고 있기 때문에 '모던 워십 코드'라고도 불린다. 실제 연주할 때는 6번 줄을 제대로 뮤트하지 않으면 불협화음이 날수 있으니 주의해야 한다. 이제 밑의 오픈 코드를 연습하고 실제 연주에 오픈 코드를 적용해 보자.

▶ E Open Chord

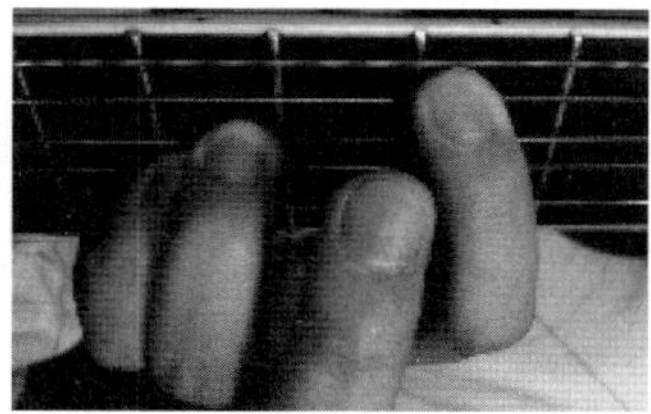

E 오픈코드는 먼저 7번째 프렛에 E2의 하이코드를 잡는다. E2는 F코드로 7프렛을 이동 후 중지를 땐 코드이다. 그리고 1, 2번 줄을 오픈시키면서 검지로 5번 줄만 짚어주면 옆의 그림처럼 E 오픈코드가 된다.

▶ F#m Open Chord

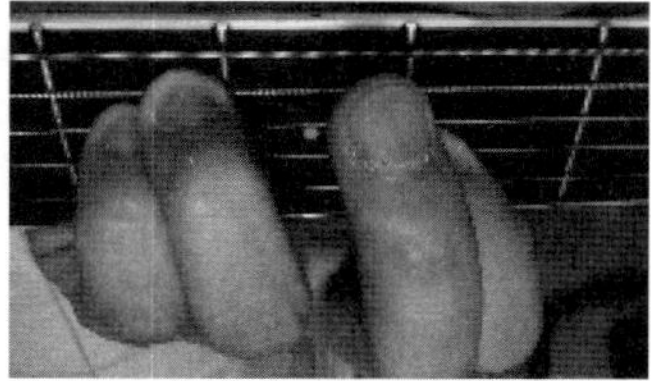

먼저 F#m코드를 잡는다. 그리고 검지의 손가락을 바레를 잡지 않고 3번 줄만 잡으면 역시 1, 2번 줄이 오픈되면서 F#m 오픈코드가 된다.

▶ A Open Chord

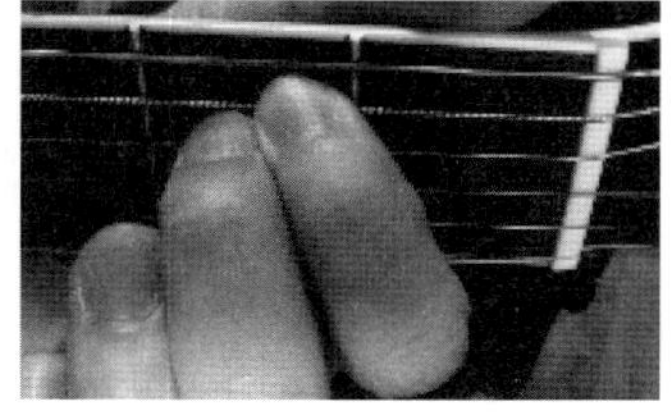

A오픈코드는 오픈코드 중 가장 쉽게 배울 수 있는 코드이다. 기본 A코드에서 3번 줄을 짚고 있던 약지 손가락을 오픈시키면 A오픈코드가 된다. 이제부터 A코드를 연주할 때 오픈코드를 잡도록 하자.

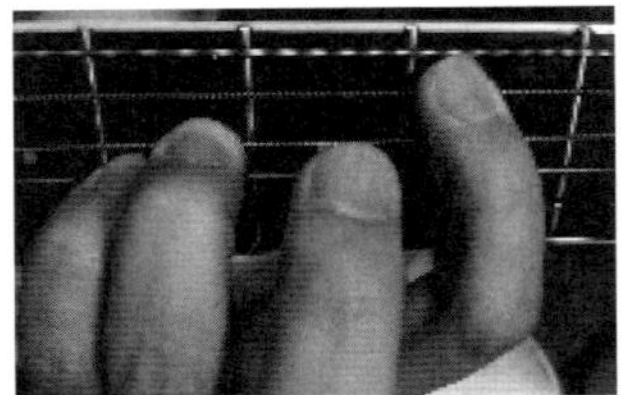

B오픈코드는 1번의 E오픈코드의 손 모양과 같다고 할 수 있다. 손의 위치가 원래 B코드 자리인 2번 프렛에서 역시 1, 2번 줄을 오픈시키고 검지는 5번 줄만 짚으면 B오픈코드가 된다. 코드 표기 상으로 B(no3)라고 한다.

위의 오픈코드들을 이용하여 오픈코드의 대표곡이라 할 수 있는 <나를 향한 주의 사랑>을 연주해 보자. 그리고 오픈코드를 응용하여서 다른 곡들도 연주해 보자.

연습곡) 2이번 <나를 향한 주의 사랑>

6) 하이코드(High Chord)

앞의 오픈코드는 2개 이상의 개방현이 특징이라면, 하이코드는 6개현 모두를 다 눌러서 소리를 내는 것이 특징이다. 하이코드에는 크게 E 코드에서 파생된 계열이 있고 A코드에서 파생된 계열이 있다. 만약 A키로 같은 방법으로 이동하면 Bb, B, C코드순으로 소리가 날 것이다. 이때 특징은 손가락 모양은 그대로 이동된다는 것이다.

▶ E 코드에서 파생된 계열

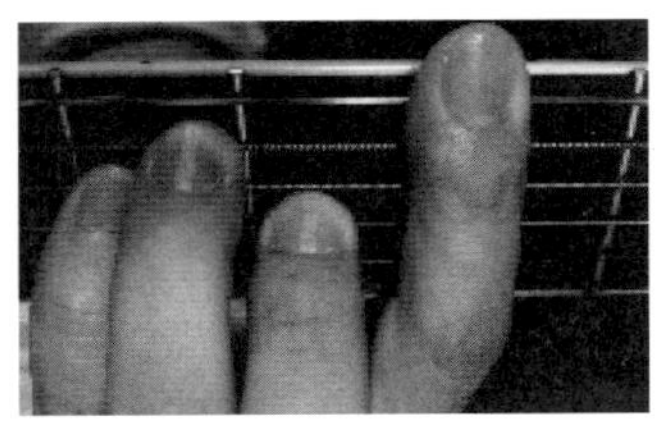

잘 알듯이 기타의 프랫과 프랫의 사이의 차이음은 반음이므로 E코드를 프랫 한 칸 위로 그대로 이동해서 연주하면 F코드가 된다. 이런 방법으로 한 칸식 이동하면 F#, G가 될 것이다. 옆의 그림은 3프렛을 이동한 G하이코드를 짚고 있는 것이다.

▶ A 코드에서 파생된 계열

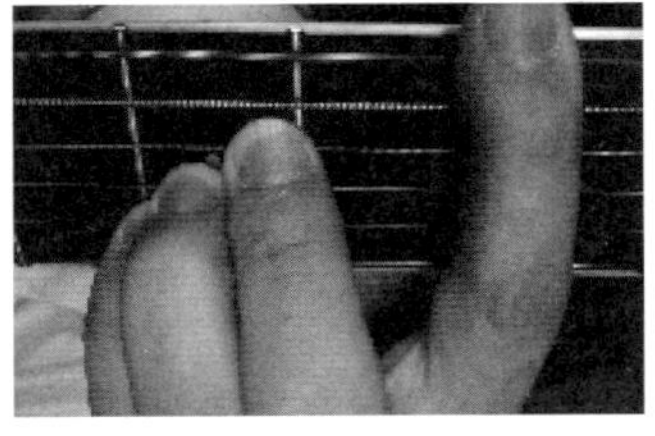

A키로 같은 방법으로 이동하면 Bb, B, C코드 순으로 소리가 날 것이다. 이때 특징은 손가락 모양은 그대로 이동된다는 것이다.

처음 기타를 연주하는 사람은 하이코드가 어려울 것이다. 한 프렛 전체를 왼손으로 잡아주어야 하는데, 처음 연주하면 힘이 부족해서 부담스럽기 때문이다. 필자도 처음 코드를 배우면서 Fkey를 만났을 때가 생각난다. 천천히 손가락을 짚어도 쉽게 소리가 나지 않는 데다가 손아귀가 여간 아픈 게 아니었다. 익숙하게 F코드를 연주하기 위해서는 포기하지 않고 지속적으로 연습을 하는 것이 중요하다. 어려운 코드라고 해서 쉬운 대리 코드로 대처하거나 피한다면, 결코 실력이 향상될 수 없음을 기억하자.

연습곡) 580번 <모든 열방 주 볼때까지>

7) 슬래쉬코드(Slash Chord)

연주를 하다보면 C/Bb이나 A/D같은 코드를 쉽게 만날 수가 있다. 이런 '슬래쉬코드'를 폴리코드라고도 한다. 슬래쉬 앞에 있는 코드는 하이부분을 의미하고, 아래에 있는 코드는 주로 베이스음을 의미한다. 베이스음의 속성은 다음 코드로 진행될 때 많은 음폭으로 움직이는 것이 좋지 않다는 것이다. 그러므로 만약 코드 진행이 큰 폭으로 움직인다면 좋지 못한 진행이라 할 수 있다. 그래서 베이스음이 계속 내려가거나 올라가는 것을 쉽게 볼 수 있는데, 이런 속성을 지키기 위해서 때로는 코드의 하이부분과 베이스 부분을 따로 따로 연주해 주는 경우가 생긴다. 이렇게 코드의 하이부분과 베이스부분을 따로 진행하는 코드가 '슬래쉬코드'이다.

C/Bb 슬래쉬코드를 연주할 때는 스트로크 주법으로 C코드를 연주해도 무방하다. 그러나 보다 더 세련된 연주를 하기 위해서는 주로 아르페지오 주법을 이용해서 베이스음을 Bb으로 연주한다면 보다 더 효과적일 수 있다. 정적으로 머물고 있는 순간에 진행감을 더해 주고, 특히 조를 바꿀 때나 긴장감을 연장시킬 때 많이 쓰인다. 슬래쉬코드를 앞부분만 연주한 분들은 이번 기회를 통해 베이스음도 연습해 보길 바란다.

연습곡) 473번 <전능하신 나의 주 하나님은>

8) 인버전코드(Inversion Chord)

'인버전코드'란 코드를 전위시킨 코드라 할 수 있다. 전위한다는 것은 코드의 구성음(코드톤) 중(1th, 3th, 5th) 1음을 제외한 3th, 5th음이 베이스로 구성되는 음 순서로 바꾸는 것을 말한다. 가령 C코드의 경우 그 구성음은 C-E-G인데, 이를 첫 번째 인버전하면 E-G-C가 되고, 이를 코드로 표하면 C/E가 된다. 두 번째 인버전하면 G-CE가되며, 이를 코드로 표하면 C/G가 된다. 슬래쉬 뒤에 오는 코드가 베이스이며, C코드의 구성음 중에서 바뀌는 것을 볼 수 있는데, 이때 주의할 점은 인버전할 때 그 코드 안의 구성음 중 한 음을 선택해야 한다는 것이다.

인버전코드의 효과는 같은 코드 안에서 베이스가 달라지면서 상당히 다른 느낌을 받을 수 있는데, 특별히 코드와 코드를 연결할 때 자연스러운 베이스 라인을 만들 수 있는 장점이 있다. 하지만 밴드 앙상블을 할 경우 다른 악기들이 인버전된 베이스를 연주하는데, 베이스기타만 베이스를 루트음으로 연주한다든지 그 반대가 되면 앙상블이 될 수 없음으로 주의해야 한다. 또 앞뒤 코드와의 연결이 자연스럽지 못하면 쓰지 않는 것이 좋다. 인버전을 1차, 2차 사용할수록 기본 구성보다 코드의 색깔이 많이 희석되므로 전후 코드진행을 잘 살펴야 한다.

연습곡) 352번 〈내가 주인 삼은〉

2. 스트로크(Stroke)

지금까지 우리는 왼손의 역할인 코드를 살폈다. 이제는 오른손의 역할인 스트로크를 다루어 보자. 스트로크 (stroke)란 손가락 혹은 피크를 이용해서 다운과 업이 조화롭게 6개의 줄을 한꺼번에 치는 연주 방법이라 할 수 있다. 현을 동시에 연주하는 만큼 기타 특유의 풍성하고 맑은 보이싱을 내는 매력적인 기법이다. 간단히 표현하면 스트로크는 왼손이 만들어낸 화성을 오른손으로 리듬 패턴을 조화시켜 멋진 연주로 표현하는 것이다. 멋진 코드 보이싱도 중요하지만, 그 못지않게 중요한 것이 바로 리듬 스트로크다. 특히 밴드와 같이 연주할 때 기본적으로 베이스의 연주 패턴과 드럼의 킥, 스네어, 심벌, 하이헷 등과 같은 악기와 박이 일치될 때 좋은 앙상블을 이룰 수 있다.

이런 밴드와 같이 연주를 하기 위해서는 반드시 연습 과정을 거쳐야 한다. 일정하게 오랫동안 연주해도 흔들리지 않는 정확한 리듬연습을 해야 한다. 앙상블을 할 때 곡이 빨라지거나 느리게 된다면, 음악이 전체로 흔들릴 수밖에 없다. 리드 기타는 리듬을 잡는 용도로 많이 사용되어 왔다. 그래서 예배인도에서 스트로크의 중요성은 매우 크다고 할 수 있다.

정확한 리듬 연습을 위해 반드시 메트로놈을 가지고 연습하도록 추천한다. 느린 박자, 중간박자, 빠른 박자를 쉬운 주법부터 정확히 치는 연습을 하자.

리듬을 보려면 기본적으로 음표, 붙임줄, 쉼표에 대한 기본 지식이 필요하다. 위와 같이 우리가 배우게 될 칼립소리듬표를 보면 스트로크는 위에서 설명했듯이 업, 다운으로 이루어져 있는데, r자 기호는 다운 스트로크를 의미하고 v 자 형태의 기호는 업 스트로크를 의미한다. 음표 밑에 있는 n, v 기호가 업 스트로크와 다운 스트로

크, 흔히 말하는 주법을 좌우한다고 할 수 있다.

음표위의 > 표시는 악센트 기호이다. 이 부분은 조금 더 강한 스트로크를 의미한다. 위의 그림에서 보면 n기호의 위에 놓여 있다. 그러므로 6번 줄부터 1번 줄 쪽으로 보다 악센트를 주며 연주하라는 의미이다.

그리고 마지막으로 점선으로 표시된 동그라미 부분을 보면 붙임줄 표시가 있는데, 이를 '당김음' 또는 싱코페이션(syncopation)이라고 한다. 이 싱코페이션에는 스트로크가 없는 것을 볼 수 있는데, 이는 리듬감을 부여하기 위해 치지 않는 박자라는 의미이다. 이렇게 리듬 패턴을 살펴보며 연주를 연습해보도록 하자. 만약 리듬이 손으로 잘 표현되지 않는다면, 먼저 입으로 표현해보고 쳐보는 것도 좋은 방법이라 하겠다. 자, 그럼 리듬 패턴을 알아보자.

(1) 고고(Gogo)

고고리듬은 4/4박자 곡들 중에 가장 기본적인 연주 주법이라 할 수 있다. 웬만한 노래들은 고고리듬으로 연주가 가능하다. 그래서 가장 배우기 쉽고 사용하기 쉬운 리듬이라 여러 가지 변형 리듬으로도 많이 사용된다. 칼립소 스트로크도 여기에 속한다고 볼 수 있는데, 한 마디 내에서 박자를 쪼개는 방식에 따라 8비트와 16비트로 나눌 수 있다. 주의할 점은 스트로크의 업, 다운으로만 되어있는 단순한 구성이라 강박을 살리지 못하면 곡의 느낌을 살릴 수가 없다는 것이다.

고고는 강세에 '커팅'(커팅이란 기타 줄을 잡고 있던 손을 순간적으로 뗏다가 붙이거나, 손가락을 눕히거나, 오른손으로 기타줄 전체를 순간적으로 잡음으로서 보다 더 리듬감을 주는 기법이다)이 들어감으로 슬로우 고고와는 차이점을 둔다.

연습곡) 146번 〈만세 반석〉

(2) 슬로우 고고(Slow Gogo)

'슬로우 고고'는 이름에서도 알 수 있듯이 고고리듬에서 빠르기 차이로 슬로우 고고라 부르는 것인데, 템포 76 이하의 빠르기를 슬로우 고고라 한다. 즉 고고를 느리게 연주하면 슬로우 고고인 셈이다. 슬로우 고고는 주로 느린 곡에서 많이 사용하는 리듬이라 서정적인 분위기를 연출한다. 그래서인지 발라드라고 불리기도 한다.

고고와 마찬가지로 다양한 리듬 표현이 가능하다.

연습곡) 49번 〈당신은 사랑받기 위해〉

(3) 칼립소(Calypso)

'칼립소'는 서인도 제도의 흑인들의 노래에서 비롯된 경쾌한 4/4박의 리듬이다. 원주민들이 춤추는 리듬으로부터 파생되어 사용되고 있는 리듬이므로 리듬을 타는 것이 중요하다. 칼립소리듬의 특징은 중간에 있는 싱코페이션(당김음)이라 할 수 있는데, 이 싱코페이션이 리듬감을 표현해 준다. 고고리듬과 흡사한데 고고 리듬과의 차이점이라면 바로 이 싱코페이션이라 할 수 있다. 그러므로 강약 조절이나 곡이 갖고 있는 느낌에 맞추어 정확한 리듬을 연주하지 않으면 고고 리듬이 되어버릴 수도 있음에 주의해야 한다. 다양한 리듬의 표현으로 연습해보자.

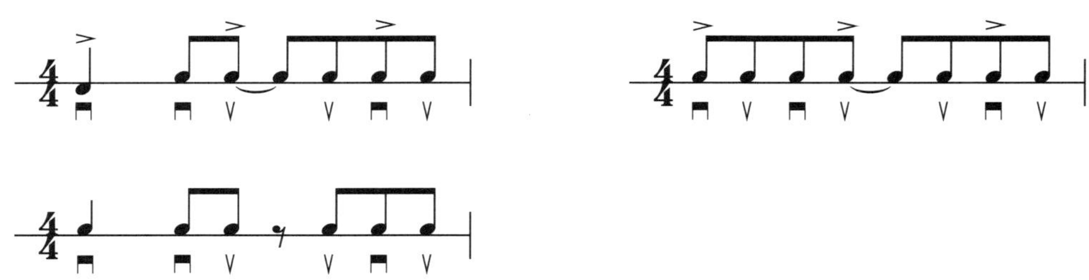

연습곡) 103번 〈오 주여 나의 마음이〉, 109번 〈호산나〉

(4) 왈츠(Waltz)

'왈츠'는 3/4박자의 경쾌한 무곡으로 19세기 유럽에서 널리 유행하였던 리듬이다. 패턴이 3피트와 비슷하지만 강박이 앞에 오는 것이 특징이라 할 수 있고, 리듬자체는 쉬운 편에 속하나 느낌을 잘 살리도록 주의해야 한다. 4/4박자의 리듬을 연주하다가 3/4박자나 6/8박자의 곡을 이어서 할 경우 적잖게 당황했던 경험이 있을 것이다. 이런 리듬의 곡이 많지 않아 익숙지 않을 수도 있지만, 찬송가에서는 생각보다 많으므로 당황하지 않도록 연습을 충분히 하도록 하자. 연주는 1박은 강하게, 2박과 3박은 약하게 연주하는 것이다. 보다 더 쉽게 표현하면 3/4박자는 '쿵 작 작'의 느낌으로 연주하고, 6/8박자는 '쿵 작 작 궁 작 작'의 느낌으로 연주한다. 여기서 '쿵'은

세게, '궁'은 조금 세게 연주하되, 2박과 3박의 '작'은 약간 스타카토의 기분으로 연주한다. 1박의 '쿵'을 '쿡' 으로 스타카토, 즉 끊는 느낌으로 연주하여도 된다.

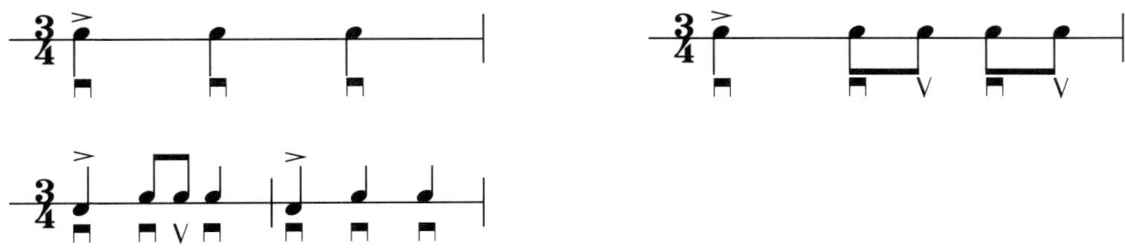

연습곡) 3/4박자 — 362번 〈하나님께로 더 가까이〉, 새찬송가 185장 〈이 기쁜 소식을〉
6/8박자 — 새찬송가 183장 〈빈들의 마른풀 같이〉, 370장 〈주안에 있는 나에게〉

(5) 슬로우 락(Slow Rock)

'슬로우 락'은 각각의 1박에 셋잇단음표가 들어가는 형태의 리듬을 말한다. 연주를 들어보면 왈츠리듬과 비슷하지만, 한 박자 안에 3개의 8음표가 구성되어진 셋잇단음표($\downarrow$=♪♪♪)가 특징이라 할 수 있다. 역시 강약 조절을 하는 것이 리듬의 흐름을 유지시켜 줄 수 있는데, 너무 약하게 주어서도 안 되며 너무 강하게 두어서도 안 된다. 물 흐르듯 자연스럽게 3번씩 다운해 주는 것이 이 리듬을 살릴 수 있다.

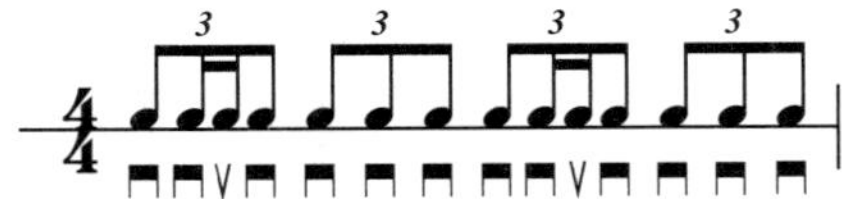

연습곡) 169번 〈약한 나로 강하게〉, 26번 〈내 평생 사는 동안〉

(6) 셔플(shuffle)

'셔플'은 흑인 특유의 리듬으로 블루스에서 시작되었다. 흥에 겨운 독특한 리듬으로 바운스리듬의 일종이라 할 수 있다. 슬로우 고고리듬과 차이점을 느끼게 하려면 바운스리듬이 들어가야 셔플 묘미의 연주가 된다. 잘못 연주하면 고고의 리듬이 될 가능성이 많다. 우리가 부르는 〈손을 높이 들고〉라는 찬양을 떠올린다면 쉽게 이해가 될 것이다.

연주 방법은 고고 주법에서 첫 박을 길게 끌어 주는 느낌으로 쳐서 바운스를 주는 것이다. 또 다른 패턴은 슬로우 락 주법에서 셋잇단음표의 중간 음을 쉬는 것이다. 실제 연주에서 셋잇단음표의 첫박과 세 번째 박에 스트로크를 넣어 준다는 느낌으로 연주해야 한다. 더 쉽게 표현하면 '쿵쿵 짝짝 쿵쿵 짝짝' 이라면 연주를 1박을 4개로 나누었을 때, 앞의 3개를 묶고 뒤의 하나를 길게 튕겨주는 리듬이다.

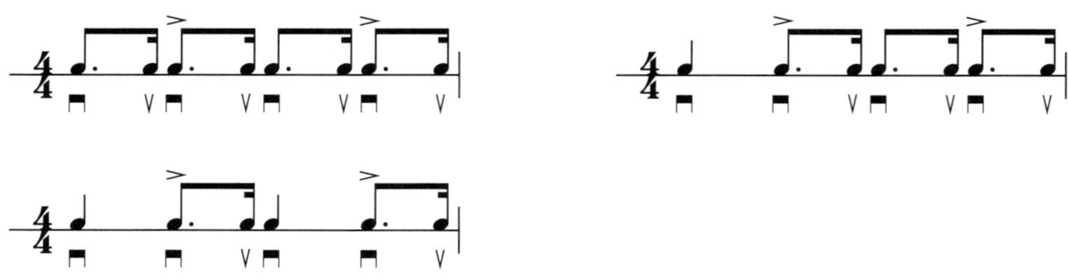

연습곡) 52번 〈손을 높이 들고〉, 72번 〈해 뜨는 데부터〉

(7) 디스코(Disco)

'디스코' 리듬은 4분의 4박자이지만 한 음에 스트로크가 3번 들어가는 아주 빠른 비트의 리듬이다. 가장 신나기도 하고 오래 연주하기에는 힘이 들기도 한 주법이라 할 수 있다. 쉽게 표현하면 4/4박자 한 마디 안에 '딴다라 딴다라 딴다라 딴다라'가 연주되는 것이다. 빠른 스트로크를 요하는 만큼 지저분할 수도 있어 상당히 유연한 오른손 스냅이 있어야 한다. 이 주법을 완벽하게 소화해 낸다면 어떤 빠른 주법도 거의 다 소화할 수 있을 것이다. 그만큼 어렵고 연습이 많이 필요한 주법이다.

밑의 리듬표는 아주 기본적인 주법이며 다양하게 변형이 가능하다. 하지만 밑에 있는 리듬에서 변형된 것들이라 강세에 유의해가며 연습하면 문제없을 것이다. 처음에는 아주 천천히 연습하고 점점 속도를 빨리해서 연습해보자.

연습곡) 76번 〈온 땅이여 주를 찬양〉, 261번 〈풀은 마르고〉

(8) 모던 스트로크(Mordern Stroke)

'모던 스트로크'는 모던 락에 기초하여 예배곡들에 적용되면서부터 시작되었다고 볼 수 있다. 그만큼 현대 워십 곡들의 난이도가 높아짐에 따라 스트로크 또한 다양하게 변형하여 응용되고 있다. 악센트의 위치를 바꾸거나 싱코페이션을 이용하여 보다 더 리듬감 있게 응용한다. 변형하다 보면 16비트 모던스트로크와 16비트 고고 리듬이 비슷한 느낌을 받을 수 있는데, 강세의 위치나 싱코페이션을 통하여 모던 스트로크의 특징을 살리도록 하자.

16비트 모던스트로크의 기본형

연습곡) 235번 〈내 모든 삶의 행동 주 안에〉, 358번 〈이 세상의 부요함보다〉

3. 아르페지오(Arpeggio)

'아르페지오'는 피크를 대신해서 손가락으로 연주하는 방법으로, 스트로크가 현을 동시에 연주하는 것이라면, 아르페지오는 코드의 각 구성음을 펼쳐서 연주하는 것을 말한다. 즉 코드를 누른 상태에서 약속된 손가락을 사용하여 한 음 한 음을 퉁기는 방법이다. 특히 슬로우 락, 슬로우 고고와 같이 조용한 노래를 연주할 때 흔히 뜯는다고 표현하는 연주 방식이다.

엄지부터 약지 방향으로 T, i, m, r로 나타내고 엄지손가락(T)으로 4~6번줄에 해당하는 근음(베이스)을 연주하고 검지(i)는 3번줄, 중지(m)는 2번줄, 약지(r)는 1번줄을 연주한다. 일반적으로 새끼손가락은 쓰지 않는다.

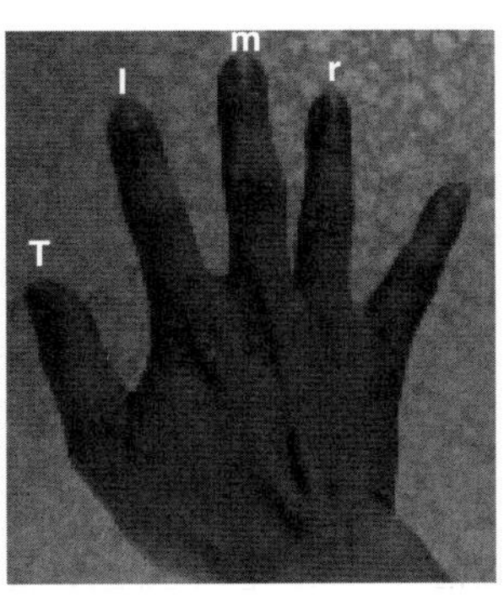

각 손가락을 지칭 하는 약어

아르페지오를 연주할 때 일반적으로 엄지손가락(T)으로 먼저 베이스를 연주한다. 이때 한 가지 주의할 점은 반드시 근음을 사용해야 한다는 것이다. 근음이란 한 코드의 가장 기본이 되는 음을 말하는데 위에서 다루었던 슬래쉬코드, 인버전코드, 하이코드 등과 같이 베이스가 전위되는 경우는 예외가 되지만, 기본 코드에서는 기본 근음을 짚어야 함으로 각 코드별로 근음에 해당되는 줄을 외워두자.

근음	코드				
4	D	Eb	F	F#	
5	C	Db	A	B	Bb
6	G	Ab			

1) 3/4 박자 아르페지오

3박자 아르페지오 때는 베이스음에 항상 강한악센트를 넣어 연주한다. 3/4박자(또는 6/8박자)의 어떤 곡에도 사용할 수 있는 기본적인 아르페지오이다. 연습할 때는 입으로 먼저 소리 내어 보고 리듬을 익히 도록하자.

패턴 1

패턴 2

2) 6/8 아르페지오 주법

한 마디 내에서 같은 리듬이 두 번 반복되는 것이 특징이다. 이는 3/4박자 아르페지오 핑거링 패턴이 두 번 반복되는 것이다.

패턴 1

패턴 2

3) 4/4박자 아르페지오

위에서 설명한대로 각각 정해진 줄을 연주하도록 연습하자.

▶ A 패턴의 연습

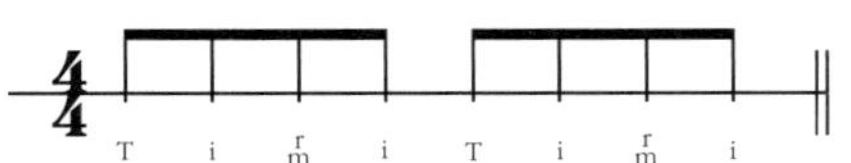

4/4박자의 전형적인 아르페지오 패턴이다.

2박과 4박에서 기타의 2번선과 1번선을 동시에 퉁기는 점에 주의하자.

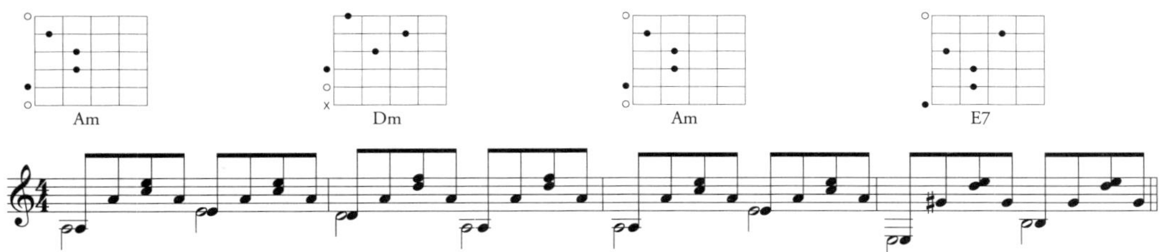

▶ B 패턴의 연습

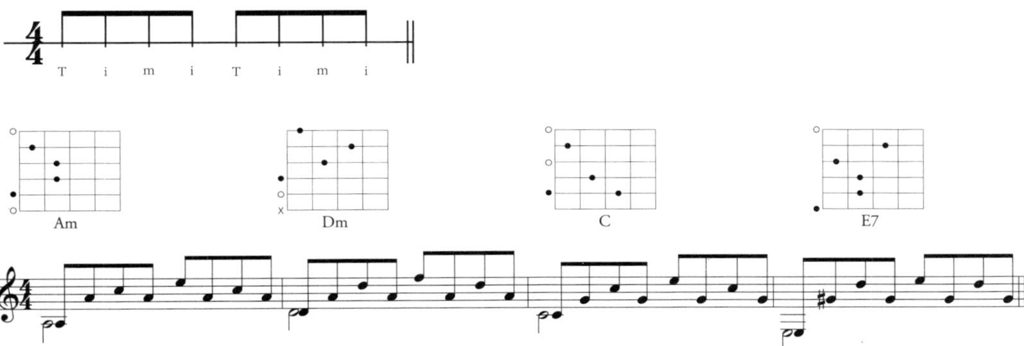

▶ C 패턴의 연습

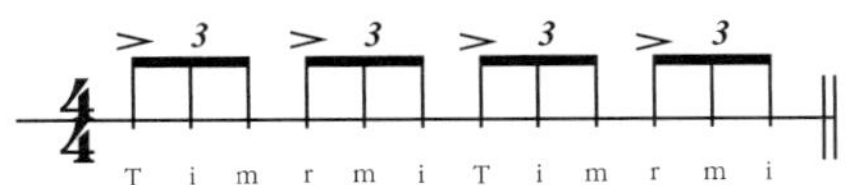

각 박이 3잇단음으로 된 패턴이다.

오른손가락은 순으로 아르페지오 한다.

1박과 3박의 첫 음인 베이스 음을 강하게 퉁긴다.

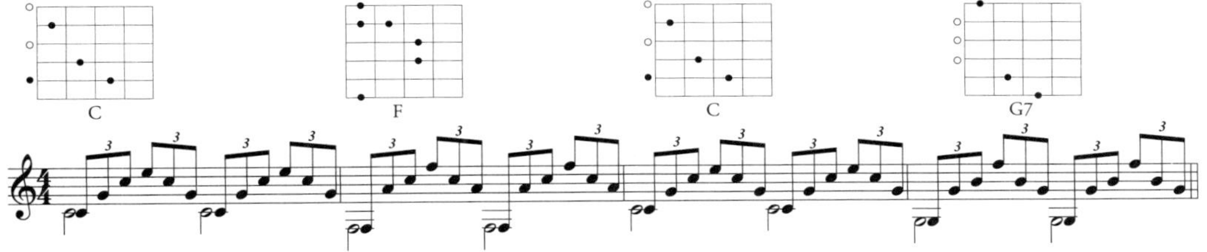

▶ D 패턴의 연습

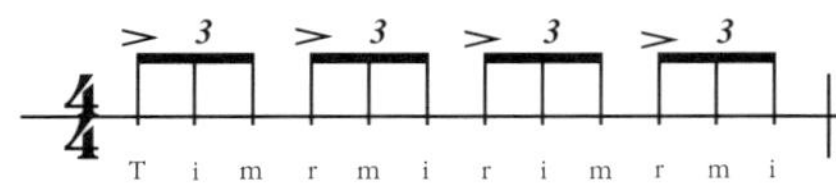

위의 패턴에서 3박만이 변화된 것이다.

〈이루어질 수 없는 사랑〉을 반주할 때 사용되는 패턴이다.

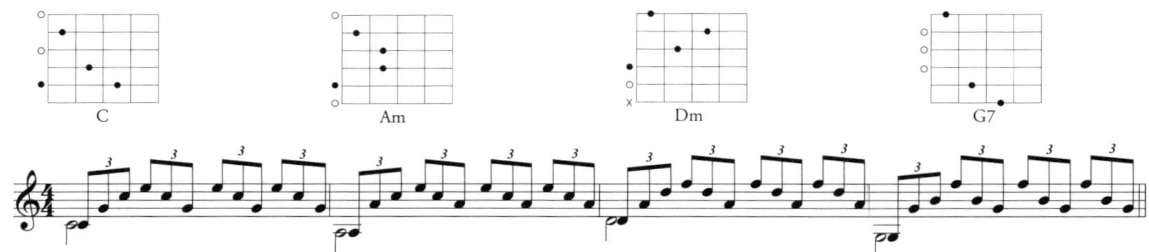

T: 6번선, 5번선, 4번선 **l**: 번선 **m**: 2번선 **r**: 1번선

▶ E 패턴의 연습

일반적인 아르페지오 주법에서 각 박을 바운스 시켜서 연주한다.

각 박의 첫 음이 강하게 그리고 선명하게 연주되어야 한다.

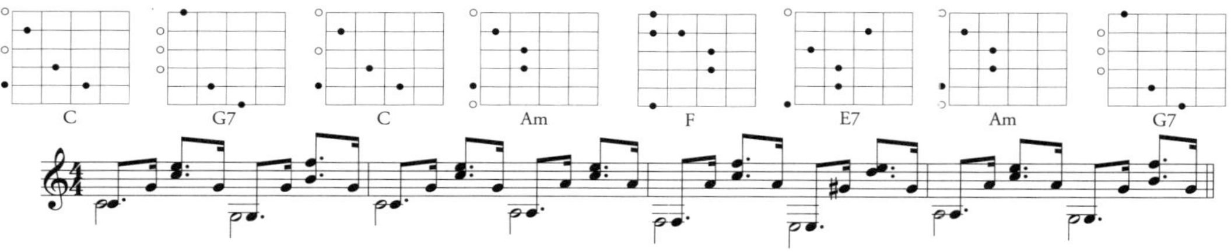

▶ F 패턴의 연습

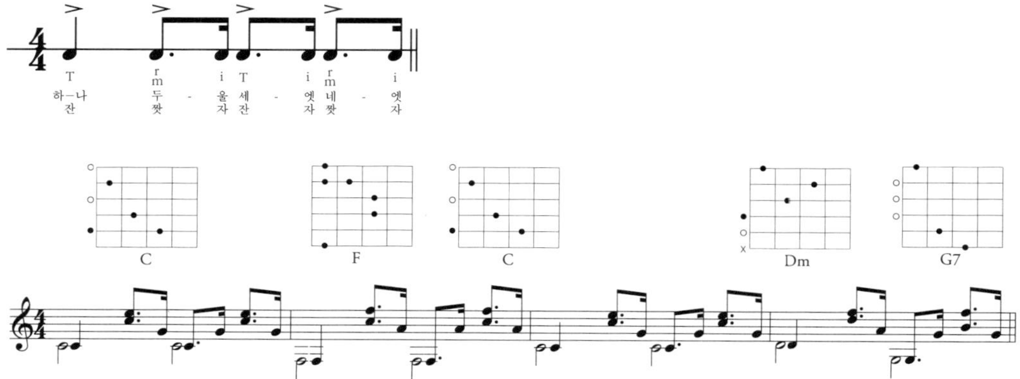

4. 핑거링(Fingering)

'핑거링'은 화음의 각 음을 동시에 연주하는 것이 아니라 연속적으로 차례로 연주하는 주법을 총칭하여 부르는 말이다. 핑거링은 기타연주의 꽃이라 할 수 있는데, 아르페지오도 여기에 속한다. 차이점이라면 아르페지오는 조금 단순히 코드를 분산시켜 연주를 하는 것이라면, 핑거링은 코드와 함께 멜로디라인과 애드리브를 이용한다는 점에서 좀 더 복합적이라고 할 수 있다. 핑거링은 3핑거(3-Finger)와 4핑거(4-Finger)가 있다.

1) 4핑거(4-Finger)

'4핑거'는 4손가락을 사용하는 아르페지오와 동일하다. 베이스 부분인 6, 5, 4번 줄을 엄지손가락이 연주하고 3, 2, 1번 줄은 검지, 중지, 약지로 연주하는 주법이다.

[4핑거링 기본 패턴]

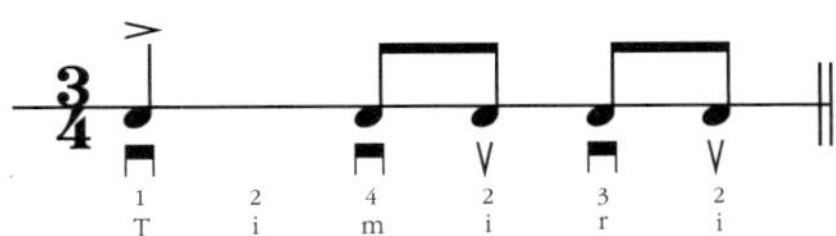

위의 손가락 패턴을 따라 잔잔하게 3/4박으로 천천히 연주해 보자. 4핑거는 코드나 다양한 애드리브를 통하여 연주할 수 있다.

2) 3핑거(3-Finger)

'3핑거'는 비록 세 손가락만으로 연주하지만 다른 어떤 주법보다도 가장 화려하다. 칼립소나 컨트리의 경쾌한 리듬을 사용하는데 4핑거와 다르게 독특한 리듬감을 가지고 있다. 엄지손가락이 6번에서 3번 줄을 담당하고 2번을 검지가 1번을 중지가 담당한다. 엄지손가락이 차지하는 비중이 큰데, 이는 베이스음을 많이 강조한다고 할 수 있다. 또 그만큼 음이 풍부하다고도 볼 수 있다. 3핑거의 독특한 비트를 표현하기 위해서는 보다 많은 연습이 필요하므로 평소에도 어디서나 손가락을 순서대로 연습하면 많은 도움이 될 것이다.

[3핑거링의 기본 패턴]

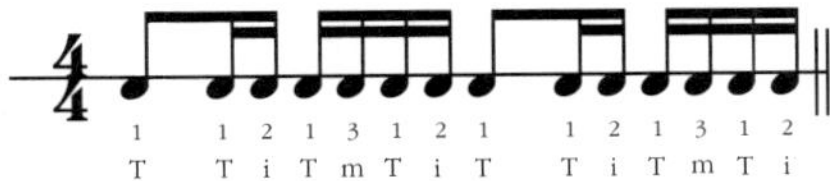

연주 방법은 T T i T m T i (위의 손가락 약어 참조) 순으로 연주하면 된다. 한마디 안에 똑같은 패턴이 두 번 들어가 있다. 쉽게 표현하면 '쿵 짝짝짝짝짝짝' 의 켱쾌한 소리가 2번 울리도록 해야 한다. C Maj 스케일의 기본 코드로 한마디씩 연습해보자. 물론 여기서도 코드의 첫 박은 근음을 짚어야 한다.

기본 코드 연주 패턴 : C - Am - Dm - G7 - C

많은 연습을 통하여 기본 패턴의 핑거링이 된다면 첫 박에 고음 쪽의 줄 하나를 같이 치는 방법 등으로 다양한 애들립으로 연주해보자.

연습곡) 59번 〈나의 발은 춤을 추며〉

5. 카포(Capo) 활용하기

'카포'(Capo)는 기타의 6현을 동시에 눌러주는 역할을 한다. 카포를 끼운 프렛만큼 음정을 높여주는 구실을 한다. 예를 들어 첫 번째 프렛에 카포를 하고 C코드를 연주하면 실제는 C#코드가 된다. 만약 두 번째 프렛에 카포를 하고 C코드를 연주하면 샵(#) Key에 또 샵(#) Key 올라갔으니 D코드가 된다. 원리는 하이코드와 비슷하다. 다만 카포라는 도구를 활용하기 때문에 손쉽게 키를 바꾸어 연주할 수 있는 장점이 있다. 또한 바레를 짚지 않아도 되기 때문에 보다 더 다양한 코드를 표현할 수 있다. 카포의 장점을 몇 가지 정리하면 다음과 같다.

1) 플랫(b) Key를 연주할 때

연주를 할때 Ab, Bb, Eb 등의 플랫(b) 계열의 Key들을 만나게 되면 당황스러울 때가 있다. 특별히 찬송가를 부를 때 기타로 연주하기란 여간 힘든 게 아니다. 표현도 제한적일 뿐더러 하이코드를 오랫동안 짚을 수가 없다. 이때 카포를 사용하면 보다 쉬운 코드로 연주를 할 수 있다. 심지어 F Key 조차도 쉽게 E Key로 바꾸어 연주할 수 있다.

이해를 돕기 위해 적용을 해보자. 새 찬송가 79장 <주 하나님 지으신 모든 세계>를 보면 Bb Key로 되어 있다. 이때 첫 번째 프렛에 카포를 끼운 후 A key로 연주하면 실제 Key는 Bb이 된다. 즉 카포를 끼운 후 Bb코드를 A코드로, Eb코드를 D코드로, F코드를 E코드로, Cm코드를 Bm로 각각 반 코드씩 내려서 연주하면 다른 악기들과 같이 Bb Key로 연주가 가능한 것이다.

2) 효과적인 연주를 위해

기타를 아르페지오나 핑거링으로 연주할 때 가장 편한 Key가 있다. 그래서 보다 더 효과적인 연주를 위해 카포를 사용한다. 차이가 있겠지만 대부분 편한 key는 G Key 나 D Key 정도가 될 것이다. E Key곡들은 오픈코드를 사용하기에 좋지만, 아르페지오로 연주하기에는 편치 않을 것이다. 그래서 카포를 두 번째 프렛에 끼우고 D Key로 연주할 수 있다. 마찬가지로 A Key를 연주할 때 카포를 두 번째 프렛에 끼우고 G Key로 연주하면 된다.

3) 두 대의 기타로 연주할 때

만약 찬양인도나 소그룹 모임 때 두 대의 기타로 찬양을 한다면 두 기타 모두 스트로크로 연주를 하기보다 한쪽기타에는 카포를 끼우고 아르페지오 주법으로 연주를 하면 보다 더 효과적일 것이다. 카포를 끼우고 연주하면 그렇지 않을 때보다 훨씬 맑은 음색을 느낄 수 있기 때문이다.

맺으면서

기타를 연주하면서 아무리 연습을 해도 느낌을 살리지 못해 아쉬워했던 기억이 있을 것이다. 기본 코드나 기본 리듬으로 원곡의 느낌을 살리기에 어려움이 있는 것이 사실이다. 이제 모던 워십은 필수가 되었다. 이러한 분들에게 조금이나마 부족하지만 도움이 되고자 하는 마음으로 부끄러움을 이기고 글을 싣게 되었다. 실질적인 도움을 주고자 하는 욕심으로 글을 쓰다 보니 글로 표현하는 것이 어려움이 있어 아쉬움이 많이 남는다. 이 책을 통해 하나님을 찬양하는 모든 분들이 하나님께 쓰임 받는 연주자가 되길 기도한다.

Guitar Chords

• C group

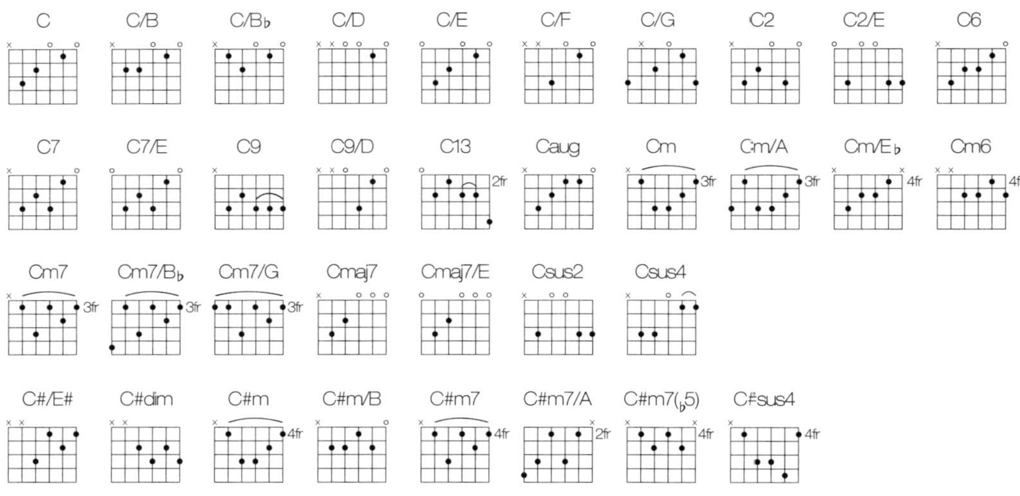

• D group

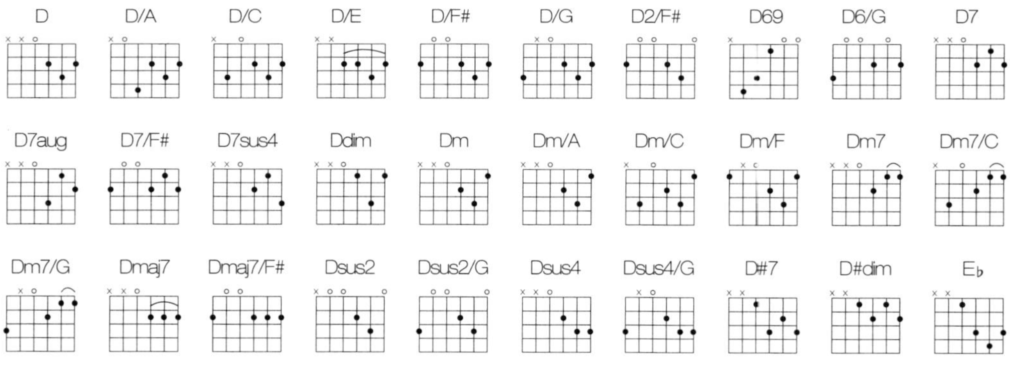

• E group

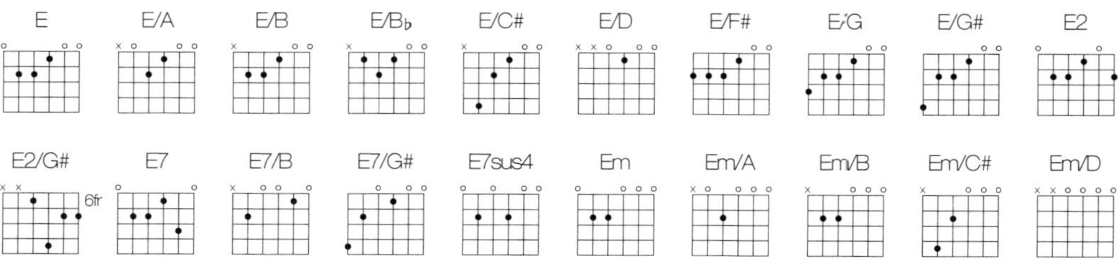

Em/G   Em2   Em7   Em7/A   Em7/D   Em7/G   E7sus4   Emaj7/B   Esus4   Esus4/F#

• F group

F   F/A   F/C   F/G   F2   F2/A   F6   F7   F7/A   F9

Fm   Fm/A♭   Fm/E♭   Fm6/A♭   Fm7   Fm7/A♭   Fmaj7   Fmaj7/G   Fsus2   Fsus4

• F# group

F#   F#/B   F#/D   F#/E   F#7   F#m   F#m/A   F#m/B   F#m/E   F#m6/A

F#m7   F#m7/B   F#m7/C#

• G group

G   G/A   G/B   G/C   G/D   G/E   G/F   G2   G2/A   G2/B

G6   G69   G7   G7/B   G7/D   G7sus4   G9   Gm   Gm/B♭   Gm6

Gm7   Gm7/C   Gm7/D   Gmaj7   Gmaj7/D   Gmaj9   Gsus2   Gsus4

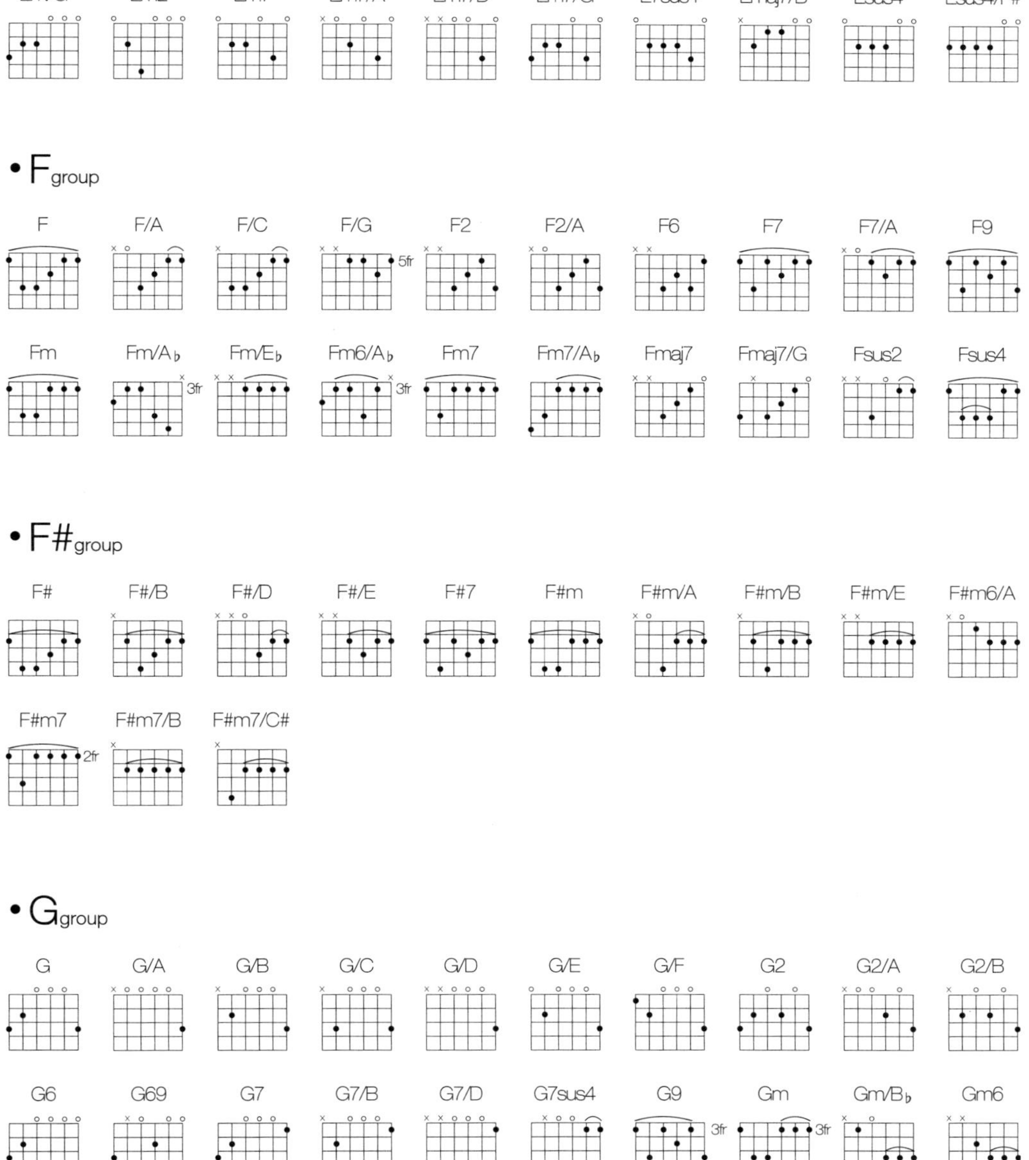

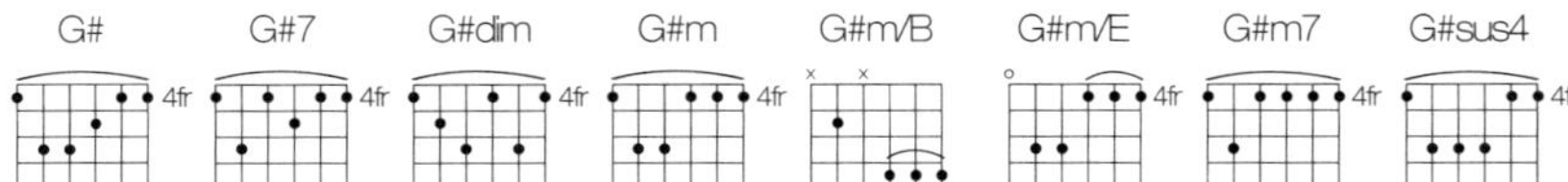

• G#group

G#	G#7	G#dim	G#m	G#m/B	G#m/E	G#m7	G#sus4

• Agroup

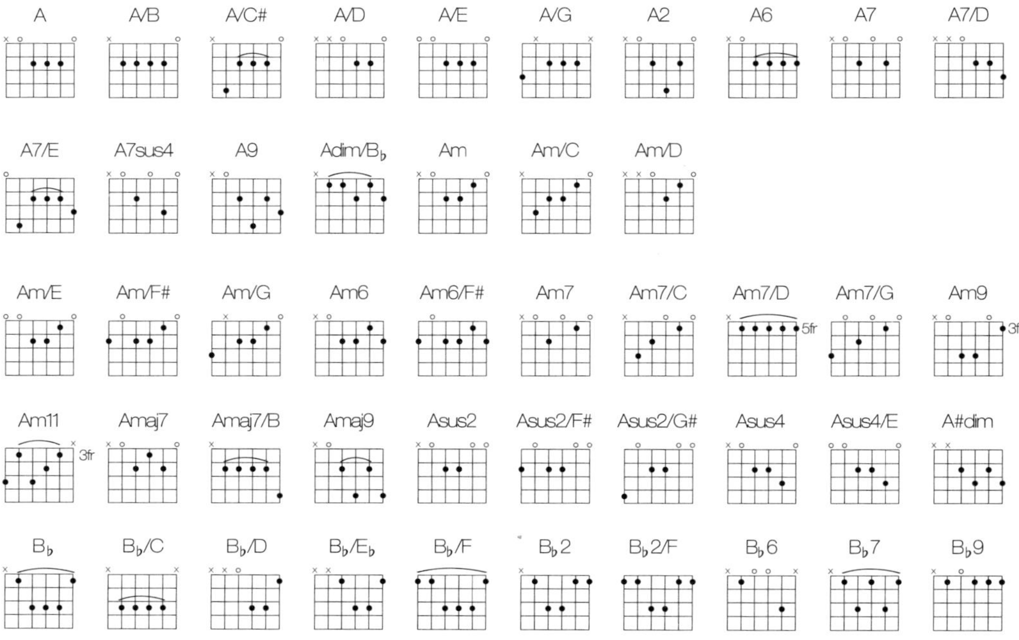

A	A/B	A/C#	A/D	A/E	A/G	A2	A6	A7	A7/D

A7/E	A7sus4	A9	Adim/B♭	Am	Am/C	Am/D

Am/E	Am/F#	Am/G	Am6	Am6/F#	Am7	Am7/C	Am7/D	Am7/G	Am9

Am11	Amaj7	Amaj7/B	Amaj9	Asus2	Asus2/F#	Asus2/G#	Asus4	Asus4/E	A#dim

B♭	B♭/C	B♭/D	B♭/E♭	B♭/F	B♭2	B♭2/F	B♭6	B♭7	B♭9

• Bgroup

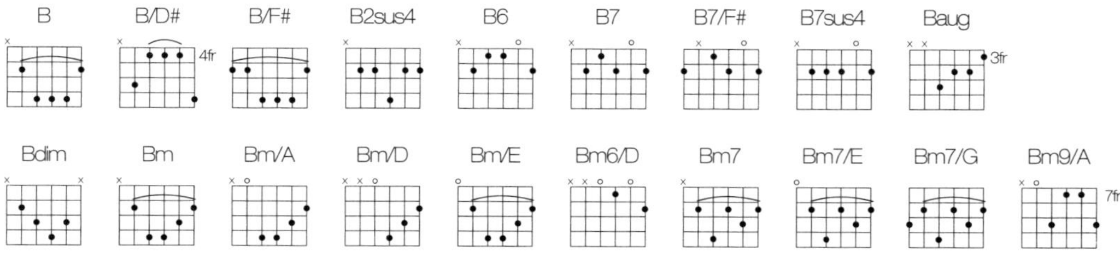

B	B/D#	B/F#	B2sus4	B6	B7	B7/F#	B7sus4	Baug

Bdim	Bm	Bm/A	Bm/D	Bm/E	Bm6/D	Bm7	Bm7/E	Bm7/G	Bm9/A

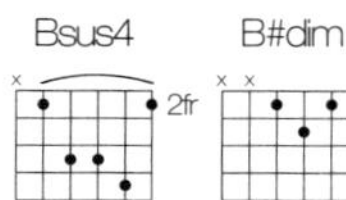

Bsus4	B#dim

○ : 개방현으로 그 줄을 연주, × : 그 줄을 연주 하지 않음

psalms & hymns

SFC의 정신

비전

SFC(Student For Christ, 학생신앙운동)는 강령공동체이다. 강령은 하나님께서 우리 공동체에게 주신 역사적 유산이요, 따라서 우리 공동체가 지행해야 할 비전이요 사명이다. SFC는 비전을 중심으로 공동체의 방향정렬을 위해 노력할 것이다. 이것이 우리 공동체를 통해 이루고자 하시는 하나님의 사명을 보다 효과적이고 적극적으로 수행할 수 있는 길이라고 믿는다. 무엇보다도 SFC는 이러한 비전성취를 위해 성경적 지도자를 세워가는 일을 우리의 사역적 사명으로 인식한다. 하나님께서는 준비된 사람을 찾으시기 때문이다.

SFC 강령

강령은 SFC의 본질을 규정하는 선언문으로 고(故) 박윤선 목사님과 한명동 목사님이 초안했다. 이는 네 부분으로 구성되는데, 첫째 신조는 운동의 정체성을, 둘째 목적은 운동의 지향하는 바를, 셋째 사명은 목적 수행을 위한 사역의 장을, 넷째 생활원리는 사명 수행을 위한 운동원의 삶의 자세를 담고 있다.

하나. 우리는 전통적 웨스트민스터 신앙고백서 및 대소교리문답을 우리의 신조로 한다.
하나. 우리는 개혁주의 신앙과 생활을 확립하여 세상의 빛과 소금이 됨을 우리의 목적으로 한다.
하나. 우리의 사명은 다음과 같다.
　　개혁주의 신앙의 대한교회 건설과 국가와 학원의 복음화
　　개혁주의 신앙의 세계교회 건설과 세계의 복음화
하나. 우리의 생활원리는 다음과 같다.
　　하나님 중심
　　성경 중심
　　교회 중심

역사

SFC는 이 땅에서 이 민족의 역사를 안고 세계를 품고 가는 운동으로 시작하였다. 기독학생운동이 이 땅에서 본격화되기 전에 SFC는 이미 통일조국, 성서한국, 선교한국의 꿈을 세워가도록 부름을 받았다. 우리는 이 역사를 되돌아보고 하나님께서 허락하신 오늘날 시대의 과업을 완수하기 위해 역사를 새롭게 이어가고자 한다. 하나님의 역사는 현재진행형이기 때문이다.

운동

SFC는 비전을 성취하기 위해 사역, 양육, 변혁적 운동이라는 세 개의 축을 가지고 있다. 이러한 SFC의 모든 활동을 우리는 '운동'(movement)이라고 부른다. 따라서 사역, 양육, 변혁적 운동은 모두 운동이라는 관점에서 통합적으로 유기적 관계를 맺으면서 SFC의 비전을 성취하는 데 초점을 맞춘다. 하나님나라 운동은 결국 사람과 더불어 세상을 변혁하는 운동이기 때문이다.

SFC 운동의 방향과 원리

우리는 예수 그리스도께서 구원에 대한 유일한 해답임을 믿는다. 우리가 믿는 복음과 구원은 전 삶의 영역에서 제자도로 나타나야 하며, 삶의 모든 관계와 상황들 가운데서 성경적인 가치와 대안으로 실천되어야 한다. 그러므로 우리는 이 운동을 가능하게 하는 성경적인 리더십을 길러내는 일에 매진할 것이다.

전도와 선교운동

전도와 선교운동은 기본적으로 복음을 통한 재생산운동을 의미한다. 그리스도인 공동체는 근본적으로 끊임없는 영적 재생산이 일어나는 역동적인 공동체이다. 우리는 어디에서 무엇을 하든지 예수 그리스도 안에서 새로운 생명을 잉태하는 재생산의 사명을 지향한다. 복음전도를 통해 한 영혼이 예수 그리스도를 영접하게 하고, 거룩한 교회의 구성원이 되게 하며, 열방을 향한 선교의 사명을 감당하게 한다.

전도와 선교운동은 복음전도, 교회건설, 선교 등을 포괄하는 개념이다. 이 운동은 캠퍼스(중고대)나 삶의 현장에서 개인의 관계나 공동체의 전도사역 등을 통한 복음전도활동, 교회를 통한 재생산활동, 그리고 타문화권에서 선교활동 등으로 적용된다.

성경적 리더십 양성운동

성경적 리더십 양성운동은 복음전도와 성경적 대안실천운동을 전개할 수 있는 의식 있고 역량 있는 리더들을 배출하는 운동이다. 성경적인 리더십은 철저하게 성경적인 가치에 헌신된 사람을 가리키며, 이러한 리더십은 하나님나라 운동가로 규정할 수 있다.

성경적 리더십 양성운동은 사람을 세워가는 운동이다. 하나님께서는 이 세상에 복음을 들고 갈 헌신된 제자들을 찾고 계신다. 그리고 그 어떤 자리와 위치에서든 복음의 영향력을 나타내며 하나님나라운동을 실천해 갈 운동가를 찾으신다.

성경적 대안실천운동

성경적 대안실천운동은 영역운동의 기본 정신이다. 우리는 이 세상을 창조하신 하나님께서 여전히 이 세상을 다스리고 계심을 믿는다. '하나님을 대적하여 높아진 것'으로 인해 하나님의 뜻을 거역하고 성경적인 가치를 따라 살아가기 힘든 현실 가운데서 하나님의 백성으로서 대안적인 삶을 살아가야 한다. 사랑과 헌신적 삶과 더불어 평화를 누리는 성육신적인 삶의 실천을 위해 우리는 제자 공동체로서 희생을 각오한다.

성경적 대안실천운동은 가정, 교회, 사회, 국가, 민족, 세계 등 우리의 삶의 조건을 구성하는 삶의 구조들을 변혁하는 운동이다. 변혁의 사명은 삶의 모든 차원에서 진행되는 하나님의 요구이며 요청이다. 개인의 변화는 공동체의 변화를 동반하는 것이며, 이런 변화의 전이는 복음과 말씀이 가진 생명력이기도 하다. 그러므로 우리는 하나님나라의 가치를 따르고자 하는 공동체로서 현실적인 문제들에 대해 성경적인 대안을 제시하고, 그것을 직접 실천하기 위해 하나님의 지혜를 구하고, 집중적인 헌신과 도전을 아끼지 않을 것이다.

학 신 가

작사: 김 남 식
작곡: 김 주 태

보—아라 펄럭이는 주님의큰깃— 발
폭—풍아 불어오라 파도—야쳐— 라
복—음의 힘찬활기 세계에퍼지— 고
우—리의 가슴속에 약동하는능— 력
우—리는 반석위에 터닦아집세— 운
십—자가 크신사랑 온인류구원— 해
구속받아 새로난 여호와의자녀 들
신앙으로 무장한 학생신앙운동 원
땅끝까지 전하자 영원한생명말 씀
믿음으로 뭉—쳐진 학생신앙운 동
온누리에 빛—내자 하나님큰영 광
사랑으로 무—장한 학생신앙운 동

기독교 에센스

워크북

한홍

교　회 :

이　름 :

연 락 처 :

규장

기독교 에센스 워크북을 출간하며

좋은 합창단이 전체의 하모니를 이루기 위해서 반드시 갖춰야 할 것은 단원 한 사람 한 사람의 기본 실력입니다. 믿음 생활도 마찬가지입니다. 건강한 믿음의 공동체로 함께 나아가기 위해서는 성도 한 사람 한 사람의 영적 기본기가 탄탄해야 합니다. 이 시대는 교회를 무너뜨리려는 영적 공격과 이단의 미혹이 많기 때문에 목회자와 성도들의 올바른 신학과 신앙의 정립이 무엇보다 중요합니다. 그런 의미에서 새로운교회 주일 강단에서 선포되었던 기독교 에센스(CES: Christianity Essence School) 과정을 교재로 만들어 소개해드리게 되었습니다.

원죄, 구원, 믿음, 삼위일체 하나님, 기도와 말씀 묵상, 교회론, 종말론, 세상 속에서 교회의 사명 등 가장 기본적이면서도 중요한 기독교 핵심 교리들을 다루었습니다. 또한 전문 신학교육을 받지 않은 평신도들을 위해 주로 성경 말씀을 토대로 하여 쉽고 간결하게 만드는 데 정성을 기울였습니다.

진짜 배움은 일방적인 주입식 강의를 듣는 것보다는 소그룹으로 배우고, 그 배운 내용을 다른 사람에게 가르쳐보아야 완성되는 것입니다. 그래서 바울도 디모데에게 이렇게 당부하지 않았습니까?

또 네가 많은 증인 앞에서 내게 들은 바를 충성된 사람들에게 부탁하라 그들이 또 다른 사람들을 가르칠 수 있으리라 (딤후 2:2)